Johannes Vogel

Trinkwasserversorgung in Extremsituationen

Survivalwissen für Notfälle und auf Reisen

pietsch

Einbandgestaltung: Patricia Braun

Titelbilder: Johannes Vogel

Bildnachweis: Alle Bilder und Illustrationen stammen, sofern nicht anders angegeben, von Johannes Vogel.
Bilder auf den Seiten 13, 14/15, 29, 59, 94, 108, 143 u., 164, 167, 172/173: Patricia Braun

Gewidmet meiner Lebensgefährtin Patricia

ISBN 978-3-613-50852-1

1. Auflage 2017

Sie finden uns im Internet unter:
www.pietsch-verlag.de

Lektorat: Susanne Fischer
Innengestaltung: Patricia Braun, www.patriciabraun.de
Druck und Bindung: Graspo CZ, 76302 Zlin
Printed in Czech Republic

Inhalt

Verweise auf andere Bände der Buchreihe

Mit den folgenden Symbolen wird – jeweils mit Kapitelangabe und Seitenzahl – auf weiterführende Informationen verwiesen, die in den Bänden »Tierische Notnahrung«, »Pflanzliche Notnahrung«, »Outdoor Survival *nur* mit dem Messer« bzw. »Outdoor- und Survivalmedizin« zugänglich sind.

Tierische Notnahrung (ISBN 978-3-613-50815-6)

Pflanzliche Notnahrung (ISBN 978-3-613-50763-0)

Wildpflanzen bestimmen (ISBN 978-3-613-50806-4)

Outdoor Survival *nur* mit dem Messer (ISBN 978-3-613-50816-3)

Outdoor- und Survivalmedizin (ISBN 978-3-613-50835-4)

1 Vorwort

Die Datenlage der WHO ist ebenso eindeutig wie bestürzend. Trotz riesiger Fortschritte in den letzten 20 Jahren bleibt dem ärmsten Teil der Bevölkerung unserer Erde der Zugang zu sicherem Trinkwasser verwehrt. Besonders in Krisengebieten südlich der Sahara sowie in jenen jungen Demokratien, die sich in ehemaligen Kolonien nach Jahrzehnten des Bürgerkriegs entwickeln konnten, ist der Zugang zu Trinkwasser oft einer reichen Oberschicht vorbehalten.

Mehr als 700 Millionen Menschen müssen sich noch heute mit Wasser begnügen, das in Kanälen, Gräben und Flüssen gesammelt wird – und selten sicher aufbereitet werden kann. Immerhin: Vor 20 Jahren waren es noch etwa dreimal so viele. Gleichzeitig sind immer noch rund eine Milliarde Menschen nicht ans Abwassernetz angeschlossen, sondern führen Fäkalien und sonstige Abwässer ungeklärt in die Natur ab.

Besonders in ländlichen Gebieten fällt eine Kontamination des →Rohwassers mit dem fehlenden Trinkwassernetz zusammen. Bei diesem Teufelskreis von Infektion und Neukontamination der Umgebung wundert es nicht, dass es zu regelrechten Epidemien kommen kann. Im Lebensraum der einen Milliarde Menschen ohne Abwasseranschluss kann es schnell zur Katastrophe kommen, wenn die dort noch »junge« Trinkwasseraufbereitung zusammenbricht und wieder ungereinigtes Oberflächenwasser gesammelt wird.

An solchen *waterborn diseases**, die wir im folgenden kurz »Trinkwasserkrankheiten« nennen werden, sterben jährlich je nach Datenlage zwischen 2 und 5 Millionen Menschen weltweit. Deutlich mehr erkranken schwer, werden arbeitsunfähig oder bleiben ihr Leben lang gesundheitlich eingeschränkt.

**Auch: »Wasserbürtige Krankheiten«*

Während sich die öffentliche Wahrnehmung größtenteils auf den »Hunger in der Welt« konzentriert, wird die Trinkwasserversorgung und vor allem die Abwasserentsorgung immer etwas vernachlässigt. Aber eben jene sind es, die neben dem Hunger einen *der* globalen Gesundheitsfaktoren insbesondere in Bezug auf die Kindersterblichkeit ausmachen und damit paradoxerweise mit für die Überbevölkerung in ländlichen Gebieten der Entwicklungsländer verantwortlich sind (Tatsächlich: Je höher die Kindersterblichkeit ist, desto mehr Kinder werden geboren und aufgezogen). Damit haben mangelhafte Trinkwasserversorgung und Abwasser*ent*sorgung große politische Sprengkraft.

Die selektive Wahrnehmung ist es auch, die für uns das Thema Trinkwasser zu einem Risikothema macht. Im Gegensatz zur Nahrung, für die wir verschiedene riesige »Speicherdepots« im Körper haben, müssen wir Säugetiere praktisch ständig am Wasserschlauch angeschlossen sein. Ähnlich wie die Internetverbindung, die nur dann in unsere Wahrnehmung rückt, wenn sie gerade mal unterbrochen ist, vernachlässigen wir ob der ständigen Verfügbarkeit sauberen Trinkwassers diese wichtige Ressource fast völlig.

Wenn ich global gesehen von Trinkwasser spreche, rede ich übrigens auch von jenem Wasser, das bei uns in Baggerseen liegt oder täglich die Bäche, Flüsse und sogar die großen Ströme hinabfließt: Im internationalen Vergleich zur Wasserqualität vieler Flüsse Asiens, Afrikas, Südamerikas und Russlands ist »unser« Flusswasser nämlich eher als Trinkwasser zu betrachten denn als gewöhnliches Flusswasser oder gar als Abwasser.

Mein persönliches Postulat ist: Wasser, in dem ich ohne Bedenken schwimmen kann, kann ich auch trinken.

Das war allerdings nicht immer so. Noch vor 60 Jahren war zum Beispiel der Rhein eine gefährlich verunreinigte Brühe mit hoher Belastung durch Schwermetalle, Chemikalien und Abwässer, die nahezu ungeklärt in den Strom geleitet wurden.

Man sagte: »Die Elbe ist ein Jungbrunnen: Ein Schluck und du wirst nicht alt.« Noch vor wenigen Jahrzehnten hätte man den Spruch auf jeden beliebigen großen Fluss Mitteleuropas anwenden können.

Heute haben wir in Europa eine Situation, in der bei gleichzeitig immer besser werdender Abwasserentsorgung die Trinkwasserversorgung praktisch immer sichergestellt zu sein scheint. Sollte die Trinkwasserversorgung tatsächlich einmal für längere Zeit ausfallen, haben wir in unseren Oberflächenreservoirs wie dem Bodensee noch Trinkwasser für Jahrzehnte.

Wie sich allerdings die Wassersituation in Europa aufgrund der unbestreitbar stattfindenden Klimaveränderung in den nächsten Jahrzehnten entwickeln wird, ist alles andere als klar. Ein geringes Steigen der Meerwasserpegel kann erhebliche Auswirkungen auf den Salzgehalt des Grundwassers haben. Das Ausbleiben von Regenfällen oder aber ausgeprägte Frühjahrshochwasser können die Verfügbarkeit von Rohwasser beeinflussen: Die Abwasserentsorgung ist auf durchschnittliche Niederschläge angewiesen: Zu wenig Regen kann den Abtransport und die Reinigung ebenso negativ beeinflussen wie es zu Rohwassermangel kommen kann; zu viel Niederschlag kann dagegen Oberflächengewässer kontaminieren und die Abwasserverarbeitung überlasten. Von diesen Problemen sind wir in Mitteleuropa bisher größtenteils verschont geblieben.

Während die Belastung hiesiger Flüsse also stetig abnimmt, verschlechtert sich die Situation in anderen Regionen der Erde. Im Vergleich zu Oberflächengewässern in Bergbauregionen Chinas oder Afrikas kann man bei Rhein und Elbe wirklich mit gutem Gewissen von »Trinkwasser« sprechen.

Nur wo es Wasser gibt, kann sich auch Leben erhalten.

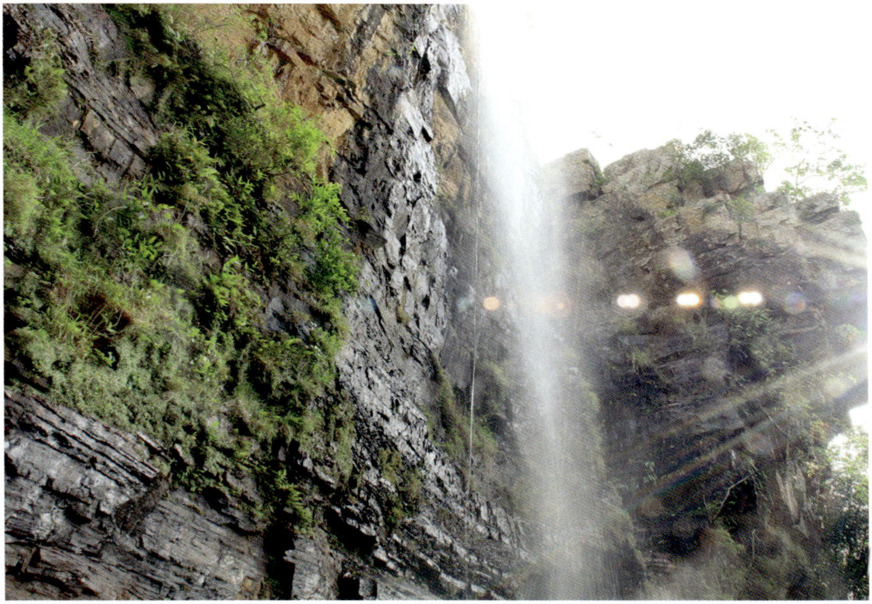

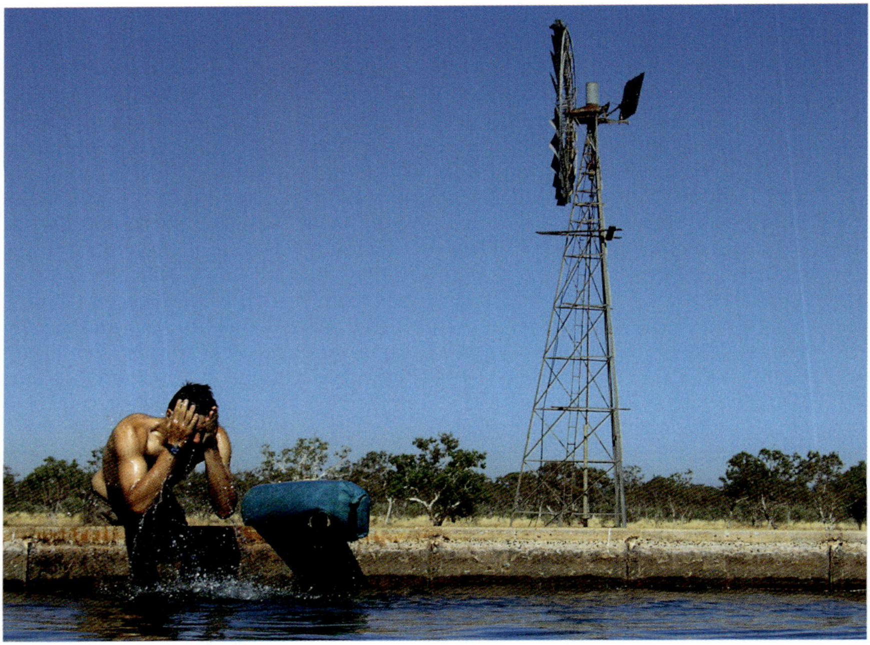

Nach Tagen mit schwindenden Wasserreserven in einer Halbwüste kann endlich wieder nachgefüllt werden – die Möglichkeit für die erste Dusche seit über einer Woche.

Wer keine Extremreisen und Expeditionen in Wassermangelgebiete oder sogenannte »Drittweltländer« unternimmt, macht sich meist keine Gedanken über die Flüssigkeit und ihre Beschaffung. Warum auch?

Die wichtigste Lebensgrundlage aller Wesen der Erde wurde mittlerweile nicht nur zu Dusch-, Bade- und Toilettenspülwasser, sondern auch zu Kühlwasser in der Energiegewinnung; sie dient als Grundlage für die Stahl- und Papierproduktion und in Form von Flüssen auch als Transportmittel beziehungsweise als Entsorgungsstätte für industrielle Abfallerzeugnisse, Gifte und Abwässer.

Trinkwasser wird in manchen Mangelgebieten von großen Firmen aus dem Boden abgepumpt, in Flaschen gefüllt und wieder an die darbenden Bewohner rückverkauft, die durch den gesunkenen Grundwasserspiegel keine eigenen Pumpen mehr betreiben können. Genau diese versiegelten Flaschen sind es übrigens, die dem Touristen als scheinbar zuverlässige Trinkwasserquelle dienen.

Dabei ist Trinkwasser neben sauberer Atemluft das wichtigste »Lebensmittel« – eigentlich ein Menschenrecht, wenn wir den Begriff »Lebensmittel« so auslegen, dass wir Trinkwasser und Atemluft gleichermaßen wie Nahrung zum Leben benötigen.

Der Mensch ist mit seiner Physiologie leider überhaupt nicht auf »Durststrecken« ausgelegt. Und so siedelten Menschen von Anbeginn an am Wasser. Die ersten Hochkulturen entstanden nicht ohne Grund an Euphrat und Tigris, am Nil und an den großen Binnenseen. Als Transportweg und Nahrungsquelle benötigten die Menschen vor allem immer eines: Wasser – und das täglich und zuverlässig. Fehlende Wasserversorgung führte zum Niedergang ganzer Hochkulturen, zum Beispiel beim Versanden der Flussausläufer im Nildelta; Städte wurden aufgegeben, ganze Völker begannen zu wandern.

Die Menschen waren im Laufe ihrer Entstehungsgeschichte nie gezwungen, für entwicklungsgeschichtlich relevante Zeiträume auf kontinuierliche Wasserversorgung zu verzichten. Deshalb geht der gesamte Stoffwechsel des Menschen im Vergleich zu anderen Tieren in geradezu verschwenderischer Weise mit seiner gespeicherten Flüssigkeit um. Das macht sich im täglichen Wasserbedarf und im rasch eintretenden Exitus bei fehlender Wasserversorgung bemerkbar.

Bei mäßigen Temperaturen und gewöhnlicher Leistung benötigt ein Mensch zwischen 2 und 3 Litern Wasser am Tag. Bei erhöhter Leistung und Temperatur steigt diese Menge jedoch schnell an. Während der Akklimatisierung in heißen Gebieten trinke ich beispielsweise bei hoher Körperleistung einige Tage lang zwischen 5 und 8 Litern Wasser am Tag. Steigt in einer solchen Situation durch Krankheit der Wasserbedarf, fällt die Wasserversorgung durch Verlust aus oder geht der Vorrat zur Neige, wird es schnell gefährlich.

Meist sind die Gründe trivialer Natur. Manchmal reichen Überlastung und Ausfall des Stromnetzes durch den landesweiten Einsatz von Klimaanlagen im Sommer aus – Hochspeicher werden nicht mehr gefüllt. Auch ein mittleres Hochwasser kann genügen, um aus der Kanalisation ausgetretene Abwässer nicht nur auf Feldern, sondern auch in den Oberflächengewässern zu verteilen, die als Trinkwasserreservoir dienen. Dann herrscht nach wenigen Tagen hohe Seuchengefahr. Solche Fälle sind in *Europa* während der letzten Jahre mehrfach vorgekommen, zuletzt im Mai 2014 während des großen Balkan-Hochwassers.

Individual- und Extremreisende, aber auch Pauschalreisende begeben sich zusätzlich in Gefahr. Entwicklungsländer – darunter auch viele beliebte Reiseziele – sind durch eine marode oder gerade erst neu entstehende Infrastruktur oft nicht in der Lage, in einer unvorhergesehenen Situation die Trinkwasserversorgung wiederherzustellen – diese Gefahr besteht selbst in den sogenannten »zivilisierten« Ländern (das verdeutlichte uns die »mächtigste Nation der Erde« im August 2005, als der Wirbelsturm »Katrina« die Zivilversorgung durch Katastrophenschutz und Militär kläglich scheitern ließ).

»Schlagartig« im wahrsten Sinne des Wortes wurde die Wichtigkeit einer improvisierten Trinkwasseraufbereitung 2015 auch vielen gewöhnlichen Trekkingreisenden vor Augen geführt, als eines der großen Wanderparadiese regelrecht in eine vorindustrielle Wasserversorgung zurückgeworfen wurde. Im April 2015 erschütterte ein mächtiges Erdbeben das abgelegen am Südhimalaja gelegene Nepal – während einer der beiden Hauptreisezeiten. Auf das Beben, dessen Epizentrum unweit der Hauptstadt Kathmandu lag, folgten noch zahlreiche starke Nachbeben.

Das Himalajabeben von 2015 ist ein komplexes Beispiel für die Wichtigkeit einer improvisierten Trinkwasserversorgung für Reisende. Weil es praktisch alle relevanten Faktoren des Wassernotfalls enthält, wollen wir die Situation kurz etwas genauer analysieren:

Zum Zeitpunkt des Bebens befanden sich nämlich nicht nur Expeditionen am Fuße des Mt. Everest, sondern auch Tausende

Backpackers Liebling »Versiegelte Flaschen«: Solche Flaschensiegel können schnell in *Heimarbeit* hergestellt werden.

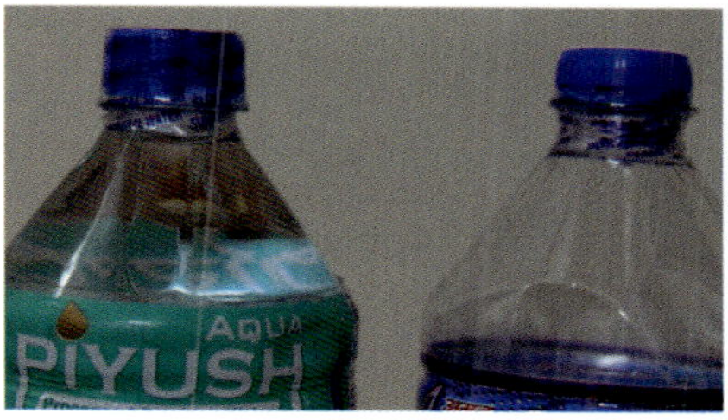

von Rucksacktouristen in den Städten; viele Hunderte waren mit dem Rucksack in den ausgedehnten Reiseregionen um das Anapuramassiv und in anderen abgelegenen Regionen unterwegs. Diese Reisenden (von denen einige die Erstauflage dieses Buches mit sich führten) waren ebenso von der folgenden Katastrophe betroffen wie die einheimische Bevölkerung.

Neben hunderttausend eingestürzten Häusern und vielen Toten war auch die bis dahin mehr schlecht als recht funktionierenden Infrastruktur zusammengebrochen: Das Beben ließ in vielen Landesteilen (sofern vorhanden) die Kanalisation einstürzen, Frischwasserleitungen brachen, und plötzlich saßen nicht nur Tausende Europäer, sondern eine ganze Millionenstadt buchstäblich auf dem Trockenen. In kurzer Zeit waren die bei Reisenden beliebten Trinkwasserflaschen ausverkauft. Diese Flaschen, die mit einem Literpreis von mehr als 25 Cent zu teuer sind für die meisten Nepalesen, waren die »letzte Verteidigungslinie« der meisten Trekkingreisenden. Denn viele von ihnen hatten keinen Wasserfilter oder Vergleichbares mitgenommen und sich auf die Versorgung mit Flaschenwasser verlassen. Aufgrund der Schäden des ohnehin prekär schlechten und größtenteils nicht geteerten Straßennetzes war es im Folgenden kaum möglich, Trinkwasser in ausreichenden Mengen in die Städte zu transportieren. So quälten sich bunt bemalte indische Tanklastwagen mit Flusswasser im Schritttempo die Gebirgsserpentinen hinauf, um zumindest die größte Not zu lindern. Dieses Wasser war aber nicht immer für den »Europäischen Magen*« geeignet. Aus Not wurde das Wasser nämlich nicht nur an den sauberen Gebirgsflüssen getankt.

Das Nadelöhr des Landes ist der winzige Flughafen, über den praktisch alle Touristen aus- und Hilfsorganisationen eingeflogen wurden. Es dauerte Tage, teilweise Wochen, bis die letzten Touristen zum Hauptstadtflughafen gelangen und ausgeflogen werden konnten – oft nach Ausbruch von Durchfällen und anderen Infektionen.

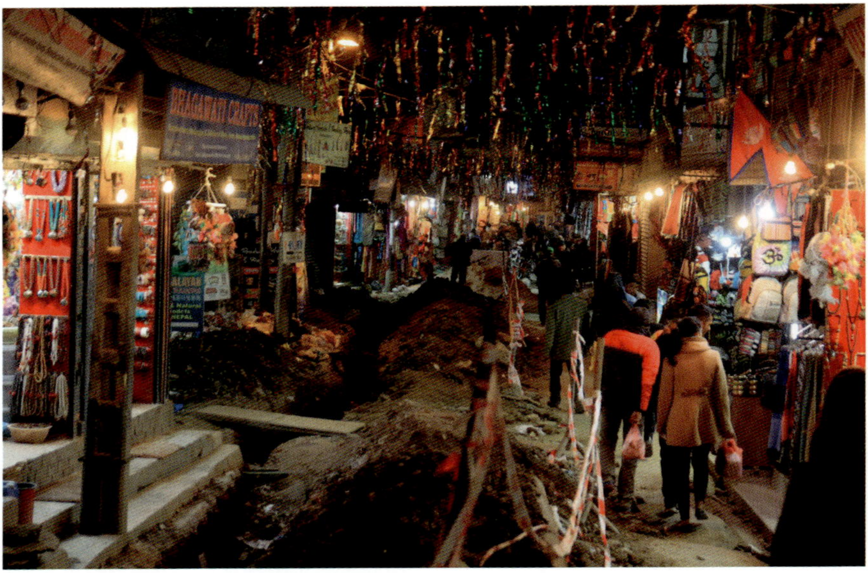

Kathmandu, Backpackerzentrum Thamel 2017: Zwei Jahre nach dem Erdbeben sind immer noch viele Wasserleitungen beschädigt. Beliebte Reisegegenden können schnell zu Krisenregionen werden.

Besonders problematisch: Durch die zahlreichen Verletzten des Bebens waren kaum noch Antibiotika verfügbar, die solche Infektionen behandeln hätten können. Nur durch das koordinierte Eingreifen von Hilfsorganisationen und durch Niederschläge konnten regelrechte Seuchenzüge verhindert werden.

Was hat die Trinkwassersituation so aus dem Ruder laufen lassen? Ist doch Nepal ein ausgesprochen wasserreiches Land mit Tausenden Flüssen, die von den Gletschern der zahlreichen Gipfel gespeist werden.

In umittelbarer Nähe der Millionenstadt Kathmandu liegt der Fluss Bagmati (bzw. Kareh), der genügend Wasser für eine Notsituation führt. Dieser Fluss ist – kristallklar im Himalaja entsprungen – schon Kilometer vor Kathmandu eine übel stinkende Jauche. Er wird nicht nur von der lokalen (Klein-)Industrie verseucht, sondern ist auch mit Tausenden Abwassergräben verbunden, die oberirdisch alle Reste sammeln, die der Moloch in die Umgebung speit. Dieser Abwasserfluss mündet in nichts Geringerem als dem Ganges, aus dem viele Millionen Menschen täglich ihr Trinkwasser beziehen.

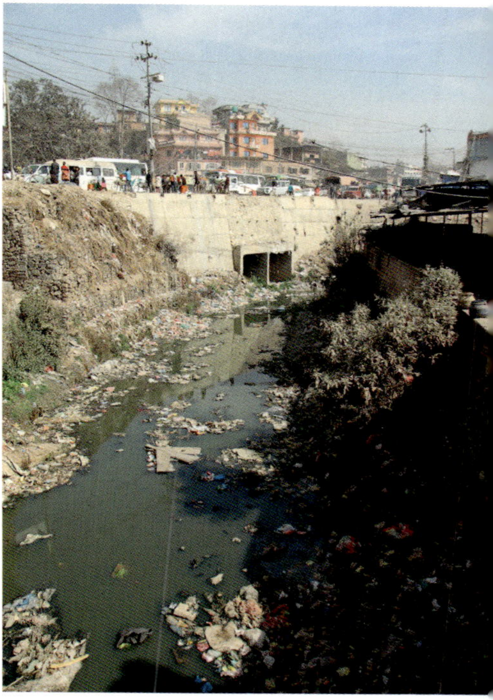

Ist die Abwasserentsorgung sichergestellt, gibt es auch brauchbares Wasser für die Wasserkrise. Mit dieser *Plörre* lässt sich nichts mehr machen.

Im Frühjahr 2017 habe ich die derzeitige Trinkwassersituation in Nepal begutachten können. Zwar sind die Trümmer größtenteils weggeräumt, doch noch immer werden in der Altstadt die geborstenen Frisch- und Abwasserrohre ausgetauscht, deren Inhalt in den Boden sickert und mancherorts an die Oberfläche drängt. Noch immer werden die Abwässer völlig unbehandelt in die Flüsse, also in die eigentlichen Trinkwasserreservoirs, eingeleitet. Noch immer fahren Wassertanklaster in abgelegene Landesteile. Die Landbevölkerung ist auf öffentliche Wasserstellen angewiesen, und die Zahl der Touristen steigt wieder. **Viele von ihnen haben sich noch nie mit Trinkwasseraufbereitung beschäftigt und verlassen sich noch immer auf das Flaschenwasser.**

**Mehr dazu im Kapitel 4, Seite 76.*

Neben diesen Beispielen gibt es noch viele andere Gründe, weshalb das Wissen über ein Lebensmittel, das normalerweise zuverlässig aus unserer heimischen Wasserleitung kommt, auch in der heutigen Zeit lebens- und überlebenswichtig sein kann.

Wir sind uns sicherlich einig darüber, dass die Fertigkeit, Trinkwasser in der Natur zu finden, seine Qualität zu erkennen und es aufzubereiten, mindestens so wichtig sein kann wie das Feuermachen oder die Nahrungsbeschaffung. Dieses Wissen und die geeigneten Techniken müssen wir uns erst wieder aneignen, da wir sie im Luxus unseres Lebens vernachlässigt haben.

Nur wenn wir über das entsprechende Wissen verfügen, können wir im Notfall die Grenzen der menschlichen Physiologie,

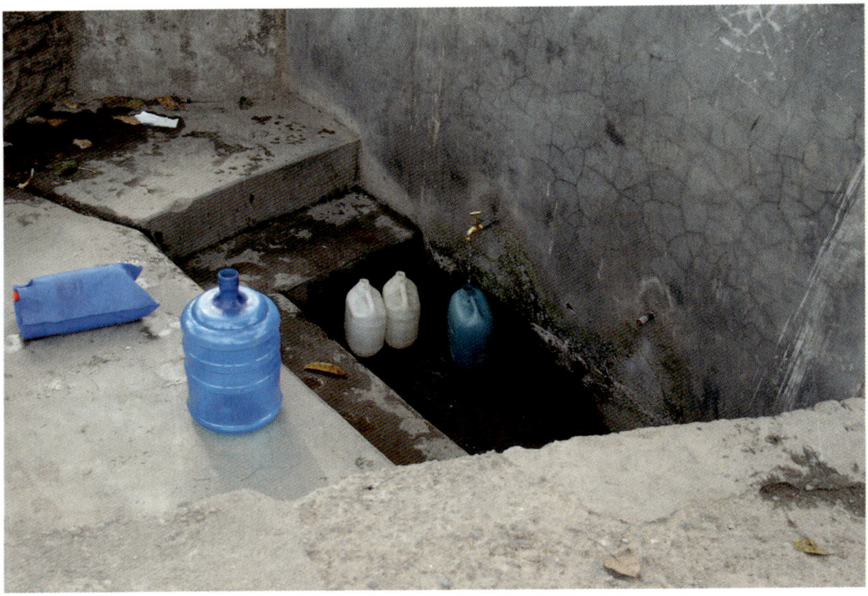

Viele Menschen weltweit können sich kein Flaschenwasser leisten und sind auf öffentliche Wasserstellen angewiesen. Reisende sollten sich nicht auf eine Flaschenversorgung verlassen.

des eigenen Könnens und der Machbarkeit erkennen, um die richtigen Entscheidungen bei der Reisevorbereitung oder Krisenbewältigung zu treffen.

Die Arbeit an diesem Buch habe ich vor über 10 Jahren begonnen, da zu dieser Zeit kein Werk zum Thema für Reisende, Survivalisten, Outdoorer und »Bushcrafter« verfügbar war. Seitdem sind von mir mehrere Bücher über Pflanzliche und Tierische Notnahrung, über Outdoor- und Survivalmedizin und über allgemeine Outdoorfertigkeiten erschienen.

Nachdem ich also zunächst in der Erscheinungsreihenfolge meiner Bücher die Frage »Wovon lebt der Mensch?« frei mit »Erst kommt das Fressen, dann das Trinken.« beantwortet hatte, möchte ich diesen Zustand endlich korrigieren und habe das lange aufgeschobene Thema »Trinkwasserversorgung in Extremsituationen« wieder in Angriff genommen.

Ich hoffe, dass Sie sich als Leser auch bei diesem Thema mit Experimentierlust und Wissbegierde über die »unsichtbaren Gegner« des Lebens und Überlebens hermachen – auch wenn das Ergebnis nicht immer sofort greifbar sein wird.

Ich möchte Ihnen mit diesem Buch jene Fertigkeiten vermitteln, die im Notfall sowie im manchmal ungewöhnlichen Alltag das Leben vereinfachen oder sogar sichern können.

Viel Freude beim Lesen und Üben und vor allem *Erfolg bei der Durchführung* wünscht Ihnen Ihr

Johannes Vogel

Zur Neuauflage

Unverhofft kommt oft. Dass ich Ihnen, dem Survivalinteressierten, diese mächtig abgedroschene Phrase im Zusammenhang mit *unerwarteten Zwischenfällen* nicht erläutern muss, versteht sich. Für mich völlig unerwartet war dennoch der Zuspruch und die hohe Nachfrage nach der Erstauflage dieses Titels.

Trinkwasser war (und ist) das thematische Stiefkind der Survivalliteratur: Es brennt und explodiert nicht (*Outdoor-Survival nur mit dem Messer*), ist meist nicht körperlich anspruchsvoll, flüchtet nicht und muss darum auch nicht mit Falle oder Keule erschlagen (*Tierische Notnahrung*) werden. Wasser ist weltweit gleich und deshalb nicht systematisch sonderlich anspruchsvoll (*Wildpflanzen bestimmen*).

Ein Fehlgriff endet beim Trinkwasser häufig mit Durchfall und Erbrechen (*Outdoor- und Survivalmedizin*) – und nie mit Halluzinationen oder psychotropen Erfahrungen (*Pflanzliche Notnahrung*). Kurz: Trinkwasserversorgung *ist unsexy*.

Natürlich hat jeder Mensch ständig mit Trinkwasser zu tun – ja, auch die beliebte *ungesunde* schwarze Brause besteht größtenteils nicht aus Zucker, sondern aus Wasser. Trinken muss natürlich jeder – und deshalb ist Wasser nichts, über das man Neues zu lernen erwartet.

Aus all diesen Gründen war das große Interesse dem Buch und an Seminaren zum Thema für mich völlig unverhofft.

Entsprechend musste die Erstauflage mehrfach nachgedruckt werden. Nun haben der Verlag und ich uns entschieden, eine erweiterte und überarbeitete Neuauflage herauszubringen. In dieser habe ich nun auch Bereiche bearbeitet, die in der Erstauflage konzeptionell bewusst nicht behandelt wurden. Das Grundkonzept »mit möglichst wenig Ausrüstung« wurde damit nicht obsolet, sondern es wird durch Gegenstände und Techniken komplementiert, die zum normalen Arbeitsumfeld der Trinkwasseraufbereitung gehören. Sehr häufig wurde ich nämlich gefragt, welche technischen Möglichkeiten es gibt, die kleinen Notfilter für die persönliche Wasserkrise so zu skalieren, dass auch größere Personengruppen genügend Trinkwasser aufbereiten können.

Daneben wurden die wichtigsten Themen, die ggf. in der Erstauflage offen geblieben waren, vervollständigt, zusätzlich illustriert und die Beschreibungen auf den aktuellen Stand der auf dem Markt verfügbaren Geräte und Techniken überführt. Ebenso wurden einige chemische und technische Aufbereitungstechniken in die Neuauflage aufgenommen, die vor allem auf Reisen in abgelegene Regionen und Krisengebiete interessant sind.

Damit ist diese nun vorliegende überarbeitete und erweiterte Auflage ein aktueller und möglichst detaillierter Überblick über das Thema »Trinkwasser in Extremsituationen«.

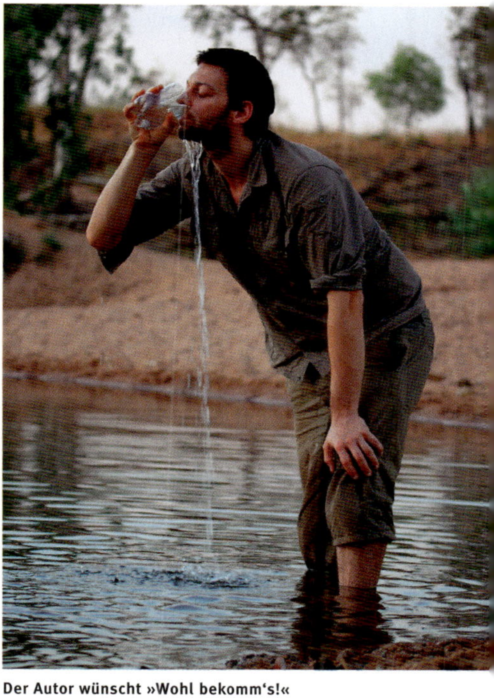

Der Autor wünscht »Wohl bekomm's!«

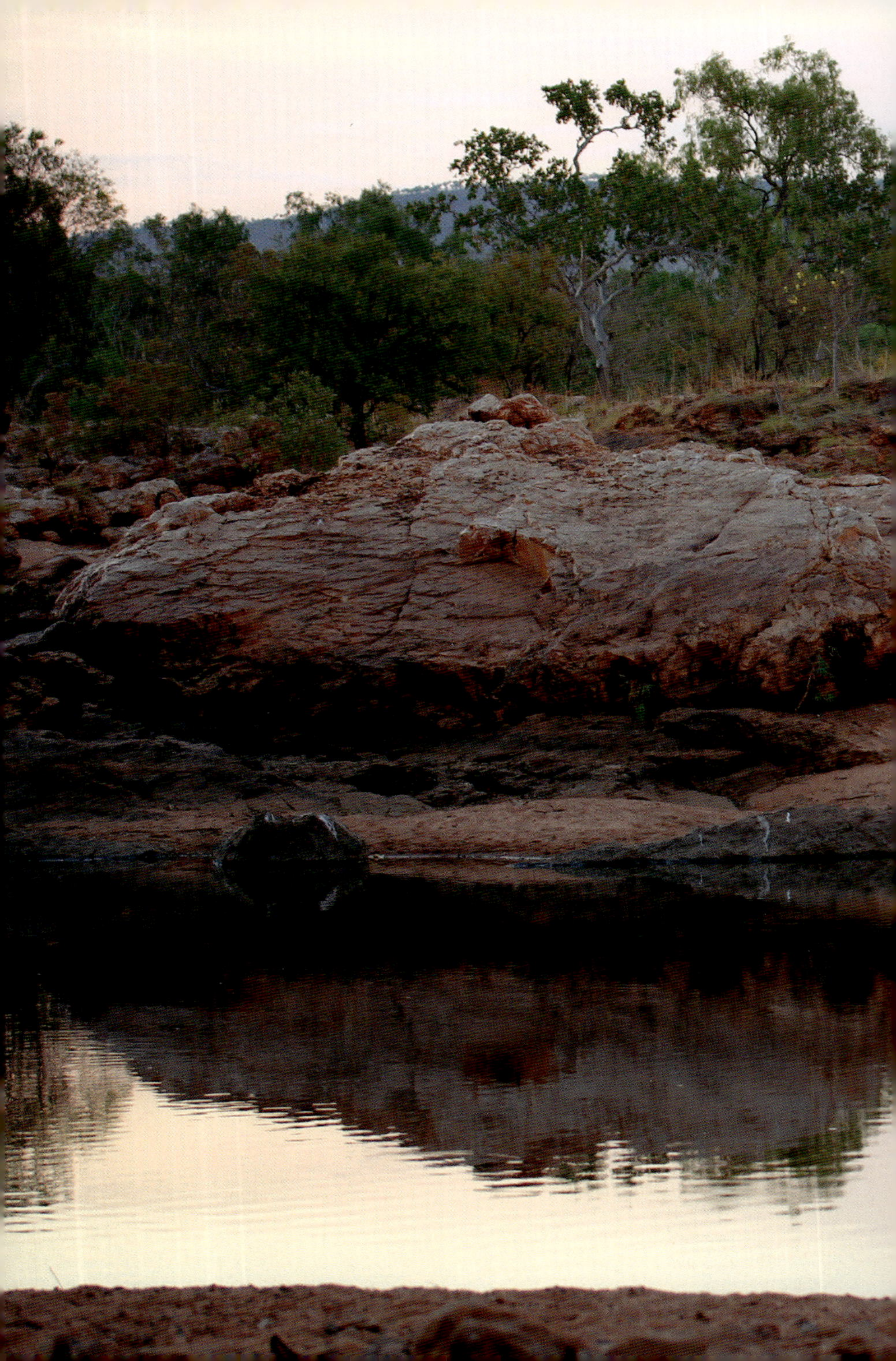

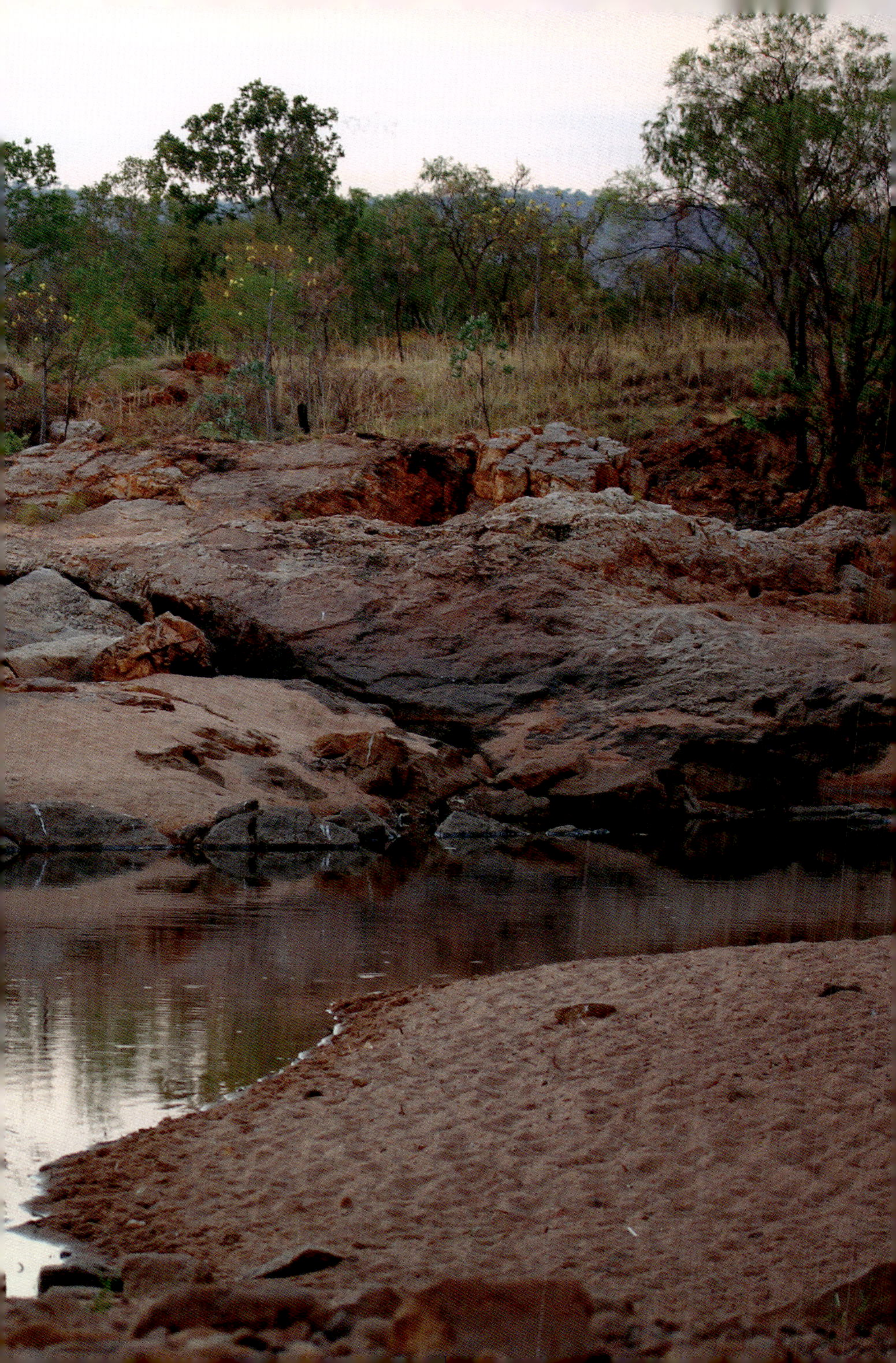

2 Grundlagen

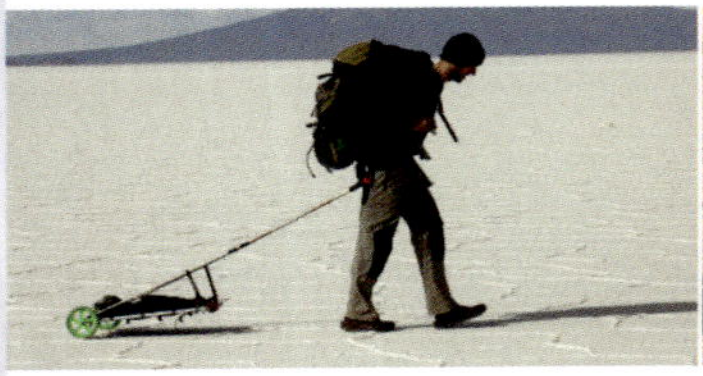

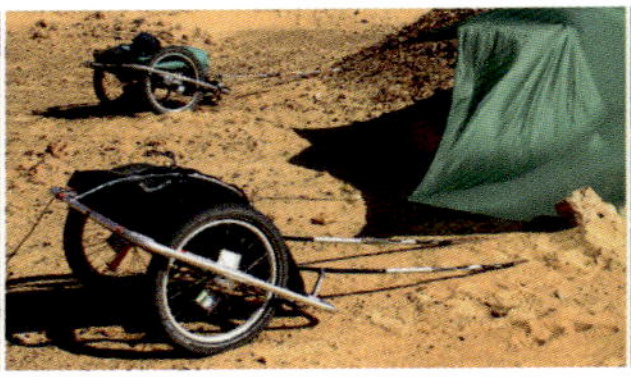

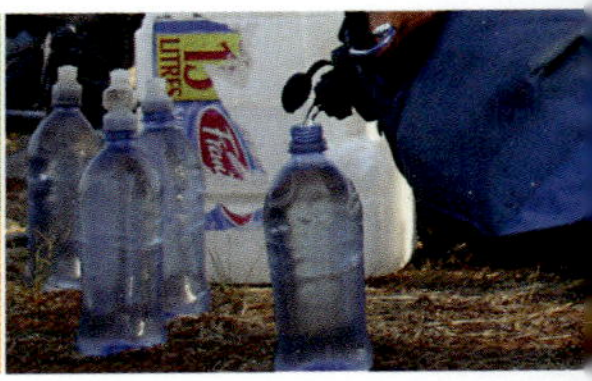

Der menschliche Körper besteht zu etwa 60 % aus Wasser. Es ist leicht nachzuvollziehen, dass dieser Stoff auch irgendwo eine funktionell herausragende Rolle im Organismus spielen muss.

Trinkwasser und seine Funktion

Wichtig ist Wasser im Transport- und Lösungsmittelkreislauf für verschiedenste Stoffe innerhalb des Blut-Lymphe-Systems. Im Blut, einer Zell-Wasser-Suspension, werden Zucker, Antikörper, Hormone, Fette, Proteine, Sauerstoff und vieles mehr transportiert. Damit das Blut seiner Funktion als Transportmittel in die entlegensten Regionen des Körpers gerecht werden kann, benötigt es eine gewisse →Fluidität. Wird es durch Wassermangel zu »dickflüssig«, kann es zu schwerwiegenden Durchblutungsstörungen und Organschäden kommen.

Neben dem offensichtlich flüssigen Blut besteht auch jede Zelle des Körpers zu einem großen Teil aus Wasser. Flüssigkeit, die nach dem Trinken über Magen und Darm in das Blut gelangt, presst sich durch den Druck des Herzens und durch →Osmose als Zellwasser in jede einzelne Körperzelle *(siehe auch Umkehrosmose Seite 131)* und als Lymphe in die Zellzwischenräume.

Damit ist jeder lebende Teil des Körpers ständig mit »Wasser« umspült. Der »Zellwasser«-Anteil im Körper beträgt dabei mehr als das Zehnfache des »Blutwasser«-Anteils.

Damit die präzise Aufteilung der vorhandenen Flüssigkeit in Zellwasser und Blut funktioniert, benötigt der Körper neben dem Wasser auch eine ganze Menge von bestimmten Mineralien und Salzen, die teilweise über das Trinkwasser, größtenteils jedoch mit der Nahrung aufgenommen werden. Der Wasser-Mineralien-Haushalt wird vom Körper hormonell sehr genau gesteuert.

Die Zellbestandteile, gelösten Stoffe und die wässrigen Bereiche sind jedoch nicht nur im Organismus wichtig, sondern sie übernehmen auch lebensnotwendige Funktionen beim Verlassen des Körpers. Im Folgenden betrachten wir vereinfacht die Vorgänge im Körper sowie die Gegensteuerungsmechanismen beim Verdursten und während einer Wasservergiftung.

Aufgaben im Körper

Ist im Verhältnis zu Körpermasse und gelösten Mineralien zu viel Wasser im Blut vorhanden, werden große Mengen über die Nieren mit dem Harn ausgeschieden. Gleiches gilt, wenn sich bestimmte Abbau- bzw. Giftstoffe und Mineralien im Blut angesammelt haben. Solche »harnpflichtigen Substanzen« müssen irgendwann über die Nieren aus dem Kreislauf entfernt werden, da sie sonst zu ernsthaften Vergiftungserscheinungen führen (Kreatinin, überschüssiges Kochsalz, Harnstoff, geringe Mengen Harnsäure u.a.). Im schlechtesten Fall kann es zu einer bei Wassermangel tödlichen »osmotischen Diurese« kommen, wenn durch Funktionsstörung die Nieren ihrer Aufgabe nicht mehr nachkommen können.

Die Priorität des Körpers bei der Regelung des Wasserkreislaufs liegt bei Wassermangel im Erhalt der Flüssigkeitsmenge. Bei zu wenig aufgenommenem Wasser kann es deshalb zur Anreicherung von Mineralien und Giftstoffen im Körper kommen, die sofort über den Harn den Körper verlassen, sobald wieder genug getrunken wurde. Wenn im Blut eine ausreichend große Wassermenge vorliegt, scheiden die Nieren Urin mit viel Wasser und geringer Mineralienkonzentration aus. Hat man also viel getrunken, muss man auch schneller wieder »Wasser lassen«.

Ist im Körper jedoch zu wenig Wasser im Blut, wird konzentrierter Harn ausgeschieden, also »dicker« Urin mit einer geringen Menge von Wasser. Da das aber nur bis zu einer bestimmten Konzentration (bzw. Osmolarität: etwa 1200 mosmol/l) funktioniert, ist der Körper im Wassermangelzustand immer auf frisches Wasser angewiesen – irgendwelche effektiven Kompensationsmöglichkeiten hat der Körper nicht.

Eine weitere lebenswichtige Aufgabe ist das Schwitzen. Alle Vorgänge des menschlichen Körpers sind auf ein Temperaturoptimum von etwa 37 °C angepasst. Steigt die Körpertemperatur über diesen Wert, transportiert die Haut Kochsalz an die Körperoberfläche, Wasser folgt dem Salz passiv. Auf der Haut verdunstet es und kühlt dadurch den Organismus. Da das Salz nicht mitverdunstet, sondern weiter »Wasser zieht«, verliert der Körper beim Schwitzen gewöhnlicherweise mehr Wasser als Salz (s.u.). Hohe Außentemperaturen erhöhen also ebenso wie sportliche Betätigung den Wasserbedarf.

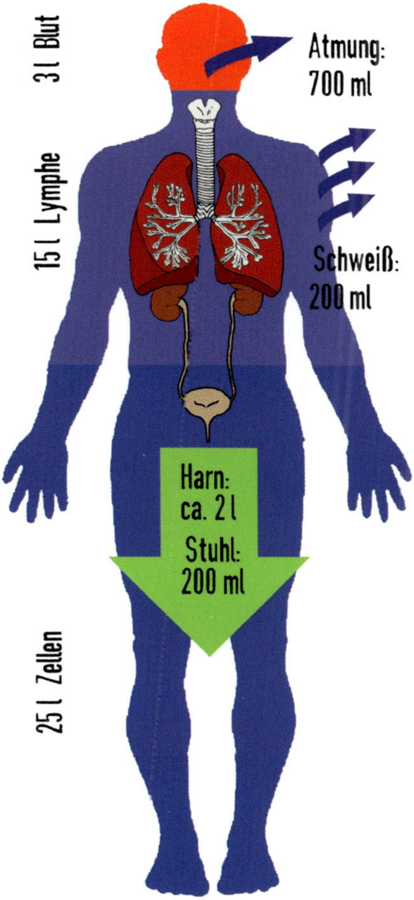

Im Körper liegt das meiste Wasser tatsächlich nicht im Blut vor (dort nur ca. 3 Liter), sondern in den und um die Zellen verschiedener Gewebe (ca. 40 Liter). Von dort aus kann Wasser in die Blutbahn zurückgeführt werden. Bei gewöhnlicher Belastung verliert der Körper über Ausscheidungen am Tag etwa 2,2 Liter, Atmung und Schweiß schlagen im Wasserhaushalt mit fast einem Liter Wasser zu Buche.

Da die Exkretion, sprich: die Produktion von Harn, gewöhnlicherweise den Hauptverlust des Körperwassers verursacht, wird der Wasserhaushalt effektiv durch die Menge und Konzentration des Urins gesteuert. Verantwortlich ist das Antidiuretische Hormon ADH bzw. Vasopressin, das auch beim Vorgang des Verdurstens eine wichtige Rolle spielt.

Sie sollten wissen, dass die Ausschüttung von ADH bei Wassermangel weiterem Verlust gegensteuert. Die Wirkung des Hormons kann jedoch durch harntreibende Nahrung und Getränke vermindert werden.

Vor allem wird die Ausschüttung von ADH bereits durch geringe Mengen Alkohol stark reduziert, weshalb in Wassermangelsituationen niemals alkoholhaltige Getränke getrunken werden dürfen!

Von der Dehydration zur Exsikkose

Die →Dehydration endet mit der Exsikkose, dem inneren Vertrocknen. Beim Verdursten gibt es verschiedene »Stationen«, die je nach äußeren Umständen schon zum Tod führen können. Beipielsweise kann Wassermangel in sehr heißer Umgebung zu Hitzschlag oder Überhitzung innerer Organe führen, wenn die Schweißdrüsen kein Wasser mehr an die Hautoberfläche transportieren können. Außerdem entspricht die Dehydration bei Wassermangel dem Vorgang, der beispielsweise bei starkem und anhaltendem Durchfall (etwa aufgrund von Ruhr, Cholera) zum Verdursten führt.

Im Folgenden seien die verschiedenen physiologische Vorgänge im Körper stark vereinfacht beschrieben, die das Verdursten für unsere Zwecke hinreichend präzise aufzeigen.

Prinzipiell beginnt die Dehydration schon bei der letzten Aufnahme von Trinkwasser. Weil der Wasserhaushalt noch ausgeglichen ist, gibt es für den Regelkreislauf keinen Grund, Flüssigkeit für schlechte Zeiten aufzusparen. Deshalb beginnt er sofort nach der Wasseraufnahme damit, das überschüssige Wasser über die Nieren in die Blase zu leiten. Je mehr Wasser bei der Harnproduktion eingesetzt werden kann, desto weniger Energie wird zur Konzentration des Harns benötigt und desto effektiver erfolgt die Ausleitung von harnpflichtigen Substanzen, also den Abbauprodukten, die den Körper verlassen. Gleichzeitig werden alle Drüsen zur Speichel-, Schweiß- und Tränenproduktion normal beliefert. In diesem Zustand ist genügend Wasser für alle wichtigen Körperfunktionen vorhanden.

Davon abhängig, wie viel geschwitzt wird, merkt der Körper jedoch schon nach kurzer Zeit, dass kein überschüssiges Wasser mehr vorhanden ist. Mit der Harnproduktion wurde ein temporärer »Idealzustand« hergestellt, der nur sehr kurze Zeit anhält. Der Körper erkennt eine geringer werdende Blutmenge und gibt umgehend Vasopressin (ADH) ab. Das Hormon hat verschiedene Wirkungen. Wichtig für uns sind die Verstärkung der Aufkonzentration des Harns in der Niere sowie die Verengung der Blutgefäße. Der Körper erhält durch sinkenden Blutpegel und eine steigende Natriumkonzentration im Blut das Signal »Durst!«. Der Mund wird trocken.

Physiologische Vorgänge bei Wassermangel

NORMAL	MANGEL	KRISE
»Verschwendungsphase«	**»Erhaltungsphase« (gesundheitlich unproblematisch)**	**»Überlebensphase« (gesundheitlich kritisch)**
ausreichende Wassermenge im Körper: verringertes Vasopressin	**etwas zu geringe Wassermenge im Körper: leicht erhöhtes Vasopressin**	**zu geringe Wassermenge im Körper: stark erhöhte Vasopressinmenge**
- erweiterte Gefäße - verstärkte Sekretion (erhöhte Produktion von Schweiß, Speichel etc.). - reduzierte Wasserwiederaufnahme in den Nieren	- leicht verengte Gefäße - ausgeglichene Sekretion (üblicherweise normale Produktion von Schweiß, Speichel etc.) - verstärkte Wasserwiederaufnahme in den Nieren	- verengte Gefäße - verringerte Sekretion (starke Reduktion von Schweiß, Speichel etc.) - erhebliche Wasserwiederaufnahme in den Nieren
schneller Wasserverlust durch nicht konzentrierten Harn, starker Mineralienverlust	**erheblich verringerter Wasserverlust durch konzentrierten Harn**	**minimale Ausscheidung stark aufkonzentrierten Harns**

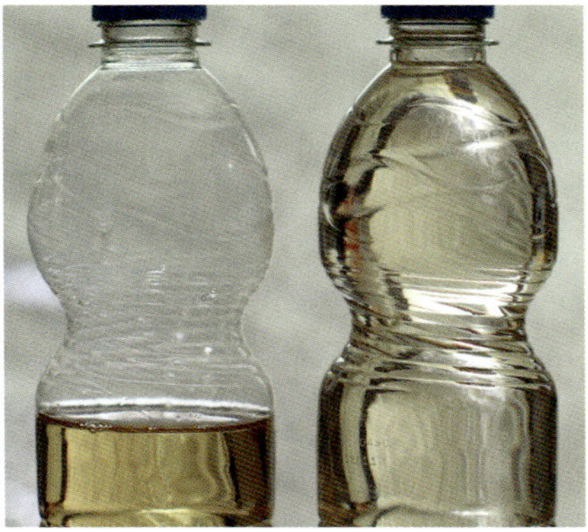

Die Ausscheidungsmenge in der unbedenklichen Erhaltungsphase (l.) ist erheblich geringer als in der ausgeglichenen Verschwendungsphase.

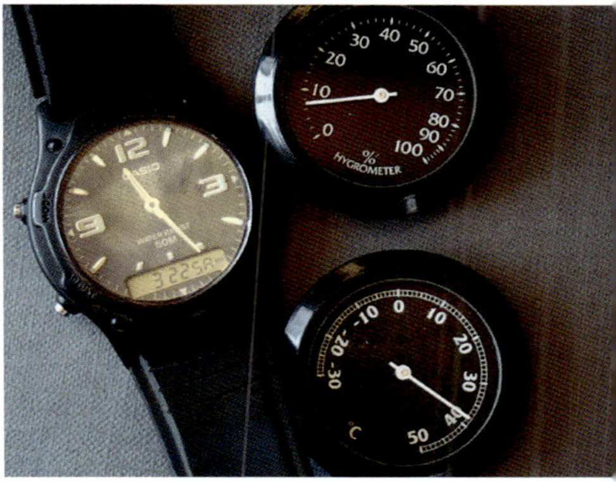

In der Libyschen Wüste kurz vor Mittag: fast 40 ° Celsius im Schatten bei weniger als 10 % relativer Luftfeuchte. Hier gilt es, Ruhe einzuhalten und auf die kühleren Abendstunden zu warten.

Durch den Wassermangel nimmt natürlich zuallererst das schnell verfügbare Blutwasser ab, langsam strömt Lymphe (✚ S. 164) in den Kreislauf und kompensiert den Wasserverlust. Es käme jedoch ohne die Gefäßverengung sofort zu einem Schock.

Der Harn wird immer dunkler und weniger, bis beim Wasserlassen nur noch rötliche Tröpfchen abgegeben werden können. Die Konzentration des wasserlöslichen Harnstoffs ist begrenzt. Im Gegensatz zu Vögeln und Reptilien, die reine Harnsäure abgeben können, müssen Menschen beim Ausführen von Harnstoff immer genügend Wasser mit abgeben. Gleichzeitig steigt sukzessive die osmotische Wasserbindung im Blut, da mit dem wenigen Harn nicht mehr genügend Salze aus dem Körper gelangen.

Mit der Zeit stellen die Drüsen die Sekretproduktion vollständig ein. Schleimhäute und Augen werden trocken, es kann kein Schweiß mehr zur Kühlung produziert werden. Zu diesem Zeitpunkt kann den Erkrankten schon der Tod durch einen Hitzschlag oder Organversagen ereilen.

Je nachdem, ob der Hauptwasserverlust über die Exkretion erfolgt (dabei werden Salz und Wasser in gleichem Verhältnis abgegeben) oder aber durch Schwitzen (hier wird dem Körper größtenteils nur Wasser entzogen – obwohl der Schweiß salzig schmeckt, verbleibt mehr Salz im Körper), kommt es zu einer isotonen oder hypertonen Dehydration. Bei der isotonen bleibt das Verhältnis von Salz und Wasser im Körper etwa konstant, bei der hypertonen ist zu viel Salz im Blut vorhanden.

Durch dieses Ungleichgewicht der Homöostase (✚ S. 182) und die nicht ausgeführten harnpflichtigen Substanzen (dadurch ggf. stark erhöhter Natriumpegel) kann es in diesem Zustand schon zu schweren Krämpfen, Herzrhythmusstörungen und schlimmen Kopfschmerzen, Hirnödemen sowie Aggressivitätsschüben kommen. Die Wahrnehmung wird zunehmend eingeschränkt. Die Wassermenge in den Zellen reduziert sich, wodurch der Tonus verlorengeht. In Falten gezogene Haut des Handrückens strafft sich nicht mehr.

Hinzu kommen Schmerzen in den Nieren, später im gesamten Bauch. Durch die geringe Fluidität des Bluts kommt es zu Unterdurchblutung der Extremitäten. Der Betroffene kann im jetzigen Zustand weder aufstehen, ohne sofort zu kollabieren, noch sich artikulieren. Der reduzierte Blutdruck führt zu einer »Schockniere«. Es bilden sich

Gerinnsel in den feinen Gefäßen vieler Organe und in den Hirnkapillaren. Es folgen Delirium, multiples Organversagen und Tod.

Die Zeitspanne vom letzten Schluck bis zum Tod kann je nach Temperatur, Sonneneinstrahlung und Aktivität zwischen wenigen Stunden (!) und über einer Woche betragen. Eine Gegenmaßnahme kann je nach Dauer der Dehydration die löffelweise Gabe von sauberem Trinkwasser sein. Ist der Patient nicht bereit oder nicht mehr in der Lage, Wasser aufzunehmen, bestehen reelle Chancen nur durch Infusionen, wobei die Gabe in diesem Fall medizinischem Fachpersonal vorbehalten ist. Es kann je nach »Verdurstungsform« bei infundierten Flüssigkeiten zu lebensgefährlichen Komplikationen kommen.

Hyperhydration – Wasservergiftung

Eine Gefahr, die oft höher eingeschätzt wird, als sie tatsächlich ist, nennt sich »Hyperhydration«. Tatsächlich kann es geschehen, dass beim Trinken großer Mengen von Wasser der Salz- und Mineralgehalt im Körper durch starkes Schwitzen und gleichzeitige Harnproduktion immer weiter absinkt. Ein wichtiger Faktor ist dabei das Absinken des Natriumpegels im Blut, der für den Erhalt der Körperfunktionen enorm wichtig ist. Die Hyperhydration kann beispielsweise während der Akklimatisierung in heißen Gegenden auftreten, bei der relativ viel getrunken und aufgrund der Hitze nur wenig Nahrung aufgenommen wurde. Auch bei Langstreckenläufern und Dschungelwanderern ist dieses Phänomen bekannt. Weil Mineralien hauptsächlich über die Nahrung aufgenommen werden und kaum über Wasser, ist es völlig irrelevant, ob es sich bei den Getränken um isotonisches Zuckerwasser aus der Dose, um reines Trinkwasser oder Wasser aus der Destille handelt. Sofern Sie darauf achten, in heißen Gegenden und bei hoher körperlicher Anstrengung etwas Nahrung (nach Möglichkeit leicht gesalzen) zu sich zu nehmen und nicht unmäßig viel zu trinken, ist die Gefahr einer Wasservergiftung gering.

Kommt es dennoch dazu, sind die Folgen nicht minder gefährlich als bei der Dehydration: Krämpfe, Erbrechen, Kopfschmerzen, Ödeme – Tod (✚ *S. 184*).

Um bei normaler Ernährung eine Wasservergiftung zu erleiden, müssten Sie nach mehrtägigem Fasten wirklich mehrere Liter destilliertes Wasser auf einmal zu sich nehmen. Die Anzahl der an Hyperhydration gestorbenen Menschen steht in keinem Verhältnis zu den Massen der an Exsikkose durch Krankheit oder Wassermangel Verstorbenen.

Wasser im Notfall – und auf Reisen

Die Frage, ob Wasser aus der Umgebung gewonnen und gereinigt werden muss, stellt sich nicht nur in Notfällen oder nach Katastrophen, sondern schon auf jeder einfachen Rucksacktour, die länger als einen Tag dauert.

Das Problem des Menschen ist, dass er generell verschwenderisch mit seinen Wasservorräten umgeht. Damit sind nicht die Mantren »Duschen statt Baden!« und »Hahn zu beim Zähneputzen!« gemeint (was nebenbei bemerkt in wasserreichen Regionen wie Mitteleuropa nicht nur unnütz, sondern auch für die Abwasserbeseitigung kontraproduktiv ist). Vielmehr ist der Verbrauch des Wassers durch den →menschlichen Körper gemeint. Oft wird behauptet, der wichtigste Ort zum Wassertransport sei der eigene Körper. Natürlich sollte man nach Wassermangel beim Erreichen einer sicheren Quelle möglichst bald den Wasserverlust wieder ausgleichen; wenn ich aber die Entscheidung habe, einen Liter Wasser meinem Körper anzuvertrauen oder ihn in einer Trinkflasche zu transportieren, entscheide ich mich für die Flasche. Wir müssen zwar regelmäßig trinken, aber der Körper speichert das ihm zugeführte Wasser nicht und teilt es sich nicht auf, sondern er verprasst es sofort wieder wie ein Schulbub, der unerwartet zu etwas Taschengeld gekommen ist. Dieser angeborene Hedonismus unserer Wasserregulation macht das weiter unten genauer beschriebene →Rationieren von Wasser notwendig.

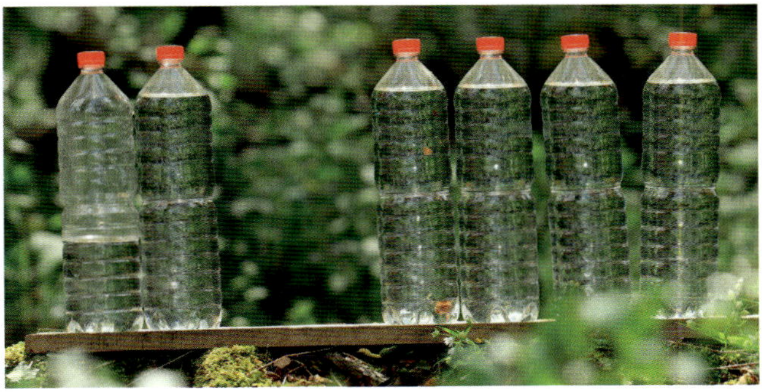

Die benötigten Mengen Trinkwasser variieren stark: Bei einer Person mit 80 Kilogramm geht sie von 1,5 Liter bis über 6 Liter bei sommerlichem Leistungssport in den Bergen. Diese Mengen lassen sich kaum transportieren.

Um die benötigte Wassermenge abschätzen zu können, betrachten wir einmal den normalen Wasserbedarf des Menschen. Zu beachten ist bei dieser Rechnung jedoch, dass wir nicht die Menge des »Brauchwassers« (Zähne putzen, Nudeln kochen, Füße waschen) einbeziehen, sondern alleine das flüssige oder in feuchten Lebensmitteln und Getränken vorliegende Trinkwasser, das unserem Körper zugeführt werden muss.

Wasserbedarf

Den Wasserbedarf des Körpers pauschal anzugeben ist natürlich nicht möglich. Jeder Organismus haushaltet etwas anders mit seinen Wasservorräten. Außerdem beeinflussen äußere Umstände den Bedarf außerordentlich stark. Leistung, Alter, Geschlecht, Akklimatisierung, Temperatur, Höhe und Luftfeuchtigkeit spielen eine Rolle.

Die hier vorgegebene Faustformel soll einen Anhaltspunkt geben, um den Bedarf an Trinkwasser abschätzen zu können. Sie können diese Berechnung zum Überschlagen der benötigten Wassermenge während Expeditionen oder Individualreisen anwenden.

Basismenge (normaler Wasserverlust durch Atmung, Haut, Ausscheidungen)
unter 50 kg Körpergewicht: **ca. 1,5 Liter**
50 – 80 kg Körpergewicht: **ca. 2 Liter**
80 – 100 kg Körpergewicht: **ca. 2,5 Liter**
über 100 kg Körpergewicht: **ca. 3 Liter**

Leistungsmenge* (entspricht körperlicher Leistung über den Tag, größtenteils)
gering (Ruhen, Lagern): **0 Liter**
mittel (leichtes Wandern, Paddeln): **Basismenge / 5**
sehr hoch (Bergwandern, Schneeschuhlauf): **Basismenge / 3**

Temperaturmenge (abhängig von der Temperatur über den Tag)
unter 20 °Celsius: **0 Liter**
zwischen 20 und 35 °Celsius: **Basismenge / 5**
ab 35 °Celsius: **Basismenge / 2 (und mehr)**

Höhenmenge** (Faustformel für Höhen ab 1000 Metern über dem Meer)
je tausend Höhenmeter: **(Basismenge / 3)**

**Die Leistungsmenge ist auf eine Tätigkeit abgestimmt, die dauerhaft und über mehrere Tage in Folge ausgeführt werden kann. Bei einem »Power-Workout« oder Marathonlauf verbrauchen Sie das kaum kalkulierbare Vielfache der hier angegebenen Leistungsmenge. Solche intensiven sportlichen Aktivitäten sind hier natürlich nicht berücksichtigt.*

***Der Wasserbedarf steigt aufgrund erhöhter Atemfrequenz und verringerter Organleistung.*

FORMEL ZUR BERECHNUNG:

Berechnet wird die Gesamtmenge des Tages: Basismenge + Leistungsmenge + Temperaturmenge + Höhenmenge

Beispielrechnung moderater Verbrauch

Körpergewicht: 75 kg
Basismenge: 2 Liter

Leistung: mittel
(Fahrt mit dem Trekkingrad)
Leistungsmenge: (2 Liter / 5 = 0,4 Liter)

Temperatur: 25 °Celsius
Temperaturmenge: (2 Liter / 5 = 0,4 Liter)

Höhe: 800 Meter über NN
Höhenmenge: 0 Liter

Trinkwasserbedarf: 2 Liter (Basismenge) + 0,4 Liter (Leistungsmenge) + 0,4 Liter (Temperaturmenge) + 0 Liter (Höhenmenge) = **ca. 2,8 Liter**

Beispielrechnung hoher Verbrauch

Körpergewicht: 87 kg
Basismenge 2,5 Liter

Leistung: sehr hoch
(Bergwandern 6–8 Stunden täglich)
Leistungsmenge: (2,5 Liter / 3 = 0,8 Liter)

Temperatur: unter 20 °Celsius
Temperaturmenge: 0 Liter

Höhe: 4000 Meter über NN
Höhenmenge: 4 x (2,5 Liter / 3) = 3,3 Liter (!)

Trinkwasserbedarf: 2,5 Liter (Basismenge) + 0,8 Liter (Leistungsmenge) + 0 Liter (Temperaturmenge) + 3,3 Liter (Höhenmenge) = **ca. 6,6 Liter**

Diese Berechnungen scheinen auf den ersten Blick kompliziert, helfen dennoch sehr dabei, den Wasserbedarf auf einer Reise zu überschlagen und entsprechende →Wasserlager anzulegen oder die Menge des mitzuführenden Wassers zu bemessen. Außerdem ist die Menge ein Richtwert für einen etwa ausgeglichenen Wasserhaushalt. Bei vielen Höhentouren ist beispielsweise die Wasserbilanz per se negativ, da es kaum möglich ist, so viel zu trinken, wie es notwendig wäre.

Mit den beiden berechneten Beispielwerten können wir das notwendigerweise mitzuführende Wasser bestimmen. Im Fall des moderaten Verbrauchs liegen wir bei rund 3 Litern je Tag. Für eine viertägige Tour müssten also etwa 12 Liter mitgeführt – oder gesammelt – werden.

Bei einem hohen Verbrauch sieht das jedoch schon etwas anders aus. Hier liegt bei etwas mehr als 6,5 Litern täglich die Menge auf vier Tage gerechnet bei 26 Litern für einen ausgeglichenen Wasserhaushalt. Für wenige Tage lässt sich eine solche Wassermenge transportieren – jedoch nicht auf dem Rücken, sondern bestenfalls auf einem Sulky bzw. Transportwagen. Dies ist insbesondere dann notwendig, wenn es aufgrund der Umgebung unmöglich ist, sich mit Wasser zu versorgen (z.B. Geröll- oder Sandwüsten).

Um für bestimmte Extremtouren das Wasser sicherzustellen, sollten also möglichst Wasserreservoirs am Weg angelegt werden (so handhaben das Wüstentrekker in touristisch gut erschlossenen Wüsten wie der israelischen Negev). Sind Sie jedoch in Regionen unterwegs, wo es unmöglich ist, per Fahrzeug Wasserlager einzufahren, bzw. zu teuer, solche Reserven für eine Expedition vom Hubschrauber ablegen zu lassen, gibt es nur den Weg, möglichst viel Wasser mitzunehmen und dieses von Beginn an zu rationieren, indem Sie täglich etwa die Hälfte des eigentlich benötigten Wassers zu sich nehmen. Damit bewegen Sie sich zwar langfristig im Dehydrationszustand, der bei eingeschränkter Leistungsfähigkeit aber für wenige Wochen »verschmerzbar« ist.

Die Entscheidung, wie viel Wasser mitgeführt wird, ist eine teils gefährliche Gratwanderung, insbesondere wenn Sie nur einen Rucksack verwenden und keinen Sulky. Mit jedem Liter Reservewasser nehmen Sie ein Kilogramm mehr auf den Rücken. Meinen Sie es besonders gut und nehmen für die oben genannte Viertagestour meinetwegen 10 Liter über das gewohnte bzw. angepasste Rucksackgewicht mit, steigt Ihr Wasserbedarf durch sehr starkes Schwitzen schnell. Dieses sollte in Wassermangelgebieten immer vermieden werden, weshalb nur unerfahrene Wüstenwanderer zur heißen Mittagszeit laufen oder gar schwarze Kleidung tragen.

Nicht nur die Leistungsmenge kann sich erhöhen, sondern auch der momentane Durst, wenn Sie erschöpft Rast machen und eine Flasche Wasser leertrinken (»Es ist ja noch Reserve da!«). Es ist möglich, dass Sie effektiv weniger Wasser zur Verfügung haben, als wenn Sie 10 Liter weniger dabei gehabt hätten.

Praktisch immer ist die überwindbare Tagesstrecke durch das höhere Gewicht und die vermehrten Pausen deutlich geringer. Wenn Sie die nächste Wasserstelle oder die Zivilisation erreichen müssen, bedeutet ein ein oder zwei Tage längerer Marsch einen erhöhten Wasserbedarf von 5–10 Litern. Ideal ist und bleibt aufgrund der hohen →Dichte des Wassers, es unterwegs zu sammeln und aufzubereiten.

Wasser auf Trekkingtouren

Die allermeisten Menschen werden bei einfachen Trekkingtouren regelmäßig mit der Suche nach Trinkwasser konfrontiert sein. Und hier scheint es die meisten Verunsicherungen zu geben. So wird von sauberen Flüssen erzählt, deren Wasser trotz Filtrierung zu schweren Infektionen geführt habe, es werden Empfehlungen bezüglich der je Kilometer mindestens zu trinkenden Wassermenge kolportiert oder gleich empfohlen, das gesamte Trinkwasser schon von Tourbeginn an mitzuführen.

Tatsächlich gehört das gewöhnliche Wandern mit dem Rucksack zu den ungefährlichsten Tätigkeiten im Bezug auf Trinkwasser. Erst einmal liegen die meisten Wanderrouten in klimatisch gemäßigten Regionen Mitteleuropas, die nicht zu den Wassermangelregionen gehören. Die begangenen Wanderwege führen sehr häufig an kleinen Fließgewässern oder Quellen vorbei, die nach →Einschätzung der Wasserqualität und einer etwaigen Aufbereitung problemlos als Trinkwasser verwendet werden können.

Wer auf das richtige →Trinken achtet und seinen etwaigen →Wasserbedarf errechnet hat, kommt mit rund anderthalb Tagesmengen inklusive Reserve im Rucksack gut aus, ohne dass das Wasser zwischenzeitlich knapp wird. Wenn also mit etwa 2 Litern Trink- und Brauchwasser gerechnet wird,

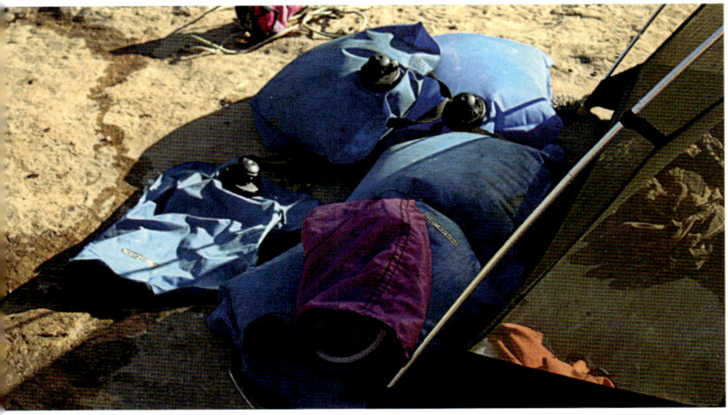

40 Liter aufbereitetes Trinkwasser: In den sehr heißen Regionen Westaustraliens reicht diese Menge nicht einmal für eine Woche.

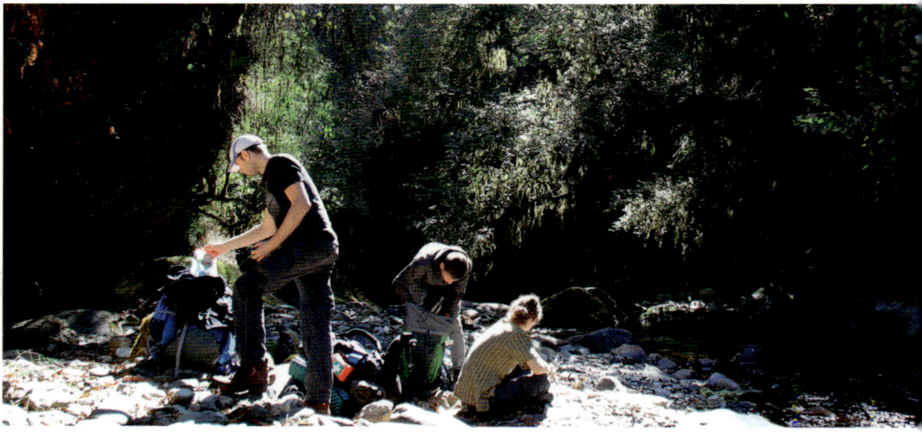

Beim normalen Trekking außerhalb von Wassermangelgebieten macht es kaum Sinn, ständig die Wasserspeicher aufzufüllen. Ideal ist das Befüllen bei einer abendlichen Rast oder am Übernachtungsplatz. Hier lässt sich das Wasser in Ruhe begutachten und aufbereiten.

sind 3 Liter Wasserfassungsvermögen am Gepäck reichlich bemessen (wobei eine eiserne Reserve nie verkehrt ist). Da die 3 Liter von Beginn an verwendet werden, trägt man nicht dauerhaft 3 Liter mit sich, sondern reduziert die Menge im Laufe des Tages auf etwa einen Liter. Wenn zwischendurch sauberes Wasser sowie Zeit zur Verfügung stehen (oft werden Pausen gezielt an Flüssen oder Seen eingelegt), wird das Wasser wieder aufgefüllt.

An oft begangenen Trekkingrouten gibt es meist eingerichtete Wasserstellen, die zum Befüllen der Trinkflasche geeignet sind.

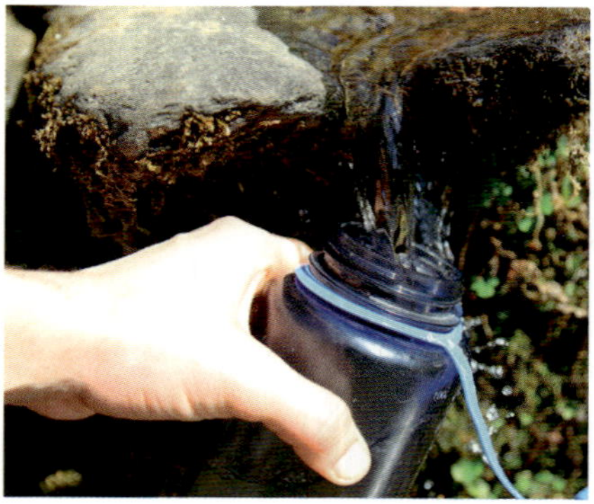

Vermeiden sollten Sie den Fehler, in wasserreichen Regionen an jedem Rinnsal und an jeder Pfütze die Wassermenge immer wieder nachzufüllen. Hierbei nehmen sich viele nicht die notwendige Zeit, um die verschiedenen Faktoren der Rohwasserqualität zu bestimmen.

In den allermeisten gemäßigten Regionen ist es völlig ausreichend, wenn am Abend oder am nächsten Morgen das Wasser vollständig neu geschöpft wird. Beispielsweise kann im Zuge der Mittagspause oder nach dem Lagerbau das Rohwasser verarbeitet und abgefüllt werden.

In vielen Regionen finden sich außerdem in regelmäßigen Abständen speziell für Wanderer eingerichtete Brunnen, die sauberes und oft sogar auf Keime überprüftes Wasser von einem klaren Bergbach oder einer Quelle an einem Hahn, einem offenen Kunststoffschlauch oder über einer Steinkante abrinnend anbieten.

Reserve und Rationieren

Wie viel Wasser mitgeführt wird, ist also immer von der körperlicher Konstitution, dem durchschnittlichen Wasserverbrauch sowie der Möglichkeit, Wasser neu zu fassen bzw. zu transportieren, abhängig. Auf einer Reise in eher feuchtes Gebiet habe ich beispielsweise immer ein bis zwei Liter Wasser dabei. Regelmäßig auf dem Weg verteilte Wasserstellen vorausgesetzt, wird abends und morgens das Wasser neu aufgefüllt. Über den Tag verkleinert sich der Wasserspeicher, was den Vorteil geringeren Marschgepäcks mit sich bringt.

Wenn Sie mit einem motorisierten Fahrzeug in Wassermangelgebieten unterwegs sind, sollten unbedingt einige Kanister mit Reservewasser mitführt werden. Sie können sich im Notfall mit 15 Litern Wasser in einem Fahrzeug über mehrere Wochen vor dem Verdursten retten – das richtige Verhalten und Rationieren vorausgesetzt.

Ich selbst habe schon einige Male Lehrgeld bezahlen müssen, wenn ich auf Reisen durch Wüstenregionen den Wasserverbrauch falsch eingeschätzt hatte oder wenn vermeintlich sichere Trinkwasserreservoirs ungenießbares oder gar kein Wasser enthielten. Es waren bedauerliche und prägende Situationen, die die Wichtigkeit der richtigen Vorbereitung und Planung unterstreichen.

Als Quintessenz meiner eigenen Erfahrungen, die zeitweise körperliche Schäden zur Folge hatten, gelten für mich auf längeren Extremreisen in Wüsten und andere wasserarme Regionen folgende Regeln zur Rationierung:

- Auch wenn unterwegs täglich Wasser aufgefüllt werden kann, bleibt immer mindestens 1 Liter als unangetastete Reserve. Wenn diese jemals angebrochen werden muss, wird sie streng rationiert.

- Sobald absehbar ist, dass die verfügbare Wassermenge zu gering ist (beispielsweise durch Verzögerung nach einer Zwangspause bei Verletzung), wird rationiert – nicht erst, wenn das Wasser knapp wird.

- Ab Beginn der Rationierung kann noch für etwa einen Tag →Harn gesammelt werden.

- Bei reduzierter Leistung muss die täglich getrunkene Wassermenge bei Wassermangel in den ersten Tagen auf etwa die Basismenge reduziert werden.

- Sobald klar ist, dass trotz reduzierten Verbrauchs das Ziel mit dem verfügbaren Wasser nicht erreichbar ist, wird so wenig Wasser getrunken wie nur möglich (0,2–0,5 Liter täglich, gestreckt mit frühzeitig gesammeltem Harn).

- Wenn der letzte Liter der »eisernen Reserve« angebrochen wird, muss die Leistung nochmals deutlich reduziert werden – täglich werden nun maximal 0,1 Liter Wasser getrunken. Mit dieser Reserve lässt sich bei richtigem Verhalten die Zeit bis zum Verdursten noch maximal eine Woche bis 10 Tage herauszögern – unter dem Risiko körperlicher Schäden. Die letzten Rationen können noch weiter reduziert werden.

Diese Zahlen mögen nicht als Dogma aufgenommen werden. Sie entsprechen den Erfahrungswerten, die ich in sehr unterschiedlichen klimatischen Regionen gesammelt habe. Sie sollten diese Werte an Ihren persönlichen Wasserverbrauch bzw. Ihre körperliche Konstitution anpassen und

Rationierung bei aufkommender Wasserkrise

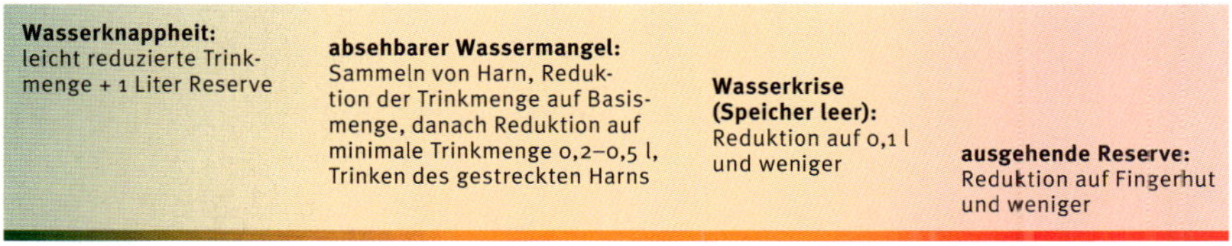

Fortschreiten der Wasserkrise

durch richtige Reisevorbereitung bitte gar nicht erst in die Situation der Rationierung kommen – es macht wirklich keinen Spaß.

Wasserlager

Von großem Interesse ist neben dem Verbrauch auch das richtige Vorhalten von Trinkwasser für den Wassernotfall. Dies kann einerseits für Bewohner von Ortschaften interessant sein, in denen die Trinkwasserversorgung nicht sichergestellt ist (seien es strukturschwache Regionen in Südeuropa oder die Mittelgebirge), oder aber wenn auf Reisen das Auffinden von trinkbarem Wasser nicht sichergestellt werden kann. Im Sinne einer Expedition »by fair means« können solche Lager in eine Notfallstruktur eingegliedert werden, auf die zugegriffen werden kann, wenn es zu Ausfällen an Material oder Gesundheit kommen sollte, die einen Abbruch der Reise notwendig machen können.

Dabei sind besonders die Faktoren der →Reinigung, →Konservierung, Lagerung und Menge wichtige Fragen, die beantwortet werden müssen.

Unterscheiden sollten wir zwischen Wasserlagern, die in geschlossenen Räumen angelegt werden – zu Zeiten außerhalb der Wasserkrise – und improvisierten Wasserlagern, die aus einer natürlichen Wasserquelle gewonnen und für spätere Nutzung vorgehalten werden.

Wasserlager als Reserve

In der öffentlichen Wahrnehmung gibt es einen gewissen Widerspruch zwischen dauerhaften Wasserlagern und der täglichen Lebensrealität. In Industrieländern sind die Menschen daran gewöhnt, dass Lebensmittel generell schlecht werden. Gelehrt wird dies durch das aufgedruckte Verfallsdatum auf jedem Lebensmittel – egal ob Kochsalz oder Hackfleisch –, unabhängig von der tatsächlichen Verderblichkeit. Viele Lebensmittel sind per Definition nicht verderblich und werden dennoch ausgetauscht oder verworfen, wenn das MHD überschritten wurde.

Ein Verderben von Lebensmitteln setzt entweder eine bakterielle Verunreinigung voraus, deren Vermehrung bis zum Verstreichen des Haltbarkeitsdatums durch zerfallende Konservierungsstoffe verhindert wird, oder das bei vorgeschriebener Lagerung langsame Bakterienwachstum übersteigt nach dem MHD irgendwann die

Wenn neben dem Gepäck mehr als 10 Liter Wasser transportiert werden müssen, sind ein kleiner Handwagen oder gut markierte Wasserlager auf der Wegstrecke praktisch alternativlos.

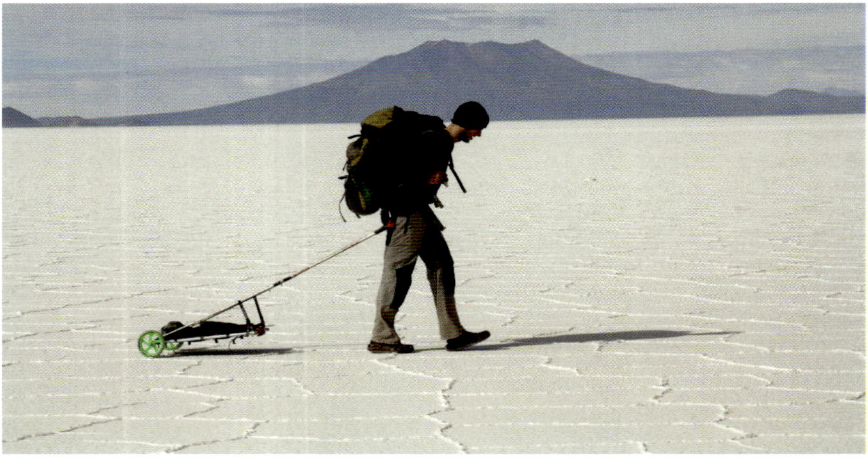

→subklinische Menge, und das Lebensmittel ist so nicht mehr gefahrlos genießbar. Weniger gefährlich, aber auch bemerkbar ist das Zerfallen von Stoffen, die beispielsweise mit Sauerstoff reagieren und Lebensmittel so sensorisch abwerten: beispielsweise Butter, die ranzig wird.

Diese Verderblichkeit setzt allerdings eine Grundverkeimung sowie Nährstoffe voraus, von denen sich die Keime ernähren können. Entsprechend dem Diagramm zur →Wiederverkeimung und zu den Grundlagen der →Wasserkonserven kann sauberes Wasser in geschlossenen Behältern kaum verkeimen, da die notwendigen Nährstoffe fehlen. Abgepacktes Wasser in Kanistern, Glas- oder Plastikflaschen ist tatsächlich Tausende Jahre haltbar.

Dennoch wird in Internetforen immer wieder verbreitet, dass Wasser mit Ablauf des MHD ausgetauscht werden sollte. Das einzige, was bei diesen Konserven tatsächlich altert, ist aber der Kunststoff, der oft UV-empfindlich ist und deshalb nicht der Sonne ausgesetzt werden sollte. Werden versiegelte Flaschen und Kanister eingelagert, kann davon ausgegangen werden, dass das Lager mindestens 20 bis 30 Jahre lang verfügbar bleibt. Entsprechende abgefüllte Großgefäße für Trinkwasser sind weltweit – auch in Entwicklungsländern – verfügbar. Sie werden in Restaurants, Hotels und öffentlichen Gebäuden beispielsweise in Trinkwasserspendern eingesetzt. Füllt man das Wasser selbst in Flaschen oder Kanister ab, sollte neben einer geringen Anfangsverkeimung auch darauf geachtet werden, dass Konservierungsstoffe eingesetzt werden, die nicht auf Basis reaktiver Chlorverbindungen funktionieren, da auch diese über die Zeit den Kunststoff spröde machen können.

Da der Lagerraum in entsprechenden Situationen nicht unbegrenzt ist, wird die Menge des täglichen Wassers für eine →Wasserkrise relativ knapp bemessen. Man kann mit 1,5 bis 2 Liter je Person und Tag sehr gut haushalten.

Zur Vorbereitung auf eine Wasserkrise kursieren in einschlägiger Literatur und in diversen Foren Tagesmengen von 15–20 Litern je Tag und Person. Hier wird allerdings vom Kochen und Reinigen von Lebensmitteln, Körperpflege, Abwasch, Putzen usw. bis in zum Waschen der Kleidung kalkuliert – im Falle einer Wasserkrise werden Sie dieses Wasser kaum für die Lebensmittelzubereitung verwenden müssen. Rechnet man mit durchschnittlich 10 bis maximal 20 Tagen, innerhalb derer selbst in abgelegenen Entwicklungsländern Hilfsorganisationen aktiv werden können bzw. bis weitere improvisierte Wasseraufbereitung organisiert werden kann, reicht ein 20-Liter-Kanister je Person als dauerhaftes Noftfallager aus.

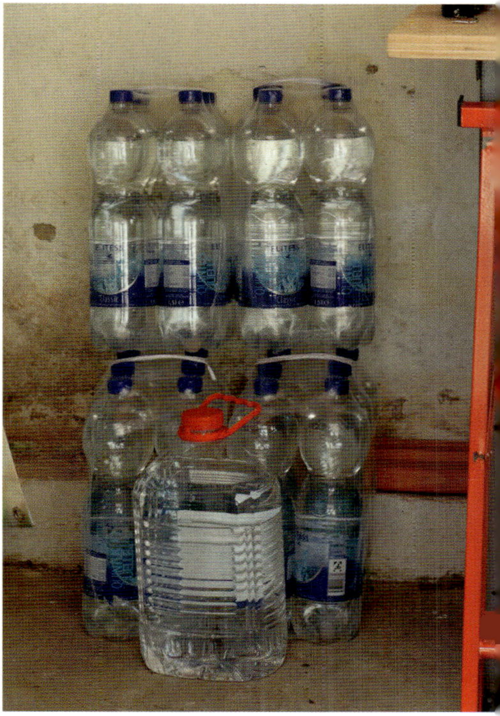

Wer ein Wasserlager im häuslichen Umfeld einrichten möchte, kann einfach kommerziell befüllte Wasserflaschen oder Kanister abstellen. *Wasser kann nicht schlecht werden*, ggf. flocken Kalk und Magnesium nach einigen Jahren. Dies ist völlig ungefährlich.

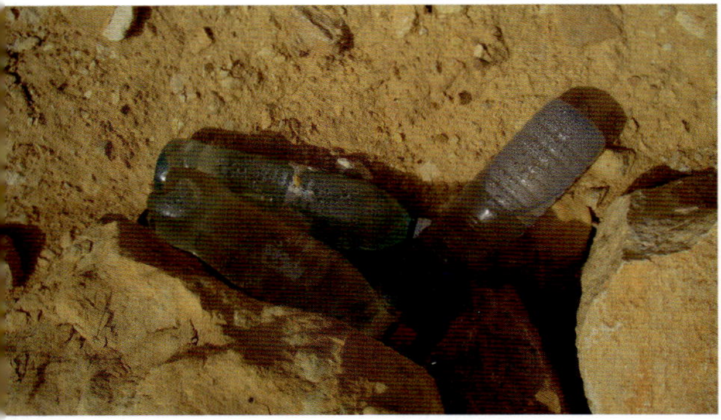

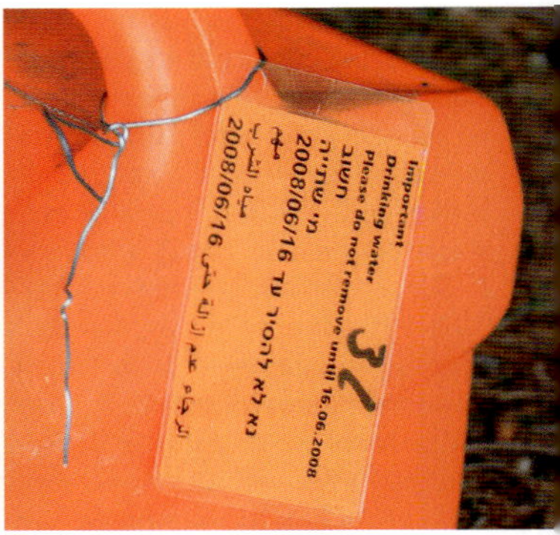

Links: **Aufgegebenes (?) Wasserlager in einer Wüste. Ohne Beschriftung ist es für einen zufälligen Finder unmöglich abzuschätzen, ob es noch benötigt wird.** ***Rechts:*** **Besser ist eine stabile Beschriftung, wie lange das Wasser benötigt wird.**

Wasserlager als Notfallproviant

Wenn im Zuge einer Expedition oder Wüstenreise Notfalllager angelegt werden müssen, ist die Situation oft eine andere. Da Wasser ein großer Gewichts- und Volumenfaktor ist, kann es sinnvoll sein, Rückwegslager zu planen, die in regelmäßigen Abständen auf der Marsch- oder Fahrstrecke eingerichtet werden.

Hier kann keine feste Angabe über geeignete Entfernungen und Mengen gemacht werden, da diese Lager sehr stark von Art und Zweck der Expedition abhängig sind. Wer mit einem Geländewagen eine technisch anspruchsvolle Wüste durchquert, tut gut daran, alle 40 oder 50 Kilometer ein Wasserlager einzurichten, um einen eventuellen Rückmarsch bei Totalverlust des Fahrzeugs zu sichern.

Andere Reisen, zum Beispiel Trekkingtouren in Wassermangelgebieten, sind oft auf auf dem Weg gelagertes Wasser angewiesen, um überhaupt eine bestimmte Strecke begehen zu können; Wüstendurchquerungen können mit Wasserlagern abgesichert werden, falls unvorhergesehene Ereignisse wie Krankheit oder Verletzung einen Abbruch der Tour notwendig machen.

Es gibt zwei große Unterschiede zwischen den Wasserlagern in Gebäuden und Wasserlagern auf Expeditionen: Wasserlager auf Reisen werden oft natürlichen Quellen entnommen, sie liegen exponiert und vor allem im öffentlichen Raum. Zusätzlich müssen sie robuster sein als ggf. leichte Kanister oder Glasflaschen, die in geschlossenen Räumen gelagert werden können. Solche Wasserlager müssen aus fahrenden Fahrzeugen abgeworfen oder aus Flugzeugen oder Hubschraubern in abgelegenen Regionen platziert werden können.

Zuallererst sollte entschieden werden, ob das Wasser konserviert wird oder ob Rohwasser platziert wird, das bei Nutzung aufbereitet wird. Ich bevorzuge meist die letztere Möglichkeit, wobei letztendlich vor Nutzung des Wassers entschieden wird, wie sehr das Rohwasser noch aufbereitet werden muss.

Wird Wasser aus natürlichen Quellen entnommen und aufbereitet, verkeimt das Wasser je nach Nährstoffgehalt in warmen Regionen relativ schnell wieder. Da selbst abgefülltes Wasser (auch aus einem Wasserfilter) nie steril ist, wird ohne zusätzliche Konservierung immer eine gewisse Keimmenge übrigbleiben. So macht man sich letztendlich doppelt Arbeit, wenn das Wasser vor dem Lagern nicht nur grob gereinigt wird.

Um die Keimbelastung so gering wie möglich zu halten, eignen sich für solche Wasserlager besonders gut transparente PET-Flaschen, die mit möglichst klarem Wasser gefüllt und während der Lagerzeit in der Sonne durch →SODIS selbstständig desinfiziert und keimarm gehalten werden. Diese Lagermethode in der Sonne birgt allerdings auch Risiken: Durch das UV-Licht altert der Kunststoff sehr schnell, und nach wenigen Wochen trübt er ein; nach Monaten in der prallen Sonne wird er spröde, und das Wasser kann auslaufen. Da solche Wasserlager normalerweise projektbezogen angelegt werden, ist die verringerte Haltbarkeit aber normalerweise kein großes Problem. Brechen Sie allerdings eine Tour ab und wiederholen diese ein Jahr später nochmal, müssen Sie die Wasserlager neu einrichten. Noch etwas ist zu beachten: Da solche Wasserlager zwar wieder aus der Natur entfernt werden sollten, in der Praxis aber oft vor Ort belassen werden bzw. bleiben müssen, erhalten sie eine Sperrfrist, die gut sichtbar in Englisch und in der jeweiligen Landessprache angebracht werden muss.

Jeder Wüstenwanderer hat schon mal alte, aufgegebene Wasserlager entdeckt, die aber nicht angetastet werden, da unklar ist, ob noch jemand darauf zugreifen muss. Wasserlager werden aber nachvollziehbarerweise auch von Menschen angebrochen und genutzt, die sich in einer akuten Notfallsituation befinden und das Lager entdecken. Entsprechend sollte in einfachen Worten kommuniziert werden, wie viel von dem eingelagerten Wasser unbedingt benötigt wird – und wann es frei verwendet werden kann. Aus diesem Grund sollten solche Wasserlager nicht zu knapp bemessen werden.

Insbesondere wenn diese Lebensversicherung aus einem Flugzeug oder vom Hubschrauber abgeworfen wird, sollte immer mit Verlust der einen oder anderen Flasche gerechnet werden. In der Praxis haben sich Dreiergruppen von 1,5-Liter-Flaschen als geeignet erwiesen, die locker miteinander verbunden werden. Sie lassen sich mit einem improvisierten Fallschirm aus einer Rettungsdecke mit ca. 160 x 210 cm Seitenlänge auch aus größerer Höhe unbeschadet absetzen, ohne dass sie platzen. Dennoch sollte immer der Verlust von mindestens einer Flasche einkalkuliert werden.

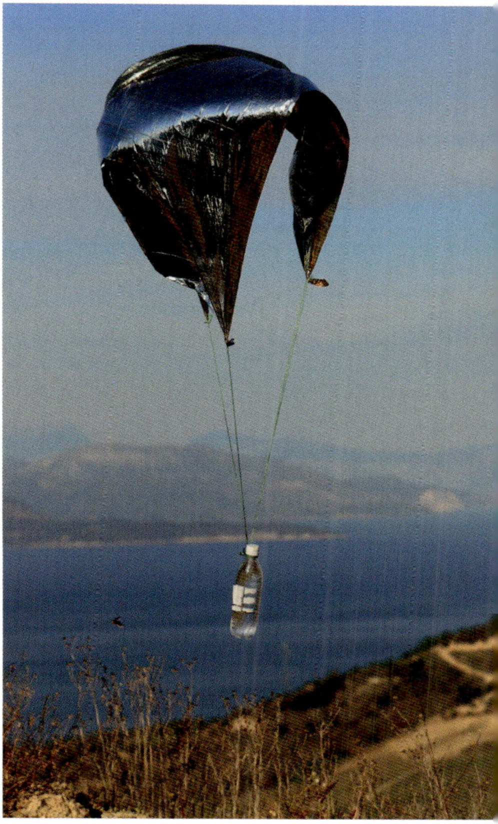

Je Quadratmeter Fallschirm können zwischen 1 und 1,5 Liter Wasser abgeworfen werden. Über felsigem Boden besser mehr Fallschirmfläche rechnen.

Solche Notlager müssen natürlich so auf der Karte oder per GPS markiert sein, dass sie wiedergefunden werden können. Außerdem ist es sinnvoll, für den Notfall weitere nützliche Gegenstände wie kleine Lebensmittelrationen oder zusätzliches Verbandsmaterial mit zu platzieren.

Getrunken werden sollte aus transparenten Wasserflaschen. Nur so können kontrollierte Mengen Wasser zugeführt werden. Ein Liter Trinkwasser bleibt als eiserne Reserve unangetastet, sollte aber entweder →konserviert oder regelmäßig ausgewechselt werden.

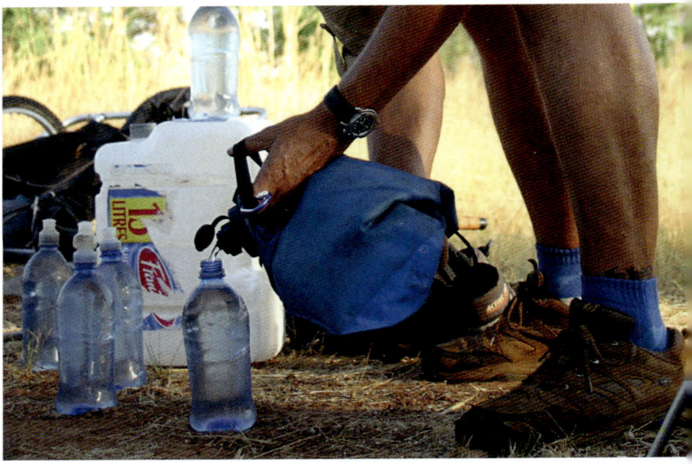

Richtig trinken

Ein Problem bei der Wasseraufnahme ist das korrekte Trinken. Die Fragen, die sich bei Wasserknappheit stellen, sind: Wann muss getrunken werden, und wie viel soll auf einmal getrunken werden?

Generell gilt, dass jedes Mal, wenn der Körper das Durstsignal gibt, getrunken werden sollte, da sich schon ein Wassermangel eingestellt hat. Schwierig ist es jedoch in heißen Regionen, wenn der Durst ständig da ist, oder in Höhenlagen, wo das Durstgefühl völlig ausbleiben kann. Sie haben errechnet, wie hoch der tägliche Bedarf ist. Etwa diese Menge muss und maximal diese Menge sollte für einen ausgeglichenen Wasserhaushalt über den Tag verteilt getrunken werden.

In *Wassermangelgebieten* (und nur dort) ist es manchmal nicht zielführend, den Wasserhaushalt auszugleichen, da der Körper sonst in den verschwenderischen »Normalmodus« zurückschaltet. Deshalb ist es nicht falsch, ständig ein wenig Durst zu haben. Ob Sie für das entsprechende Verhalten bzw. die notwendige Tagesleistung genügend trinken, erkennen Sie beim Wasserlassen. Sobald der Harn tiefgelb bis orange wird, ist es ein Zeichen, dass zu wenig getrunken wurde. Ist er klar und nur leicht gelblich, wurde zu viel Wasser auf einmal aufgenommen.

Natürlich werden Sie bei dieser Aussage (zumindest, wenn Sie Nephrologe sind) die Hände über dem Kopf zusammenschlagen. Der menschliche Körper ist im Normalzustand jedoch kein Wasserspeicher, sondern ein Durchlauferhitzer. Zu *viel* aufgenommenes Wasser ist für den Körper ein sehr schnell behobenes Problem, weil Flüssigkeit innerhalb kürzester Zeit wieder ausgeschieden wird. Wenn wir aber etwas *unter* dem ausgeglichenen Wasserhaushalt leben, sparen wir damit Wasser auf.

Aus diesem Grund sollte generell keine große Menge Wasser auf einmal getrunken werden. Sie können frühmorgens und abends, solange es kühl ist und das Wasser den Körper auch über die Nieren verlassen kann und nicht über die Schweißdrüsen, insgesamt etwa die Hälfte der Basismenge trinken. Der Rest sollte auf die stündlichen Pausen verteilt werden, zu denen immer gezielt (und nicht nebenher) Wasser aufgenommen wird. Aus diesem Grund halte ich für Wüstenwanderungen überhaupt nichts von Hydrationssystemen im Rucksack. Das sind die Wasserblasen, die über einen Schlauch direkt mit dem Mund verbunden werden. In warmen Regionen hat man sowieso ständig einen trockenen Mund (das ist nicht unbedingt Durst). Also wird ständig Wasser aus der Blase gesaugt – innerhalb kurzer Zeit ist sie leer. Als platzsparende Flaschen können diese Blasen eingesetzt werden, trinken sollten Sie jedoch aus einer klaren Feldflasche, bei der Sie abschätzen können, wie viel Wasser Sie aufgenommen haben.

Wenn ein trockener Mund stört, hilft es, auf Steinen, Dattelkernen oder Knöpfen zu lutschen.

Dennoch sollte nicht zu wenig auf einmal getrunken werden. Durch das Atmen der wasserarmen Luft trocknen die Schleimhäute immer aus. Nehmen Sie regelmäßig einen Fingerhut Wasser zu sich, wird dieses fast vollständig in den Schleimhäuten gebunden und erreicht nicht einmal die Speiseröhre. Machen Sie einfach mal den Versuch: Wenn Sie einen sehr trockenen Mund haben, nehmen Sie eine kleine Menge Wasser und verteilen diese im Mund. Es wird kaum etwas zum Schlucken übrig bleiben.

Verhalten im Trinkwassernotfall

Wenn Sie in einer Stadt nach dem Zusammenbruch der Wasserversorgung, während einer Autopanne in abgelegener Wüstenregion oder während einer Wüstendurchquerung zu Fuß merken, dass Sie nicht mehr genügend Wasser für absehbare Zeit haben bzw. zuverlässig Wasser finden können, befinden Sie sich im Trinkwassernotfall.

Natürlich ist es ein großer Unterschied, ob Sie im klimatisierten Hotelzimmer in Brasilien sitzen und das Wasser nicht wie gewohnt nur für einige Stunden ausgefallen ist oder ob Sie in einer Wüste gegen einen Stein gelehnt den letzten Tropfen Wasser aus der Wasserflasche auf die ausgetrocknete Zunge rinnen lassen. Prinzipiell ist aber jede Störung der regelmäßigen Wasserversorgung problematisch.

Da Trinkwasser von jedem Menschen täglich und in verhältnismäßig großer Menge benötigt wird, sind in Krisengebieten bzw. nach einer Katastrophe wie einem Hochwasser oder schweren Erdbeben innerhalb weniger Stunden oder Tage meist alle vorrätigen Wasserflaschen in den Geschäften verkauft oder geplündert worden. Es kann sich also auch aus einer vermeintlich sicheren Situation schnell eine potentiell gefährliche entwickeln.

Wichtig ist für Sie die Erkenntnis, dass das Wasser gefährlich knapp werden könnte. Zu dieser Erkenntnis können Sie entweder durch Ausrechnen (wie viele Liter Wasser sind noch im Kanister – wie viele Tage benötige ich zur Rettung) oder durch reine Vermutung gelangen (die Trinkwasserversorgung ist nach einem Erdbeben deutlich länger ausgefallen als erwartet).

Wir möchten diese unterschiedlichen und kaum vorhersagbaren Möglichkeiten des Wassermangels in drei Gruppen einteilen, die wir angelehnt an die Definitionen der Wasserverfügbarkeit der UNESCO benennen.

Wasserknappheit

Sie besitzen noch Trinkwasser, das jedoch vermutlich nicht auf Dauer ausreicht; es gibt in der Umgebung flüssiges oder gebundenes Wasser, das vermutlich noch in den trinkbaren Zustand überführt werden muss. Der berechnete Tagesbedarf ist nicht auf Dauer sichergestellt, kann jedoch mit relativ geringem Aufwand gedeckt werden.

Diese Situation kann auftreten bei Wasserausfall, Überschwemmungen und Reisen, auf denen über einen gewissen Zeitraum nicht genügend Wasser transportiert werden kann. Effektiv sind das also auch alle Mehrtagestouren, auf denen man sich aus Bächen und Flüssen mit Wasser versorgen muss.

Wassermangel

Sie besitzen nur noch begrenzte Mengen Trinkwasser. In der Umgebung werden Wasserquellen vermutet. Wasser ist flüssig oder gebunden (Sediment, Pflanzen) vorhanden, muss jedoch mit der richtigen Technik gewonnen und trinkbar gemacht werden.

Es ist möglich, für den täglichen Gebrauch bei normaler bis leicht eingeschränkter Leistung ausreichend Wasser zu gewinnen.

Wasserkrise

Sie verfügen während einer Reise durch eine Wüste über keine oder nur noch sehr kleine Reserven. Es ist unmöglich, an flüssiges Wasser in ausreichender Menge zu gelangen. Die Wasserkrise ist immer eine Frage des Überlebens.

In der Wasserkrise besteht die oberste Pflicht darin, den Wasserverbrauch so gering wie möglich zu halten. Der Wasserbedarf zum Ausführen von Abbauprodukten sowie zum Kühlen des Körpers muss stark reduziert werden. Eventuell gewonnenes Trinkwasser muss sofort →rationiert werden. Grundsätzlich ist darauf zu achten, dass Hitzeexposition und Bewegung auf ein Minimum reduziert werden. Tagsüber wird im kühlenden Schatten geruht und alle unbedingt notwendigen Arbeiten auf die Kühle der Nacht beschränkt.

Ist ein Zelt oder eine Decke vorhanden, wird ein doppelwandiger Baldachin aufgehängt, der ein isolierendes Dach bildet. In Kies- und Sandwüsten wird nachts eine möglichst tiefe Grube ausgehoben, die tagsüber mit dem Schutzdach luftig abgedeckt wird. Körperwärme kann aus dieser Grube nach oben abziehen. Tagsüber wird in dieser Grube geruht. Überhitzung und Sonnenstich müssen unbedingt vermieden werden (✚ *S. 186*). Es wird nicht gesprochen, gegessen, sondern nur im Schatten »vegetiert« und auf Rettung gehofft.

In diesem Zustand können wenige Tropfen morgendlichen →Taus oder rechtzeitig gesammelter →Harn das Verdursten um wenige Tage hinauszögern. Hier zählt wirklich *jeder* Tropfen.

Während der Wasserkrise besteht also nur die Möglichkeit, das →Verdursten **durch richtiges Verhalten so lange wie möglich hinauszuzögern.**

Bei Wasserknappheit oder Wassermangel ist es zwar auch vorteilhaft, Wasser zu sparen, doch hier sind vor allem *Wissen*, die vorher angeeigneten *Fertigkeiten* sowie *Einfallsreichtum* und *Improvisationsgeschick* ausschlaggebend, damit genügend Wasser trinkbar gemacht werden kann. Darum wird es in den folgenden Kapiteln gehen.

Nicht nur während der Wasserkrise: Mittagsruhe und helle Kleidung helfen, den Wasserverbrauch auf vollautarken Reisen zu minimieren. Links auf dem Bild: Sulkys mit jeweils 60 Litern Trinkwasser für 10 Tage in der Wüste.

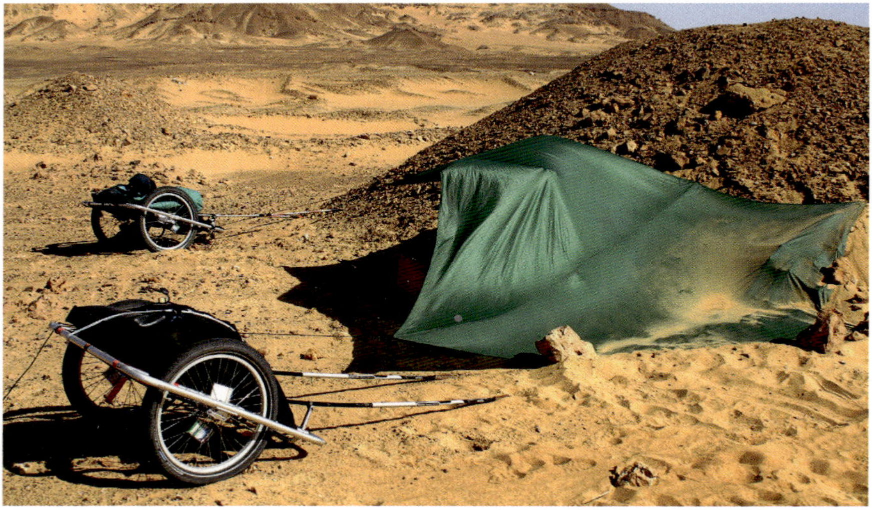

3 Wasser finden

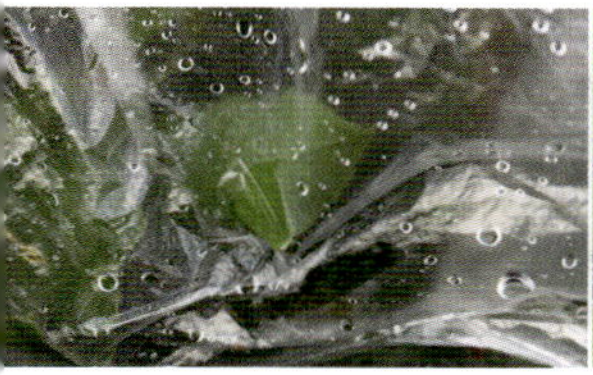

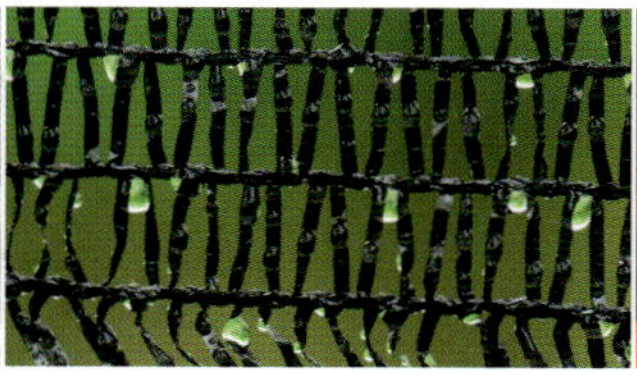

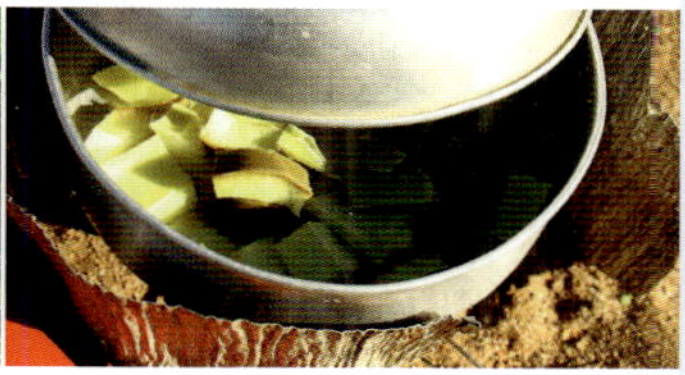

Wer schon einmal einige Tage autark unterwegs war, hat sich spätestens am zweiten oder dritten Tag auf die Suche nach Wasser begeben müssen.

Sind Sie dabei nicht gerade in ariden Gegenden, also in »trockenen« Klimazonen bzw. Wüsten, ist diese Aufgabe in aller Regel nicht allzu schwer zu meistern. In diesem Fall besteht die praktische Trinkwasserbeschaffung meistens aus dem *Einschätzen* der Qualität und dem Aufbereiten von vorhandenem und gut *sichtbarem* Wasser aus großen Flüssen oder Seen. Mit den selteneren Fällen, in denen wir Wasser gezielt suchen müssen, beschäftigen wir uns in diesem Kapitel.

Eigenschaften von Wasser

Wasser unterliegt einfachen physikalischen Gesetzen. Sein Verhalten ist vorhersehbar und lässt sich in wichtigen Bereichen beeinflussen. Bevor wir in die Details der Trinkwassersuche gehen, müssen wir uns mit einigen seiner Eigenschaften beschäftigen.

- **Dichte:** »Wasser«, genauer genommen reines, gasfreies Wasser, hat bei 4 °C eine Dichte, also Masse je Volumen, von etwas unter einem Kilogramm je Liter oder einer Tonne je Kubikmeter. Die Dichte von Flüssigkeiten ist davon abhängig, welche Temperatur sie haben und ob Stoffe darin gelöst sind.

Je kälter Wasser ist, desto *schwerer* wird es – bis zu einer Temperatur von 4 °C. Bei dieser Temperatur ist Wasser am schwersten, bzw. es hat bei 4 °C seine höchste Dichte. Wird 20 °C warmes Wasser vorsichtig auf 4 °C kaltes geschichtet, liegt das warme Wasser einige Zeit auf dem kalten – getrennt von einer »Sprungschicht«. Diesen Effekt kennen Sie vom Schwimmen im Baggersee. Ab einer bestimmten Tiefe wird das Wasser schlagartig kalt.

Wird Wasser unter 0 °C abgekühlt, gefriert es zu Eis. Damit sinkt wiederum die Dichte – Eis ist mit etwa 900 Gramm je Liter *deutlich leichter* als Wasser und schwimmt darüber.

Die genannten Werte hat jedoch nur absolut reines Wasser. Sobald Feststoffe oder Gase darin gelöst sind, verändern sich seine Eigenschaften.

- **Fluidität:** Eine weitere wichtige Eigenschaft flüssigen Wassers ist, dass es wirklich »sehr flüssig« ist. Es hat also eine *geringe Viskosität* und eine *hohe Fluidität* (verglichen beispielsweise mit Öl oder Honig). Deshalb sammelt es sich *meist* an der tiefsten Stelle über wassersperrenden Schichten im Boden. Es gibt tatsächlich nur wenige Bodenschichten, die in der Lage sind, Wasser aufzuhalten, beispielsweise unbeschädigte Felsschichten, feiner Lehm und Ton. Doch auch wenn das Wasser unterirdisch aufgehalten wird, ist dieses Reservoir irgendwann voll und läuft unterirdisch über oder bricht als Quelle aus dem Boden. Oft sickert Wasser auch durch scheinbar sperrende Schichten durch feinste Poren und Spalten und bewegt sich mit wenigen Metern am Tag auf direktem Wege talwärts.

Sprungschicht in einem stark →eutrophierten Gewässer. Die Wassermassen mit unterschiedlichen Temperaturen vermischen sich nicht sofort, sondern die warme, nährstoffreiche Schicht (dunkel) überlagert die kalte.

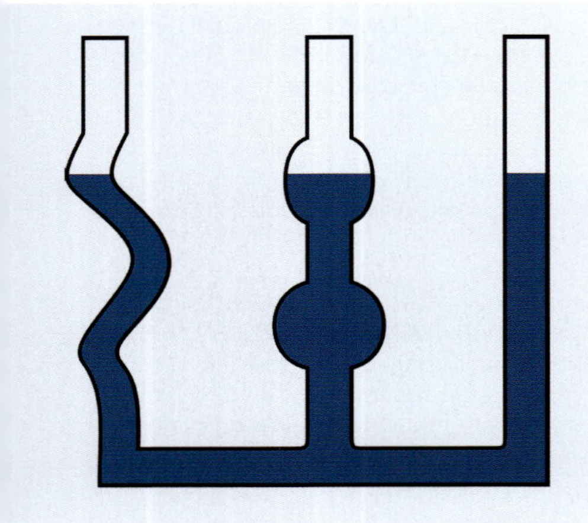

Gemäß dem Prinzip der kommunizierenden Röhren ist der Wasserpegel an verschiedenen Stellen einer wasserführenden Bodenschicht immer gleich hoch, auch wenn sich Hindernisse zwischen den Pegeln befinden.

Hat ein offener Wasserspiegel eine bestimmte Höhe, ist diese gemäß dem »System der kommunizierenden Röhren« auch die maximale und minimale Grundwasserhöhe im Umkreis von einigen hundert Metern – selbst wenn dazwischen große Felsen oder sperrende Sedimentschichten liegen. Eine Ausnahme machen →Süßwasserlinsen und schnell fließende Flüsse in felsiger oder sandiger Umgebung. Hier fällt der Grundwasserpegel um das eigentliche Gewässer schnell ab.

Eine weitere wichtige und sichtbare Eigenschaft des Wassers definiert sich eher implizit. Ohne verfügbares Wasser gibt es auf dieser Erde kein Leben. Dabei kann das benötigte Wasser in freier Form flüssig, in der Luft gasförmig oder gebunden in Sediment, Gesteinen und Pflanzen vorliegen.

Sind *irgendwelche* Lebewesen vorhanden, bedeutet das auch, dass irgendwo Wasser vorhanden sein *muss*.

Bezüglich des Findens von Trinkwasser stellen sich in der Regel die folgenden Fragen:

- **Woher gewinnen eventuell vorhandene Lebewesen ihr Wasser?**
- **Wie können wir Wasser mit möglichst geringem Aufwand aus unterschiedlichen Quellen für unsere Nutzung gewinnen?**
- **Können wir gewonnenes Rohwasser direkt trinken, oder muss es behandelt werden?**

Diese Fragen zu beantworten ist, wie Sie im Laufe des Buchs noch sehen werden, oft komplexer als das eigentliche *Finden von Wasser.*

Unter Beachtung der besonderen Eigenschaften des Wassers ist die Suche danach an folgenden Orten besonders erfolgversprechend:

Typische Grundwasserleiter und Grundwassernichtleiter

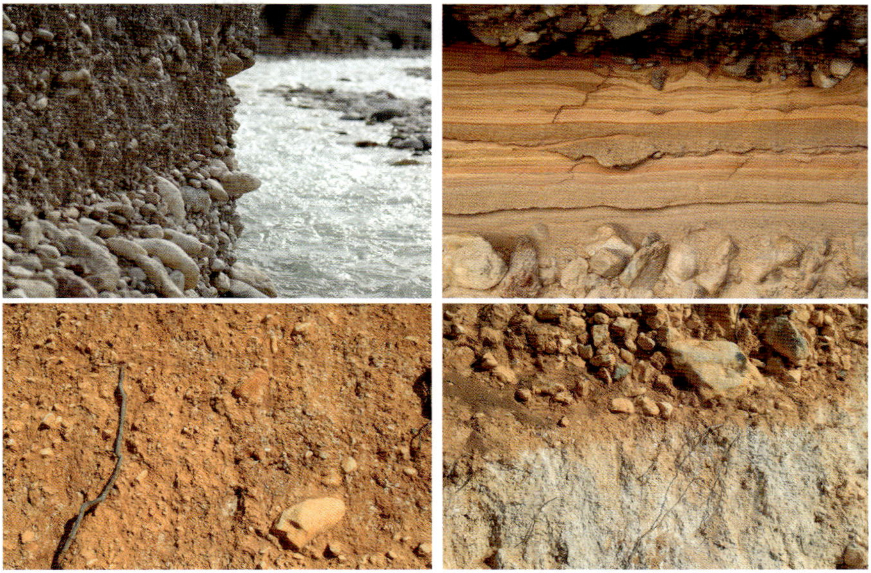

Grundwasserleitende Schichten: Kies und verdichteter Sand sowie lockere Konglomerate mit geringem Schluffanteil sind Grundwasserleiter *(links)*. Dagegen sind Ton, verpresste Tonsteine und Kalksteine schlechte Wasserleiter *(rechts)*.

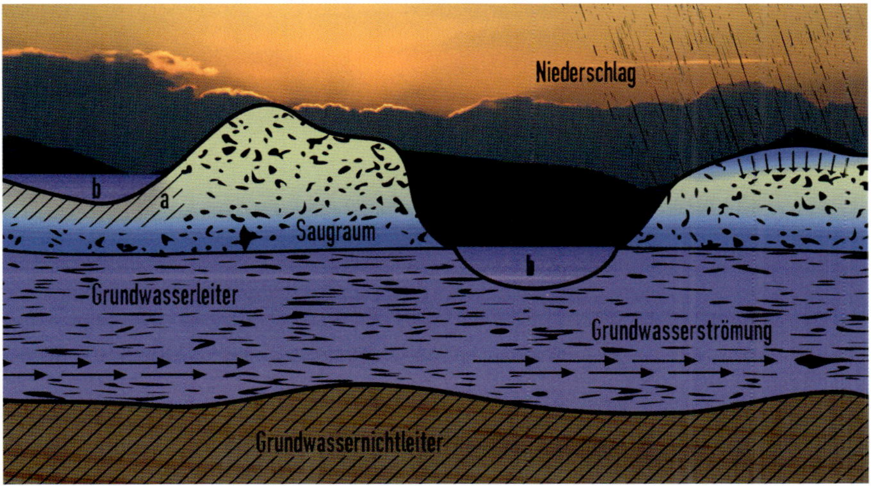

Wasser sammelt sich manchmal auch über dem Grundwasserspiegel, sofern der schnelle Abfluss verhindert wird (a). Offene Gewässer (b) zeigen mit ihrem Wasserspiegel in aller Regel den lokalen Grundwasserpegel an. Der Wasserkörper liegt hauptsächlich zwischen Grundwassernichtleiter und Oberflächenwasserspiegel, erhebt sich jedoch im »Saugraum« (einer immerfeuchten Bodenschicht) über diesen Pegel.

Geländestrukturen lesen

Mit Ausnahme von größeren Strömen oder Seen werden Sie in →ariden Umgebungen selten ad hoc trinkbares Wasser finden. Oft erkennt man potentielle Entnahmestellen erst, wenn man praktisch hineingetreten ist. Auch sind viele Indikatoren wie Bodenschichten und Zeigerpflanzen bzw. -tiere *(siehe Seite 38 f.)* erst aus der unmittelbaren Nähe zu erkennen.

Um vielversprechende Stellen zu finden, muss man sich ein wenig mit der Geländestruktur der Umgebung beschäftigen. Wie Sie wissen, fließt Wasser immer nach unten und sammelt sich an niedrigster Stelle bzw. fließt über diese (unterirdisch) ab. Wenn Sie die Umgebung absuchen, können Sie schnell einige typische Hinweise für vorhandenes Oberflächenwasser oder unterirdische Wasserpegel finden.

Für das Betrachten von Geländestrukturen sollte man sich als Faustregel merken, dass Felsen, sperrende Bodenschichten und dergleichen im Untergrund bzw. unter Erosionsschichten, Kies, Sand oder Pflanzen versteckt genau so verlaufen, wie der sichtbare Bereich es als Tendenz vorgibt. Versuchen Sie, die Bodenschichten über einer wasserundurchlässigen Schicht zu ignorieren, und stellen Sie sich vor, wie diese Schicht darunter weiterführen würde.

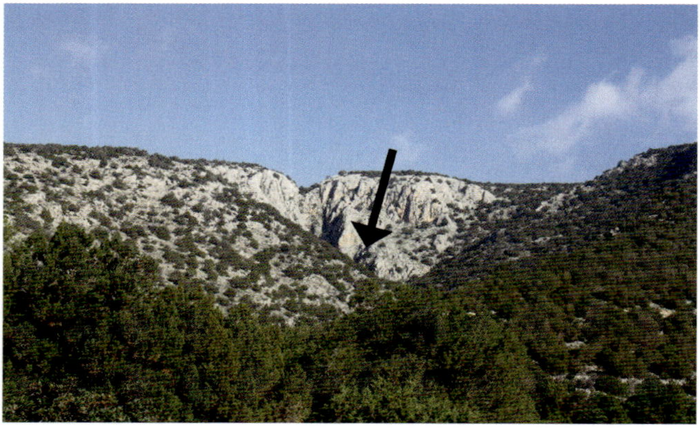

Berghänge mit Einschnitten: Der Schnittpunkt zwischen den Felsen ist der einzige Ablauf des Wassers. Hier kann ein oberflächlicher oder unterirdischer Abfluss vermutet werden.

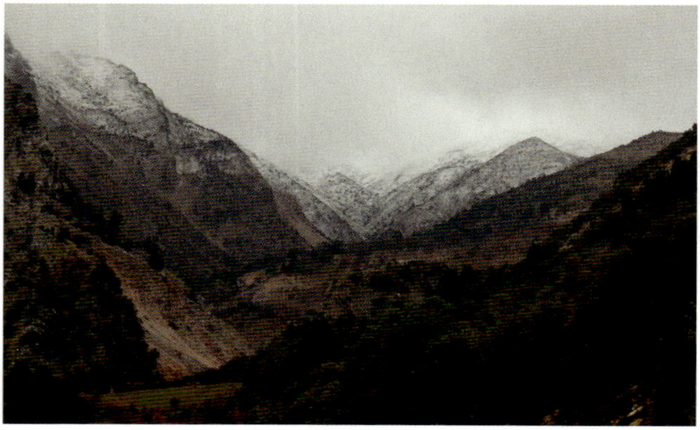

Klamm/Schlucht: Hinweis für Wassererosion nach starken Niederschlagsereignissen. Dem ausgetrockneten Flusslauf bis an eine Barriere quer zum Fluss folgen. Wenn vorhanden, ist hier ein unterirdischer Wasserspeicher.

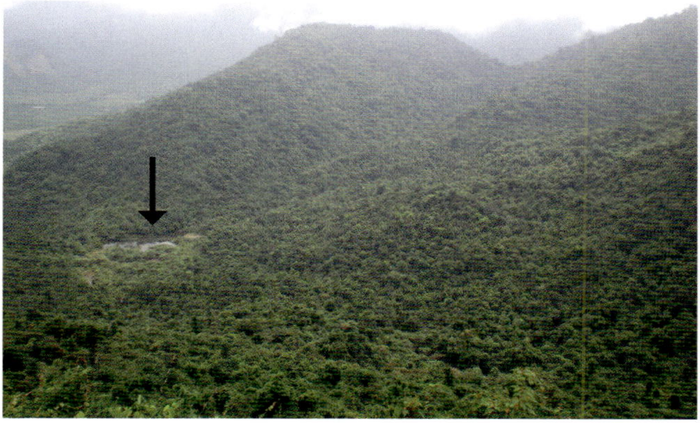

Bergsattel ohne natürlichen Abfluss: Offener Bergsee oder Wasserspeicher unter dem Sediment mit sehr langsamem Abfluss durch den Felsen.

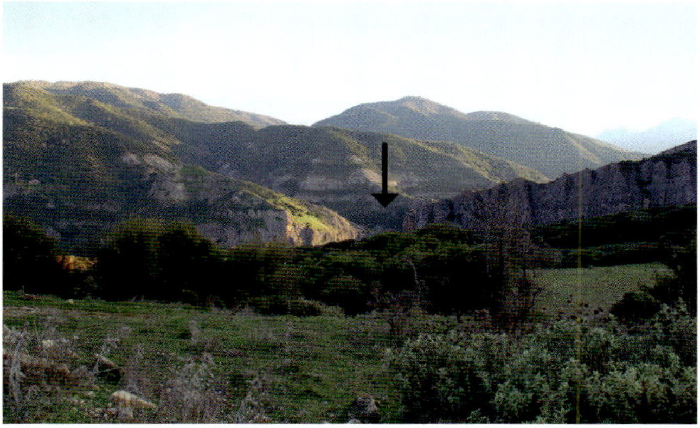

Überlappende Felsen mit tiefen Tälern: Schnittpunkte sind wahrscheinliche Orte für einen oberirdischen Flussverlauf oder Tümpel.

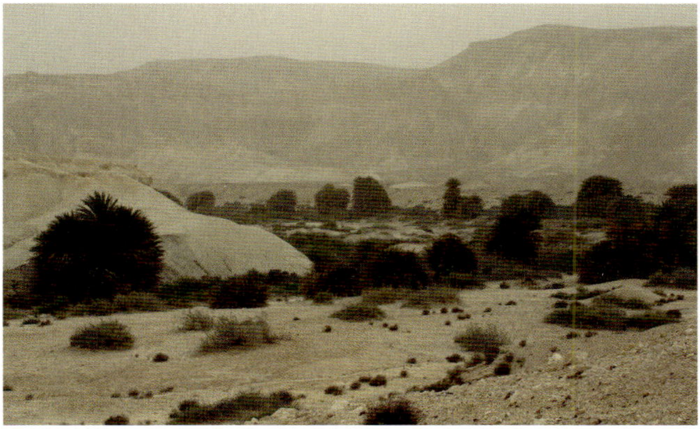

Senke in einer weitläufigen Ebene: Falls unterirdisches Wasser vorhanden ist, dann an der tiefsten Stelle der Senke.

Ergibt sich beispielsweise zwischen zwei felsigen Berghängen unter dem aufliegenden Erosionsschutt ein gedachter Schnittpunkt der Felsen, kann diese Stelle als wahrscheinlicher Abflussort markiert werden. Zu beachten ist jedoch, dass an dieser Stelle Wasser nicht durch die Oberfläche brechen muss, sondern auch einige Meter tief im Sediment abfließen kann. Diese natürlichen Wasserspeicher haben jedoch den enormen Vorteil, dass sie kaum durch Sonneneinstrahlung verdunsten und deshalb teilweise noch Jahrzehnte nach dem letzten Niederschlag Wasser führen.

Wasserzeiger

Wenn Sie Wildtierfährten folgen, stoßen Sie meist früher oder später auf Wasser. Leider gibt es jedoch besonders in →ariden Regionen durchaus Säugetiere, die sich an alternative Wasserquellen angepasst haben oder lange Zeit nicht trinken müssen, weshalb Tierspuren nicht per se als sichere Zeichen gelten.

Ein extremes Beispiel sind Wüsten bewohnende Kängururatten, deren autarke Wasserquelle das Kondenswasser ist, das sie beim Atmen an der Nasenschleimhaut gewinnen. Und größere Säugetiere überwinden manchmal viele Kilometer bis zur nächsten Wasserstelle.

Es gibt im Zusammenhang mit Wasser die eine oder andere Aussage über Insekten und andere Kleintiere, die nicht unreflektiert übernommen werden sollte. Bekannt ist zwar, dass Bienen oder Stechmücken ständig auf Wasser angewiesen sind. Das gilt jedoch hauptsächlich für »unsere Arten«, die an gemäßigtes und feuchtes Klima angepasst sind. Einzelne Tiere, aber auch ganze Schwärme können durch Wind in wasserlose Zonen abgetrieben worden sein, wo sie einige Wochen bis Monate ohne Wasser überstehen.

Wichtige wasseranzeigende Tiere und Pflanzen

Zeigerorganismen	Bemerkung	Region	Zeiger für
Farne, Moose, Schachtelhalme *(S. 60)*	benötigen zur Entwicklung Wasser	weltweit	unregelmäßig vorkommende Flüssigkeit, feuchte Erde
schnellwachsende Auenbäume (z.B. Pappel, Weide)	oft flachwurzelnde Arten	gemäßigte Regionen	feuchte Erde oder Oberflächengewässer
Pandanus	an Stränden oft Zeiger für → Süßwasserlinsen	Ozeanien	Flüsse, Seen, Sümpfe, Süßwasserlinsen
Taro und andere (große) Aronstabgewächse	Massenvorkommen von Pflanzen mit großem Laub sind generell gute Zeiger für feuchten Boden.	Südostasien	Flüsse, Seen, Sümpfe
Schilf, Rohrkolben, Binsen *(S. 142, S. 138, S. 80)*	oft an → eutrophierten Gewässern	weltweit	dauerhaft feuchter Boden, oft flüssiges Wasser
Baumfarne	überleben nur kurze Trockenperioden	Tropen, Subtropen	feuchte Erde
Ratten	Krankheitsüberträger!	weltweit	langsame Flüsse, Seen, Kanäle
(Wasser-)Schnecken *(S. 38)*	hauptsächlich größere Arten mit Schließdeckel	weltweit	feuchte Erde, hoher Grundwasserspiegel
Kakadus, Tauben, Aras etc.	Massenansammlungen sind meist sichere Zeichen und schon auf weite Entfernung hör-/sichtbar	weltweit	Flüsse, Seen, Sümpfe

Bienen sind im Australischen Outback beispielsweise kein sicheres Zeichen für Wasser in der Nähe, viele Insekten und Spinnentiere begnügen sich außerdem mit seltenen und mikroskopisch kleinen Tautropfen zur Entwicklung oder als Tränke.

Manche Lebewesen eignen sich allerdings besonders gut, um das Vorhandensein von flüssigem oder im Boden gebundenem Wasser anzuzeigen. Dies sind jene, die entweder ortsgebunden sind – also bestimmte Pflanzen; sie können das Wasser nicht aktiv aufsuchen –, oder Tiere, die lokal in sehr großer Häufung vorkommen, obwohl sie außerordentlich mobil sind: Vögel.

Die hier vorgestellten Zeigerorganismen sind weltweit in verschiedenen Klimazonen verbreitet und in aller Regel auch dort vorhanden, wo Flüssigkeit in irgendeiner verwertbaren Form verfügbar ist. *(Kapitel »Wasser- und Sumpfpflanzen«, S. 22 ff.)*

Wichtige Zeiger für feuchten Boden

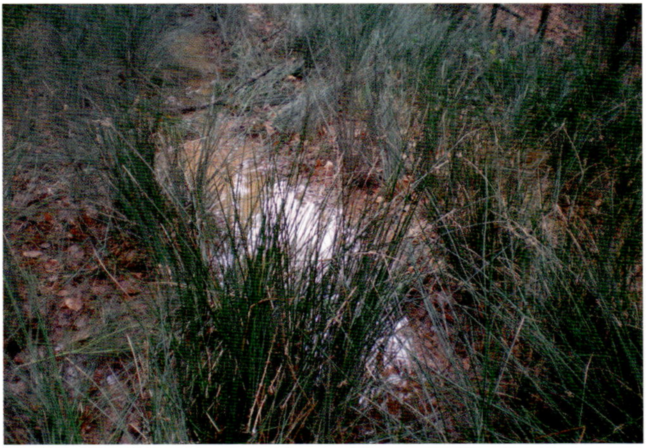

In gemäßigten Regionen sind neben Schilffeldern vor allem die kompakten, weithin sichtbaren Binsenpolster wichtige Wasserzeiger. Sie wachsen in aller Regel nur auf Flächen, die eine hohe Grundfeuchtigkeit haben. In ihrer Umgebung lässt sich meist auch flüssiges Wasser finden.

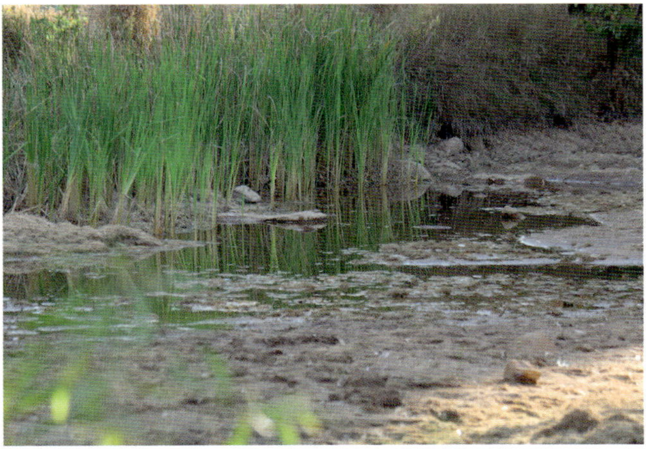

Weltweit sind Rohrkolben durch ihre breiten und langen Blätter einfach von anderen Pflanzen zu unterscheiden. Sie wurzeln nicht ganz so tief wie Schilf und haben es gerne etwas feuchter. Der bevorzugte Boden ist nass bis sumpfig. Auch die Pflanze selbst lässt sich als Wasserersatz nutzen.

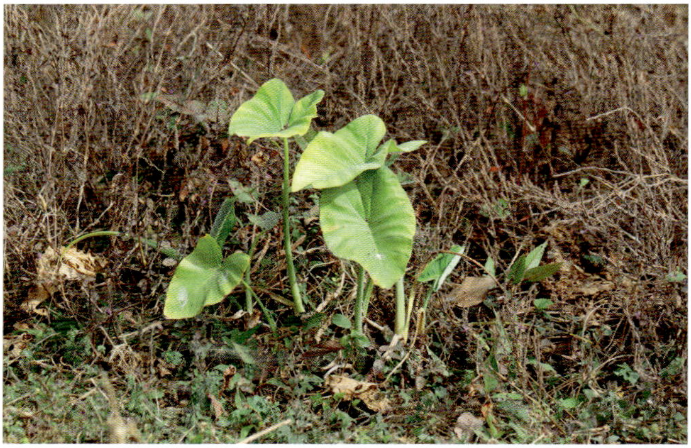

In Asiens und Afrikas Äquatorialnähe sind Taro und andere großblättrige Aronstabgewächse wichtige Wasserzeiger, da sie viel Wasser benötigen. Ist der Boden nass, wächst er in ganzen Feldern. Nicht ganz satt grüne Einzelexemplare zeigen zumindest lokal feuchten Boden an.

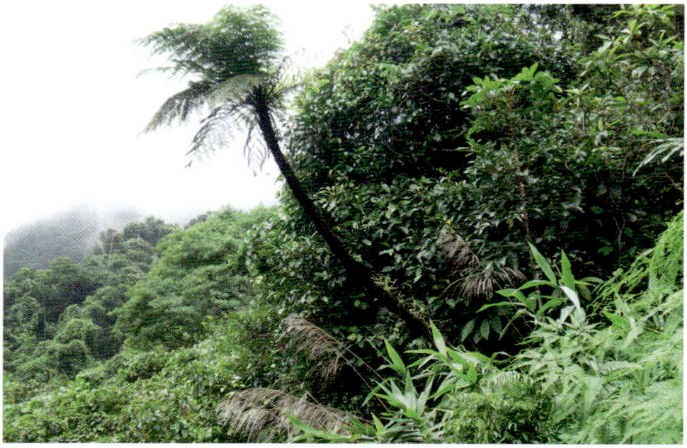

Die in den tropischen Regionen vorkommenden Baumfarne (ähnlich wie auch unsere Farne) überleben keine längeren Trockenzeiten und wurzeln deshalb bevorzugt an Hängen und in Tälern mit dauerfeuchtem Boden. Sie damit auch in bergigen Gegenden unterirdische Abflüsse anzeigen.

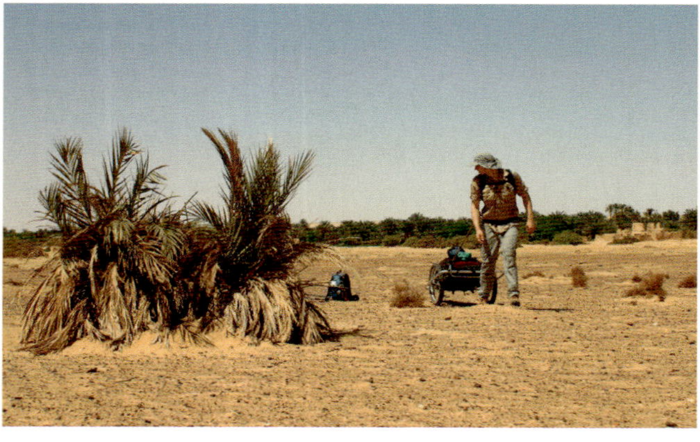

Auch die Trockenwüsten bewohnenden Palmen benötigen Wasser. Durch den wechselnden Wasserspiegel lassen sie sich auch in Gegenden finden, die keine Oberflächengewässer mehr aufweisen. Auch wenn hier nur noch Ruinen zu sehen sind: Grundwasser muss verfügbar sein.

Fundorte für Grundwasser

Die einfachste Möglichkeit, an Wasser zu gelangen, ist eine Quelle. Quellen sind diejenigen Stellen, an denen der Wasserverlauf unterirdisch so abgesperrt ist, dass der natürliche Abflussweg oberhalb der Erde erfolgt. Passende Stellen lassen sich über die →Geländestrukturen meist schnell ermitteln.

Quellen können beispielsweise Sprudelquellen sein, also Stellen, an denen das Wasser in einem Strahl oder Rinnsal aus dem Boden entspringt; häufiger finden Sie jedoch Tümpel- oder Sumpfquellen, an denen der Grundwasserpegel höher liegt als der Erdboden.

Sickerquellen sind oft kleine Wasserflächen ohne sichtbaren Zu- oder Ablauf. Sie überlagern an sperrenden Bodenschichten die Erdoberfläche und sind nicht ohne Weiteres von angestautem Niederschlag zu unterscheiden (dies wäre prinzipiell egal – Wasser ist Wasser; es hilft jedoch einzuschätzen, wie zuverlässig bzw. lange das Wasser an einer Stelle vorhanden ist, da kurzfristig angestauter Niederschlag schnell versickert bzw. abfließt).

Einen Hinweis auf eine dauerhaft verfügbare Quelle gibt die relativ zur Außentemperatur niedrige Wassertemperatur (in gemäßigte Breiten ca. 5–10 °C, in den Tropen ca. 20 °C).

Eine tiefer unter lockerem Gestein gelegene sperrende Bodenschicht kann dazu führen, dass Wasser in einer see- oder flussartigen Struktur gespeichert wird und abläuft, ohne dass man dies an der Oberfläche erahnen kann. Dies ist der Fall, wenn leicht zu durchdringender Schutt, Flusskies oder Sand als dicke Schicht über dem →Grundwassernichtleiter liegt.

Oft findet sich diese Konstellation bei Sturzbächen bzw. Torrenten, die besonders in Wassermangelgebieten häufig sind: Direkt nach einem Niederschlag spült ein reißender Strom Sediment und Steine durch Täler und über ganze Ebenen. Wenige Tage bis Wochen später ist vom Wasser jedoch keine Spur mehr übrig. In aller Regel ist

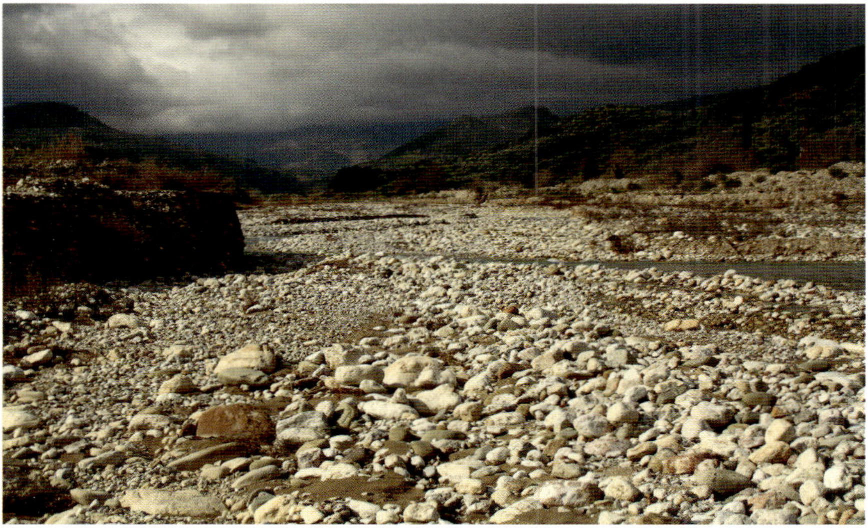

Ein Sturzbach kurz vor dem »Austrocknen«. Bei lockerer Bodenstruktur führt das Flussbett unter der Oberfläche weit mehr Wasser als zu vermuten.

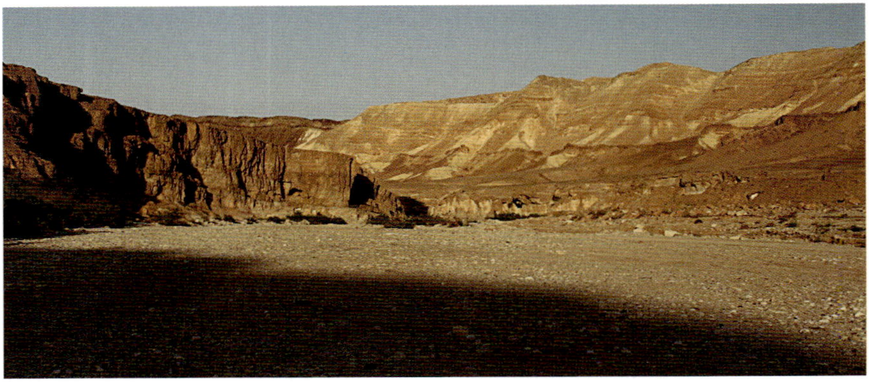

Torrent in der Wüste Negev. An dieser Stelle fließt ein großer Fluss nur etwa einen Meter unter der Oberfläche.

noch lange, nachdem der letzte Tropfen Wasser gefallen ist, ein stetiger Abfluss teilweise metertief unter leicht entfernbarem Geröll vorhanden.

Brunnen

Um einen »normalen« Brunnen zu verwenden, benötigen Sie sicherlich keine Anleitung. Dass Brunnen im Zweifel Privateigentum sind und dass deshalb besonders in Wassermangelgebieten vor Entnahme gefragt und das Wasser nicht zum Füße- oder Autowaschen verwendet werden sollte, ist für Sie bestimmt selbstverständlich.

Mit Brunnen werden jedoch alle künstlichen Versuche bezeichnet, den Grundwasserspiegel zu erreichen. Wir meinen hier in aller Regel ein einfaches Loch im Boden, das sich ohne erheblichen Aufwand bis zu einer Tiefe von ein bis maximal zwei Metern graben lässt. Eine *wahrscheinlich* geeignete Stelle *vor der Brunnengrabung* zu finden, ist wichtig, da sich regelrechte »Testbohrungen« aus Gründen der Effizienz und des Wasserverbrauchs ausschließen.

Sickerbrunnen

Das Graben bei der Suche nach Wasser macht nur dann Sinn, wenn der Wasserspiegel aufgrund der geologischen Eigenschaften des Geländes (siehe oben) relativ nah unter der Oberfläche vermutet wird oder durch sichere Faktoren (→Süßwasserlinsen, →Wasserzeiger, feuchter Boden) abgeschätzt werden kann. In subtropischen Gegenden kann es dabei mitunter vorkommen, dass Wasser nicht mehr als Flüssigkeit aus einem Bodenloch gewonnen werden kann, sondern in Form von feuchter Erde oder Schlamm aus dem →Saugraum mit einem Saugbrunnen gesammelt werden muss.

Zu den sicheren Zeichen eines hohen Grundwasserpegels gehört natürlich auch die Sichtung eines (auch stark verschmutzten) Gewässers in der unmittelbaren Nähe, an dem die Höhe des Grundwassers abgeschätzt werden kann.

In diesem Fall wird der Brunnen im Abstand von 50 bis 100 Metern von dem Gewässer gegraben. Da um ein offenes Gewässer herum der Grundwasserspiegel durch Niederschlag häufig leicht abfällt, muss abseits des Ufers ein Loch bis *unter* den Wasserpegel des Gewässers gegraben werden. Durch die horizontale Verteilung des Wassers quer durch das Sediment wird das Flusswasser auf dem Weg bis zur Entnahmestelle ähnlich gefiltert und durch Bodenbakterien von eventuell vorhandenen Schadstoffen befreit wie Sickerwasser bis zum Erreichen des Grundwassers. Wasser aus dem vom Hauptstrom etwas entfernten Brunnen ist oft ohne Bedenken genießbar – auch wenn dieser stark belastet sein sollte (das gilt selbstverständlich nicht für starke chemische bzw. industrielle Verunreinigungen).

Sie sollten beim Graben auf fauligen Geruch der Bodenschichten achten. Ist ein solcher festzustellen, versuchen Sie eine weiter vom Gewässer entfernte oder auf der gegenüberliegenden Seite liegende Stelle. Faulige Bodenschichten weisen darauf hin, dass bei höherem Wasserstand das verschmutzte Gewässer bis zur Entnahmestelle reicht bzw. durch den Wind Nährstoffe in großen Mengen an das Ufer getrieben wurden.

Nach dem Graben lässt man das Rohwasser in der Grube sammeln und →sedimentieren, bevor es abgeschöpft und je nach Eigenschaft *(siehe Kapitel 4, S. 49 ff.)* weiter aufbereitet wird.

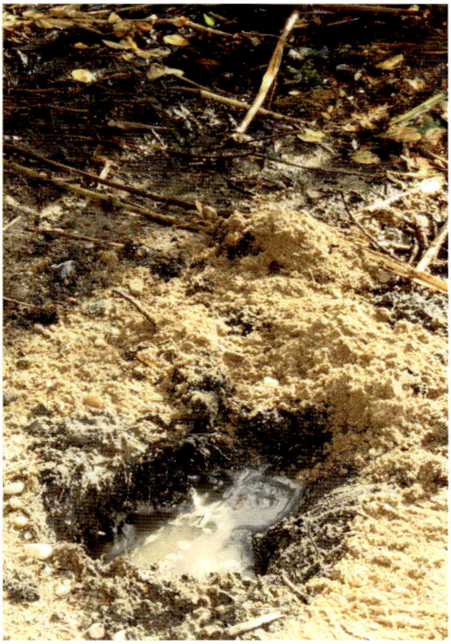

Einige Meter vom Ufer eines verschmutzten Gewässers entfernt kann sauberes Trinkwasser gewonnen werden. Hier zu sehen sind schwarze Bodenschichten von anaerobem Nährstoffabbau – in diesem Fall sollte der Brunnen weiter entfernt gegraben werden.

Saugbrunnen

Ist es aufgrund eines zu geringen Wassergehalts im Sediment nicht möglich, flüssiges Wasser zu gewinnen (sondern nur Schlamm bzw. in Lehm gebundenes Wasser), lässt sich ein Saugbrunnen herstellen. Hierzu wird der Boden der Grube mit Pflanzenmaterial oder Gewebe aus Kleidungsstücken ausgelegt. Dort hinein wird ein Pflanzenröhrchen, Schlauch oder Ähnliches gelegt. Die Grube wird nun möglichst dicht mit Erde verschlossen. Durch Saugen mit dem Mund ist es oft möglich, die Flüssigkeit aus dem feuchten Boden in das eingebrachte Gewebe zu ziehen, von wo aus es durch den Schlauch entnommen werden kann. Hat diese Prozedur keinen Erfolg, wird die feuchte Erde im Notfall entweder direkt geschluckt, durch Gewebe ausgepresst oder, wenn dafür zu wenig Wasser vorhanden ist, durch →Destillation vom Wasser abgetrennt.

Weitere Fundorte

Süßwasserlinsen

Auch wenn Sie beim Begriff »Süßwasserlinse« möglicherweise eher an eine Pflanze denken, handelt es sich hierbei um die Bezeichnung für ein physikalisches Phänomen, das Ihnen auf Inseln und an abgelegenen Stränden die Trinkwasserversorgung sichern kann.

Um zu verstehen, wo und wann mit dieser Wasserquelle zu rechnen ist, müssen wir die oben behandelten Grundlagen der →Dichte etwas vertiefen: Wenn Sie einen löslichen Stoff in Wasser geben, zerteilt er sich in einzelne Moleküle oder elektrisch geladene Ionen. Diese winzigen Teilchen verteilen sich mit der Zeit durch die Eigenbewegung des Wassers gleichmäßig zwischen den Wassermolekülen, was zu einer Änderung der Dichte führt.

Stellen Sie sich vor, Sie geben zum Bau eines improvisierten →Wasserfilters eine bestimmte Menge Kies in ein Gefäß und vermischen diese mit der gleichen *Masse* feinem Sand. Insgesamt wird sich das Gewicht des Gemenges verdoppeln, das *Volumen* ist am Ende jedoch fast dasselbe wie vor der Zugabe von Sand. Der Sand hat in den Lücken zwischen den Kieseln genügend Platz zum Einlagern, ohne dass jener dabei verdrängt wurde. Durch diesen Vorgang hat sich die Dichte, also das *Gewicht je Volumen*, verdoppelt.

Nehmen Sie statt des Sandes eine bestimmte Menge Salz und geben diese in das gleiche Volumen Wasser. Das Salz wird sich zum Teil lösen. Bildlich kann man sich vorstellen, dass Kochsalz, also *Natriumchlorid* NaCl, im Wasser in Na^{+} - und CL-Ionen zerteilt wird (Chemiker sprechen hier von »dissoziieren«) und sich in dem Lückensystem zwischen den Wassermolekülen verteilt. Ebenso wie bei Kies und Sand wird dabei das Volumen der Mischung nur etwas erhöht, während sich das Gewicht der Einzelkomponenten aufaddiert und damit das Gesamtgewicht verdoppelt hat. Damit hat Salzwasser eine höhere Dichte als Süßwasser; während 1 Liter Süßwasser etwa 1 kg wiegt, ist dieselbe Menge Meerwasser um fast 30 Gramm schwerer.

Wie Sie wissen, schwimmt Styropor (Dichte ca. 50 g je Liter) auf der Wasseroberfläche, Blei (Dichte ca. 11 kg je Liter) sinkt sofort zum Grund. Dasselbe geschieht auch, wenn Sie Salzwasser mit Süßwasser vermengen. Das schwerere Salzwasser sinkt unter das leichtere Süßwasser.

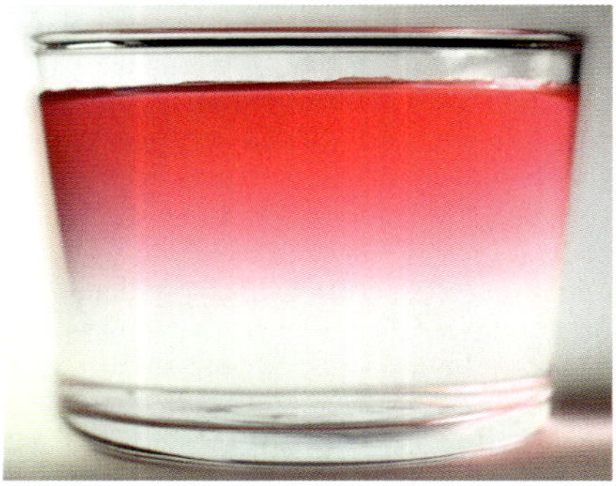

Süßwasser (rot eingefärbt) hat eine geringere Dichte als Salzwasser und »schwimmt« deshalb darüber. Zwischen den beiden Schichten gibt es eine »Brackzone« mit Mischwasser.

Schütten Sie ein Glas Süßwasser in das Meer, wird es sich in wenigen Momenten mit dem Salzwasser vermengen. Selbst wenn Sie es nur vorsichtig auf die Wasseroberfläche geben, verteilt es sich innerhalb kürzester Zeit wie ein dünner Ölfilm und vermischt sich durch die →Wärmebewegung der Moleküle schnell. Für eine Trennschicht bräuchte man eine sehr große Menge von Süßwasser oder große Temperaturunterschiede.

Anders sieht das Ganze jedoch aus, wenn Sie Süßwasser in einem mit Salzwasser getränkten Puffermedium wie Sand ausleeren. Das Süßwasser verdrängt langsam das Salzwasser, wobei sich ein Mischbereich mit →Brackwasser bildet. Im Sand liegt alsbald eine Süßwasserschicht über dem schwereren (korrekt: dichteren) Salzwasser.

Dabei bildet sich im Puffer eine stabile, uhrglasförmige Schicht auf dem Salzwasser, die in einer scharf abgegrenzten Mischzone zum Rand hin in das salzige Wasser abfällt. Der obere Süßwasserpegel liegt immer deutlich *über* dem Salzwasserspiegel. Dieses Phänomen wird *Süßwasser-* oder auch *Ghyben-Herzberg-Linse* genannt. Sie tritt überall dort auf, wo poröses Bodenmaterial wie Sand oder Karst in das Meer übergeht, also an Stränden oder auf Inseln, *sofern es dort in den letzten Jahrzehnten hin und wieder geregnet hat* – denn nur aus dem Meerwasser kann im Sand kein Süßwasser entstehen, was wir gleich noch genauer besprechen werden.

Selbst kleine Sandinseln mit nur wenigen hundert Metern Durchmesser beherbergen teils enorme Süßwasserreservoirs. Im Gegensatz zu vielen Grundwasservorkommen sind Süßwasserlinsen nämlich nicht vom Vorhandensein einer wasserdichten Schicht wie Ton oder Felsgestein abhängig, da das Salzwasser unter der Insel die sperrende Schicht ist.

Einige Dinge sollten beim Suchen von Süßwasser am Strand beachtet werden: Der Pegel natürlicher Süßwasserlinsen liegt *deutlich* über dem Meeresspiegel. Die brackige

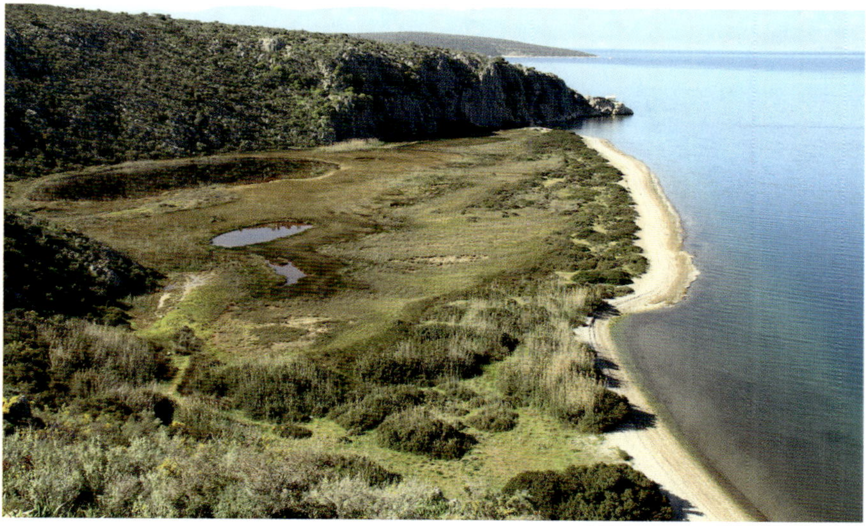

Ein durch Felsen abgesperrter Strand beherbergt eine große Süßwasserlinse, die sich durch Niederschlag gebildet hat. Der Wasserspiegel des Süßwassers liegt etwa einen halben Meter über dem Meeresspiegel.

Mischwassergrenze liegt meist *innerhalb* der Insel bzw. auf Höhe des Strandes.

So ist es meist nicht sinnvoll, am tiefer gelegenen Strand nach Wasser zu graben, da einerseits diese Stelle oft *unter* der Süßwasserquelle liegt – das eigentliche »Grundwasser« besteht aus dem unterspülenden Salzwasser – und andererseits die Mischwassergrenze eher im schon bewachsenen Bereich zu erwarten ist. Also sucht man die tiefste Stelle *auf dem* Inselplateau – über dem Meeresspiegel – auf. Oft sind hier schon kleine Tümpel, zumindest aber Wasserzeiger (→Zeigerarten) zu finden.

Bei sehr kleinen Inseln kann es sein, dass keine echte Süßwasserlinse vorhanden ist, sondern das Trinkwasserreservoir nur aus Brackwasser besteht. Hier gilt es, über die →Salinität abzuschätzen, ob und wie das Wasser weiter aufbereitet werden muss.

Unterseeische Quellen

Auch an Stränden des Festlandes gibt es solche Wasserquellen. Aus dem Landesinneren strömen selbst in absolut trockenen Gegenden ohne Niederschlag unterirdische Flüsse über hunderte von Kilometern in Richtung Meer. Besonders in tropischen Gegenden werden die Regenfälle aus dem bergigen Landesinneren nicht nur über Flüsse abgeleitet, sondern durch den Felsen als Sickerwasser.

Hinweise auf das Vorhandensein solcher unterirdischen Süßwasservorkommen gibt vor allem die →Geländestruktur. Bergeinschnitte, die Richtung Meer auslaufen, oder weitreichende Senken in der Umgebung, die zum Strand hin langsam abfallen, weisen darauf hin, dass Wasser an einer bestimmten Stelle in das Meer abfließt. Manchmal ist das durch den Gegendruck des Meeres sehr langsam fließende Wasser schon seit vielen hundert oder tausend Jahren im Boden unterwegs, weshalb auch Böden ohne jede aktuelle Vegetation große Mengen enthalten können.

Auch die Begutachtung des Meerwassers unmittelbar unter dem Strand gibt viele Hinweise. Beim Schwimmen oder Durchwaten bemerkt man an manchen Stellen »kalte Löcher«, also starke Schwankungen in der Wassertemperatur. An dieser Stelle

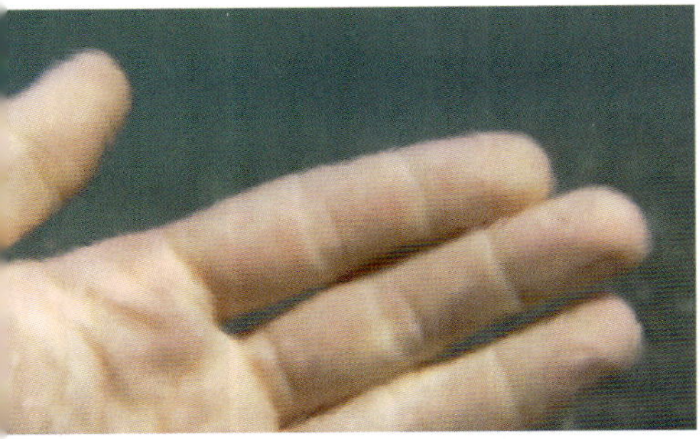

Trübe Schlieren im Seewasser weisen sicher auf eine unterseeische Quelle hin.

lassen sich milchige Schlieren im Wasser erkennen. Beides stammt von in größerer Menge einströmendem Süßwasser, das sich durch unterschiedliche Dichte und Temperatur (unterirdisches Wasser ist deutlich kälter als Meerwasser) nicht sofort im Meer verliert, sondern kurze Zeit stabile »Inseln« im Wasser bildet.

Zum Sammeln dieses Wassers verfährt man ähnlich wie bei der Süßwasserlinse, mit dem Unterschied, dass man nicht ganz so weit vom Strand entfernt graben muss. Durch den steten Zufluss wird das Salzwasser nämlich aus dem Sand in Richtung Meer gedrückt. Die Brackzone ist an solchen Stellen zwar breiter als bei statischen Süßwasserlinsen, liegt dafür aber oft schon in der Brandungszone.

Süßwasservorkommen an Stränden wurden früher (und werden heute noch in einigen Überlebensbüchern) so erklärt, dass der Strandsand in der Lage sei, Salz irgendwie aus Wasser zu »filtern«. Je weiter man vom Strand entfernt gräbt, desto weniger salzig würde es. Dies ist nach chemischen und physikalischen Regeln natürlich Unsinn.

Wäre Sand tatsächlich in der Lage, irgendwie Salz aufzunehmen oder zu filtern, würde der ständige Strom von Salzwasser durch den Sand in das Landesinnere eine irrsinnige Menge Salz (30 Gramm je Liter) im Sand zurücklassen. So würde über viele tausend Jahre enorm viel Salz an jedem Strand gesammelt – es läge dort ein Berg von abertausenden Tonnen. Da Materie nicht einfach verloren gehen kann und Salz auch bei normalen Temperaturen nicht verdunstet, wäre das Entsalzen von Meerwasser durch Sand ein »Wunder« und *mindestens* eine »Einladung nach Stockholm« wert.

Ghyben-Herzberg-Linse in einer Insel: Das Salzwasser (SW) unterspült die Insel und drückt dabei den Grundwasserspiegel (GS) uhrglasförmig über Meeresniveau. Die Wasserlinse (WL) kann viele Millionen Kubikmeter Trinkwasser enthalten.

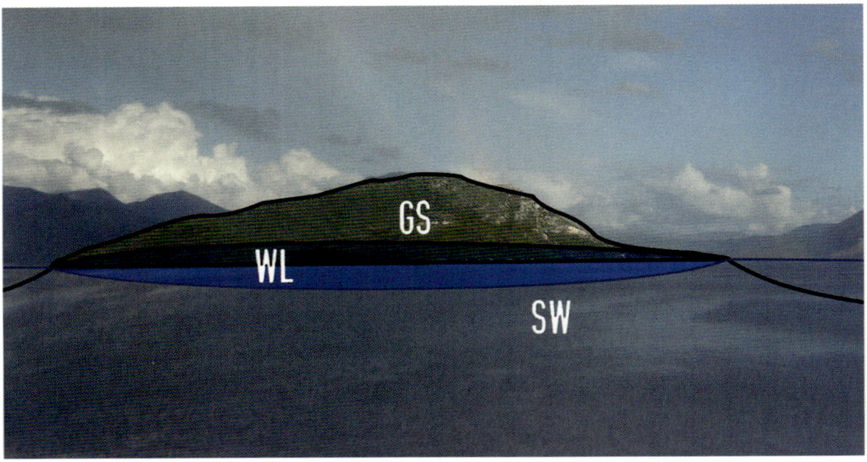

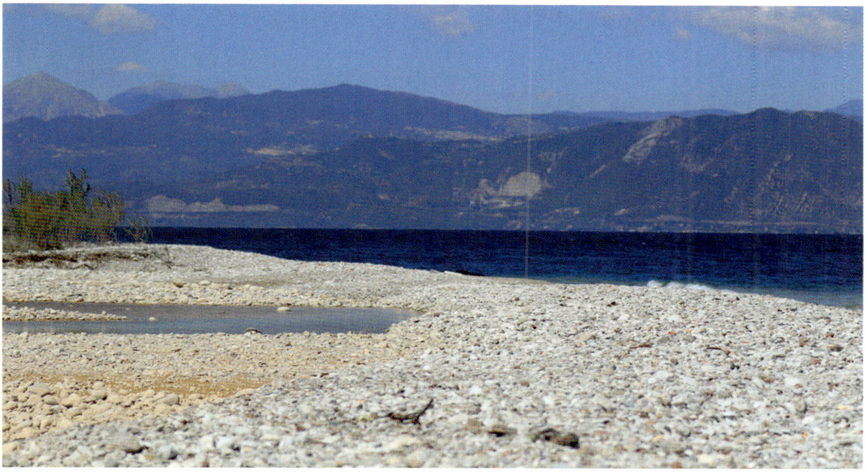

Ein Sonderfall einer Wasserlinse lässt sich an kiesigen Mündungen in das Salzwasser beobachten: Das Meerwasser staut den Fluss an und hebt den Wasserspiegel (hier etwa einen Meter) über den Meeresspiegel.

Ist im Landesinneren keine Süßwasserquelle vorhanden, die im Meer endet, werden Sie im Sand auch kein Süßwasser finden. Das Wasser darf bei einer Probegrabung 50–100 Meter vom Strand entfernt nur noch brackig sein. Handelt es sich an dieser Stelle um reines Salzwasser, ist auch kein Süßwasser vorhanden, und es lohnt sich nicht, noch weiter entfernt zu graben.

Im Boden dem Salzwasser überschichtete Süßwasserquellen sind sehr wertvoll für uns. Im Gegensatz zu normalem Grundwasser ist keine wasserdichte Schicht vonnöten (s.o.), damit das Wasser an die Oberfläche kommt. Auch wenn es bis dahin viele Meter tief im Boden strömt, wird es durch den noch weiter darunter auslaufenden Salzwasserpegel langsam angehoben, bis es in Strandnähe *über* dem Meeresspiegel liegt. Solche Quellen sind meist frei von jeglicher Verunreinigung und werden in der Regel auch nicht ausgebeutet, da sie im Landesinneren zu tief liegen.

Auf diese Weise kann man also auch an entlegenen Orten in Meeresnähe Trinkwasser finden – selbst wenn die Umgebung sandig und frei von Leben erscheint. Wenn beispielsweise durch eine Katastrophe bzw. in industrialisierten Regionen von Entwicklungsländern das Grundwasser und die großen Ströme stark kontaminiert sind, findet sich unterirdisch am Strand noch reines und sauberes Süßwasser, das nicht aus dem Oberflächenwasser bzw. den Grundwasserreservoirs gespeist werden muss.

Eis und Schnee

Vor allem auf Reisen durch kalte Regionen spielt die Versorgung durch Eis oder Schnee eine große Rolle. Bei Temperaturen, die dauerhaft unter dem Gefrierpunkt liegen, ist das Finden von Wasser in aller Regel kein Problem. Die →Aufnahmefähigkeit der Luft liegt bei einem Minimum, schon geringe Mengen von Luftfeuchtigkeit fallen als Nebel aus und legen sich als Reif auf dem Boden ab (deshalb sieht man auch seinen eigenen Atem bei niedrigen Temperaturen). Herrscht sehr geringe Luftfeuchtigkeit, kann zwar eine überraschend große Menge des Reifs durch →Sublimation verloren gehen, oft bleibt jedoch ein ausreichender Eispanzer um Pflanzen oder auf Steinen, um den Tagesbedarf zu decken. Sind

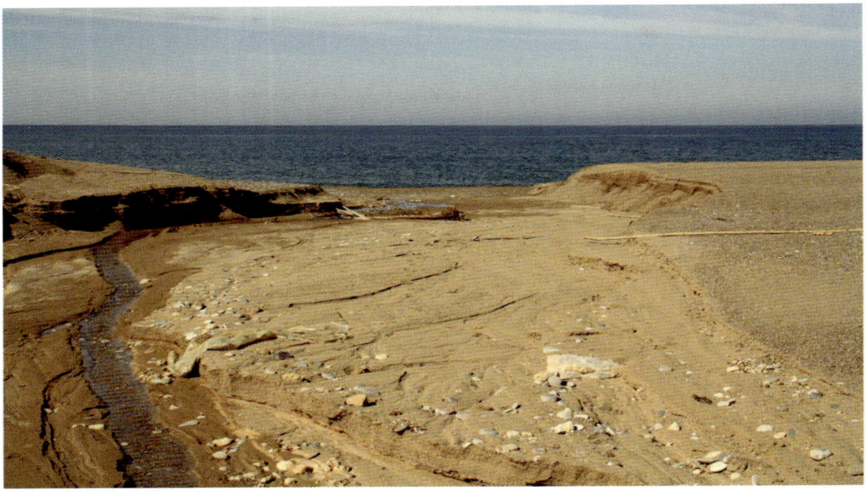

Ein Fluss versickert in unmittelbarer Nähe zum Meer und ergießt sich unsichtbar durch den Sand in das Salzwasser. Große Ströme können kilometerweit unterirdisch bis zum Strand fließen.

Schneereste oder gar eine geschlossene Schneedecke vorhanden, muss selbstverständlich kein Reif gesammelt werden.

Die Frage ist also weniger, *wo* Wasser in kalten Regionen gefunden werden kann, sondern vielmehr, wie dieses in den brauchbaren flüssigen Zustand überführt wird.

Natürlich kann Eis einfach geschmolzen werden, doch muss dabei einiges beachtet werden: Selbst wenn wir von einem geringen →Tagesbedarf auf Meeresniveau von 2,5 Litern Wasser ausgehen, muss viel Energie zum Aufschmelzen von genügend Eis aufgebracht werden.

Die »Schmelzwärme« ist eine physikalische Größe, die beschreibt, wie viel Energie benötigt wird, um ein Kilogramm Wassereis in den flüssigen Zustand zu überführen. Diese liegt bei rund 330.000 Joule je Kilogramm Eis. Hinzugerechnet werden muss außerdem das Aufwärmen von Eis bis zur Schmelztemperatur sowie das Erwärmen des Wassers auf Körpertemperatur. Das Schmelzwasser wird spätestens nach dem Trinken Körpertemperatur haben, und zum Erwärmen wird dabei *immer* Energie benötigt – entweder durch Erhitzen auf dem Kocher oder durch Erwärmen im Körper mit Nahrung.

Die spezifische Wärmekapazität von Wassereis liegt bei rund 2.000 Joule je Kilogramm und Grad Erwärmung (auch →Kelvin), diejenige des flüssigen Wassers bei rund 4.200 Joule.

Für das Erwärmen von einem Kilogramm (–10 Grad kaltem) Eis zu 15 °C warmem Wasser sieht die Rechnung also etwa folgendermaßen aus:

Erwärmen von 1 kg Eis auf Schmelztemperatur:
2.000 (Joule/kg * K) * 1 kg * 10 K
= **20.000 Joule**

Schmelzen von 1 kg Eis zu Wasser:
Schmelzwärme 1 kg Wasser
= **330.000 Joule (!)**

Erwärmen des Wassers von 0 °C auf 15 °C:
4.200 (Joule/kg * K) * 1 kg * 15 K
= **63.000 Joule**

Insgesamt werden also je Liter Wasser aus Eis 413 kJ Energie benötigt, was bei 25 %

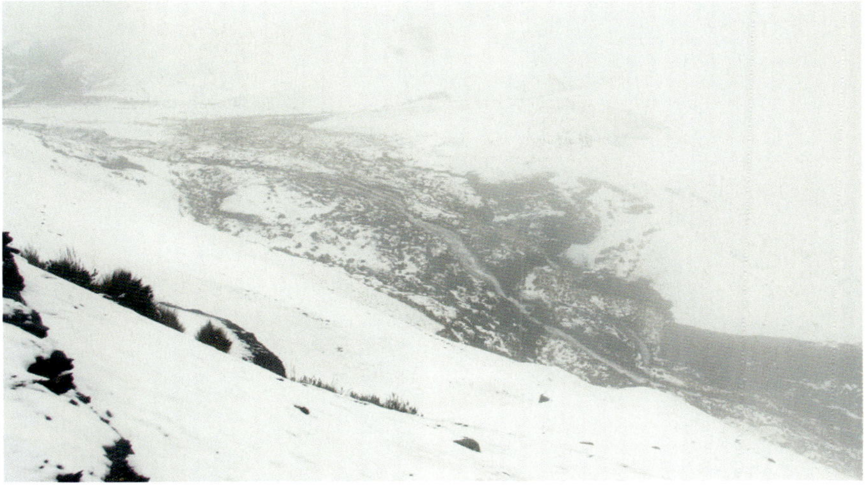

Ist eine geschlossene Schneedecke vorhanden, sollte aus Gründen der Energieersparnis versucht werden, das in Schluchten oder Spalten fließende Schmelzwasser zu erreichen.

Heizeffizienz folgendem Brennstoffbedarf entspricht:

Heizart	Heizwert des Kraftstoffs	mindestens benötigter Kraftstoff
Benzinkocher	40.000 kJoule/kg	ca. 40 g
Gaskocher	45.000 kJoule/kg	ca. 35 g
Spirituskocher	26.000 kJoule/kg	ca. 60 g
Brennholz	10.000 kJoule/kg	ca. 160 g

Will man sich unterwegs über geschmolzenes Eis/Schnee mit Trinkwasser versorgen, muss also mit entsprechend hohem Brennstoffbedarf gerechnet werden.

Beispielrechnung bei 2 Personen mit je 3,5 Liter Trinkwasser:

Brennstoffbedarf: 2 Personen * 3,5 Liter * 40 g Brennstoff (Benzin)
= **280 g Benzin/Tag.**

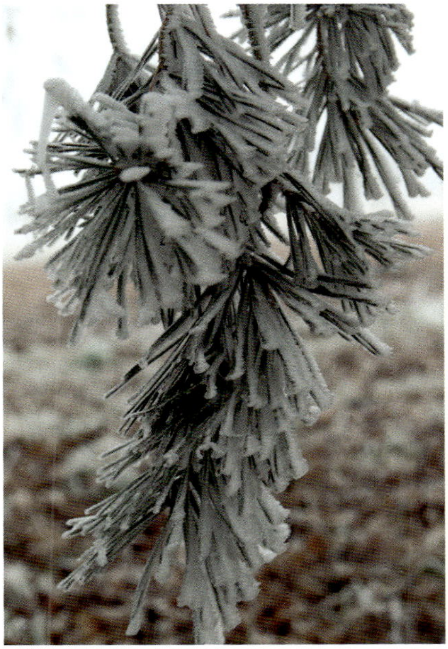

Durch die schnelle Wassersättigung in kalter Luft können morgens teils erhebliche Mengen frischen Reifs abgesammelt werden. Bleibt es kalt, sublimieren sie allerdings schnell.

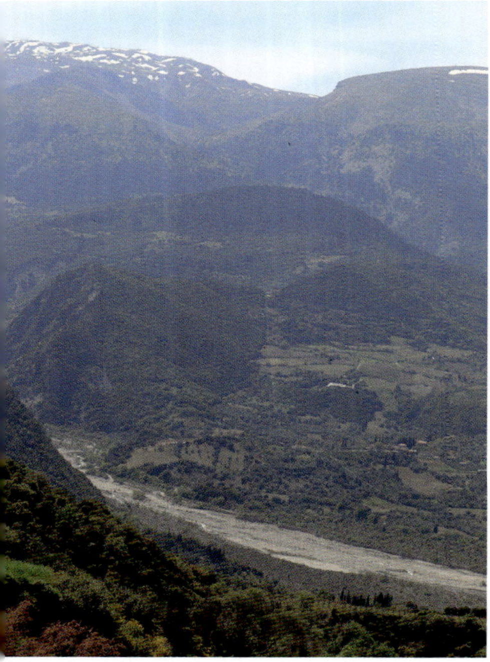

Jeder Gipfel mit Schnee und Eis hat zwangsläufig einen großen Abfluss. Hier ist es besser, die Täler abzusuchen anstatt zum Berg aufzusteigen.

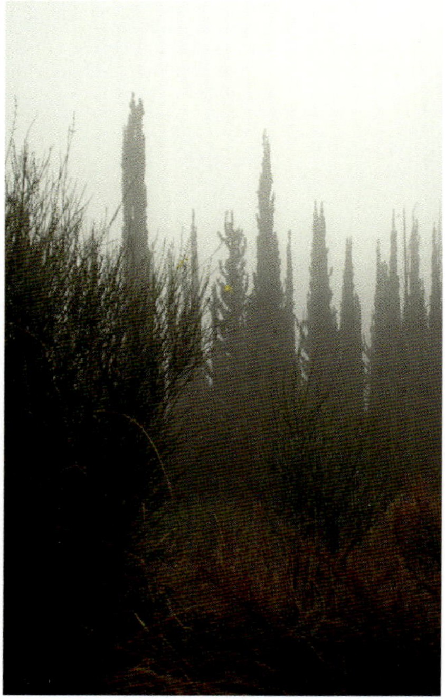

Fällt die Temperatur bei hoher Luftfeuchtigkeit, entsteht Nebel in der Luft oder Tau an Kondensationskeimen.

Jeder Liter getrunkenes Wasser entzieht dem Körper außerdem Energie von ca. 91 kJ bzw. 22 kcal, um die Differenz zwischen 15 °C und der Körperkerntemperatur auszugleichen. Diese Energie muss in Form von zusätzlicher Nahrung zugeführt werden.

An dieser Bemerkung sehen Sie auch, warum Sie unbedingt das Aufschmelzen von Wassereis über der Flamme durchführen sollten und nicht etwa Schneekügelchen im Mund aufschmelzen. Die benötigte Energie ist nämlich dieselbe – unabhängig davon, ob Sie im Topf schmelzen oder im Mund.

Je Liter im Mund geschmolzenen Wassers verbraucht Ihr Körper (mindestens) zusätzlich etwa 480 kJ bzw. 115 kcal, was immerhin etwa 100 g gekochten Nudeln entspricht.

Luftfeuchtigkeit – Tau

Auch wenn man es kaum für möglich hält, enthält die Luft unserer Atmosphäre an nahezu jeder Stelle der Erde eine für viele Lebewesen ausreichende Menge Trinkwasser. Wahrgenommen wird jenes zumeist als Wolken oder →Niederschlag, dem hier ein eigener Abschnitt gewidmet ist. Regen entsteht jedoch in hohen Luftschichten und nicht am Boden; außerdem gibt es klimatische Regionen, in denen es praktisch nie regnet – zumindest nicht dann, wenn man es benötigt.

Luft besteht aus Anteilen der Luftgase wie Stickstoff, Kohlendioxid und Sauerstoff sowie aus gasförmigem Wasser. Dabei ist der Anteil der Flüssigkeit oft höher, als man vermuten würde.

Ozeane, Oberflächengewässer, aber auch scheinbar trockene Oberflächen wie Wüstensand oder Felsgestein geben selbst bei niedrigen Temperaturen ständig Wassermoleküle in die bodennahen Luftschichten ab. Hier kann man sie jedoch nicht wahrnehmen, da sie schlicht unsichtbar, sprich gasförmig sind. Dies ist so lange der Fall, bis die Luft gesättigt ist, sie also kein weiteres Wasser aufnehmen kann. Wird mehr Wasser in die Luft abgegeben, fällt es als Nebel oder Dampf aus.

Im Wetterbericht finden Sie eine Umschreibung dieses Phänomens als relative Luftfeuchtigkeit in Prozent. Dieser Wert sagt jedoch nichts über den *tatsächlichen Gehalt* von Wasser in der Luft aus. Derzeit wird beispielsweise in der Umgebung von Karlsruhe eine relative Luftfeuchte von 92 % gemessen. Das heißt nicht, dass in einem Liter oder Kilogramm Luft 92 % Wasser enthalten wären, sondern vielmehr, dass es bei einer bestimmten Temperatur (in diesem Fall 4 °C) 92 % der insgesamt möglichen Aufnahme (bis zur Sättigung) sind. Diese relative Luftfeuchte variiert jedoch stark. Würde man die Luft abkühlen, würde die relative Luftfeuchte ansteigen, beim Erwärmen dagegen sinkt sie.

Warme Luft kann mehr Wasser aufnehmen als kalte. So werden in heißer Luft zahlenmäßig mehr Wassermoleküle benötigt, um die Sättigungsgrenze (100 % relative Luftfeuchtigkeit) zu erreichen, als in kalter Luft. Deshalb finden sich in warmen Regionen meist sehr geringe Werte der Luftfeuchte, während es in gemäßigten und kalten Ländern eine sehr hohe Luftfeuchtigkeit gibt. Der tatsächliche Wasser**gehalt** kann jedoch identisch sein.

Das Wasser der Luft fällt als Nebel aus, wenn Luft so stark abgekühlt wird, dass die relative Luftfeuchtigkeit *über* 100 % liegt. Eindrucksvoll können Sie das an Gewässern beobachten. Morgens liegt ein dichter Nebelschleier über dem Wasser. Tatsächlich handelt es sich dabei um das verdunstende Wasser, das die darüber liegende Luft übersättigt.

Die für uns wichtigen physikalischen Größen, die zur Wassergewinnung abgeschätzt werden müssen, sind im sogenannten Taupunkt zusammengefasst. Dieser Wert beschreibt die Temperatur in Verbindung mit der relativen Luftfeuchte, bei der in wassergesättigter Luft Nebel entsteht.

Ohne tiefer in die Materie einsteigen zu müssen, werden für unsere Zwecke folgende Informationen wichtig sein:

Wird gesättigte Luft von 30 °C auf 0 °C abgekühlt, können also bis zu 25 Gramm Wasser je Kubikmeter Luft ausfallen.

Maximaler Wassergehalt der Luft bei verschiedenen Temperaturen	
0 °C	5 g/m³
10 °C	10 g/m³
20 °C	18 g/m³
30 °C	30 g/m³

Es gilt:

- Je wärmer die Luft ist, desto mehr Wasser kann sie aufnehmen.
- Warme Luft mit hoher relativer Feuchte muss sich nur ein wenig abkühlen, bis Tau ausfällt.
- Luft mit geringer relativer Feuchte muss stark abgekühlt werden, bis Tau ausfällt.

Taupunkt

Anhand der auf der nachfolgenden Seite abgebildeten Tabelle können Sie abschätzen, wie effizient sich an Oberflächen Wasser sammeln lässt und wie hoch die maximale Oberflächentemperatur sein darf, damit das Wasser als Kondensat an Oberflächen verfügbar wird.

Beispielweise muss bei 40 % relativer Luftfeuchte eine Oberfläche bei 35 °C Lufttemperatur zur erfolgreichen Wassergewinnung mit kühlem Sand, Schlamm oder Schmutzwasser auf 22 °C abgekühlt werden. Bei 10 °C Lufttemperatur und derselben Ausgangsluftfeuchtigkeit müssten Sie die Kondensationsfläche auf unter 0 °C herunterkühlen.

Diese Tabelle müssen Sie nicht auswendig lernen. Trotzdem sollten Sie einige Werte daraus kennen, um abzuschätzen, ob zusätzlicher Aufwand betrieben werden muss, um Wasser zu kondensieren, bzw. ob es überhaupt möglich ist, aus Luft Wasser zu gewinnen.

Wassergewinnung aus Luft

Eine Möglichkeit, Wasser aus der Luft zu gewinnen, erfolgt über Nebelfänger oder Kondensationsflächen wie beispielsweise die Autokarosserie. Voraussetzung hierfür ist, dass die Ausgangslufttemperatur eher niedrig ist. Sind die Tagestemperaturen hoch, muss es in der Nacht sehr stark abkühlen. Deshalb findet diese Methode bevorzugt in gemäßigten oder kalten Regionen oder in warmen Klimazonen mit sehr hoher Luftfeuchtigkeit Anwendung.

Bei den oben angesprochenen Werten, einer Temperatur von 4 °C und rund 92 % relativer Luftfeuchte, muss es über Nacht nur um ein oder zwei Grad abkühlen, damit Tau fällt und damit zu verfügbarem Wasser wird. Im Sommer bei 30 °C und einer geringen Luftfeuchte (beispielsweise 40 %) müsste sich die Temperatur über Nacht mehr als etwa halbieren.

Hohe Temperaturen bei sehr geringer Luftfeuchtigkeit kommen hauptsächlich in warmen →subariden oder →ariden Regionen vor. Doch der praktische Versuch hat gezeigt, dass auch dort durch Kondensation an Nebelfängern Wasser gesammelt werden kann. Hierzu wird ein über Nacht abgekühlter Gegenstand (Metallstücke, mit Sand gefüllte Wasserkanister und dergleichen) am Morgen in kalte Sandschichten eingegraben und gegen Mittag, wenn Feuchtigkeit durch die Sonne aus dem Sand verdunstet, im Schatten aufgestellt. Auf der kühl gehaltenen Oberfläche sammeln sich selbst in Sandwüsten einige Milliliter (bis zu einem Schnapsglas) Wasser, das natürlich sofort abgesammelt werden muss. Diese Menge ist zwar für den tatsächlichen Tagesbedarf viel zu wenig, kann das Verdursten in der Wasserkrise bei körperlicher Ruhe jedoch um einen oder zwei Tage hinauszögern – mit Glück also um die Zeit bis zur Rettung.

Von einigermaßen sauberer Oberfläche (Pflanzen, Steine, Gewebe etc.) kann gesammelter Tau in der Regel ohne vorherige Reinigung getrunken werden.

Nebelfänger

Einen Nebelfänger aufzustellen, lohnt sich, wie Sie den Angaben zu den physikalischen Grundlagen entnehmen können, in allen Regionen bzw. Jahreszeiten mit relativ kaltem Klima sowie mit starken Tag-Nacht-Differenzen. Je nach Jahreszeit kann auch in trockenen Wüsten mit Nebelfängern gearbeitet werden.

Nebelfänger sind möglichst große, segelartige Strukturen, an denen sich das gasförmige Wasser während der Nacht nie-

Wichtige Werte zur Kondensation von Wasser an Oberflächen bei verschiedenen Lufttemperaturen und Luftfeuchtigkeit (jeweils Maximaltemperaturen)

Luftfeuchte/ Lufttemperatur	20 %	40 %	60 %	80 %	95 %
0 °C			−6 °C	−1 °C	1 °C
5 °C			−1 °C	2 °C	4 °C
10 °C		−3 °C	3 °C	7 °C	9 °C
20 °C		6 °C	12 °C	17 °C	19 °C
30 °C	5 °C	17 °C	21 °C	26 °C	29 °C
35 °C *	12 °C	22 °C	27 °C	32 °C	34 °C

**Entsprechend bei der →Sandgrubendestille anzuwenden.*

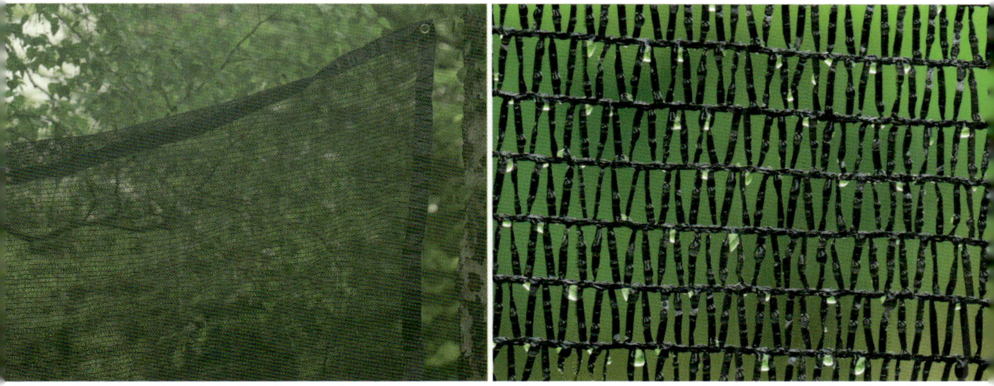

Nebelfänger werden in Tälern aufgehängt, da sich hier der Nebel lange hält. Verwendet man eine Folie, kann durch Umschlagen des unteren Bereichs ein Auffanggefäß gebildet werden. Besser geeignet sind allerdings feine Gewebe wie Schattiernetze, durch die feuchte Luft ziehen kann, die an den Fäden kondensiert.

derschlagen kann. Verwendet werden können Planen, Rettungsdecken, Stoffgewebe, Schattierungsnetze und Metallfolien, die senkrecht zwischen Bäumen, an Stangen etc. aufgehängt werden. Kühlt die Lufttemperatur über Nacht ab, steigt die relative Luftfeuchte langsam, aber sicher bis nahe der Sättigung. Kommen nun die einzelnen Wassermoleküle mit Partikeln (beispielsweise Staub) in Kontakt, wirken jene als Kondensationskern bzw. bei Temperaturen unter 0 °C als Kristallisationskeim. Auf diese Weise entstehen in hohen und sauberen Luftschichten die sogenannten Contrails (Kondensationsstreifen), wenn Wasser an den Abgasbestandteilen von Flugzeugen kondensiert und gefriert. Wasser aus Luft beschlägt bevorzugt auch an festen Materialien, also am Gewebe der Nebelfänger.

Die Kondensation alleine ist jedoch nicht ausreichend, um Wasser in brauchbaren Mengen zu sammeln. Wenn sich die Luft in der Morgensonne langsam erwärmt, steigt damit auch die Aufnahmefähigkeit der Luft. Kondensiertes Wasser geht wieder in den gasförmigen Zustand über. Um das zu verhindern, muss das Gewebe entweder noch vor Sonnenaufgang abgenommen und ausgewrungen werden (in aller Regel ist die Effizienz des Nebelfängers kurz vor dem Morgengrauen am höchsten), oder der Nebelfänger wird so aufgebaut, dass sich kondensiertes Wasser sammeln und nach unten in eine Sammelfalte rinnen kann. Die Verdunstung von Wasser ist nämlich im Gegensatz zum →Verdampfen vom Luftkontakt bzw. der Verdunstungsoberfläche abhängig. Sammelt sich der Tau in kleinen Pfützen, verdunstet er sehr viel langsamer als über eine große Fläche verteilt.

Ist lockeres Gewebe wie Mücken- oder Schattiernetz vorhanden, ist es sinnvoll, dieses doppelt gelegt aufzuhängen, weil leichte Bewegung im Wind die kondensierten Nebeltropfen zu größeren vereinigt. Diese verdunsten weniger schnell, fließen nach unten ab und lassen sich einfacher absammeln.

Ist es in →ariden Regionen nicht möglich, Wasser in »sichtbaren« Mengen zu kondensieren, sollte das feuchte Gewebe luftdicht verpackt werden, um es später am Tag zur Kühlung der Kleidung einzusetzen.

Die Effektivität von Nebelfängern ist von vielen Faktoren abhängig und kann kaum vorhergesagt werden. Bei niedriger Nachttemperatur und hoher Luftfeuchte können über die Nacht über 0,1 Liter je Quadratmeter Gewebe gefangen werden.

Tau sammeln

Die Methode, »on the go« Tau zu sammeln, setzt voraus, dass die Luftfeuchte so stark angestiegen ist, dass sich genügend Wasser auf Pflanzen, an Steinen, Fahrzeugen oder Ähnlichem gesammelt hat. Diese Flüssigkeit ist morgens meist nur weniger als eine Stunde in diesem Zustand verfügbar. Danach ist sie verdunstet und für uns verloren. Hier heißt es früh aufstehen und die Flüssigkeit sammeln.

Dies kann durch einfaches Abstreifen der Tautropfen mit einem Gewebe geschehen. Auch Rucksackreisende haben eine ganze Reihe geeigneter Materialien dabei, die jedoch unterschiedlich effizient eingesetzt werden können. Baumwoll- oder Leinengewebe speichern beispielsweise viel Flüssigkeit, geben diese aber nur schwer in flüssiger Form wieder ab. Besser sind saugfähige Kunstfasern wie etwa Funktionsunterwäsche oder Fleece.

Als ideal hat sich ein ständiger »Begleiter« aus meiner Wüstenausrüstung erwiesen. Ich führe seit über 10 Jahren in warmen Regionen ein Mikrofaserputztuch mit, das eigentlich für die Fensterreinigung gedacht war. Mit diesem Lappen kann ich mich nicht nur mit einem halben Schnapsglas Wasser »duschen«*, sondern auch morgens Tau sammeln. Mikrofasertücher binden große Mengen Wasser, und dieses lässt sich bis zum allerletzten Tropfen wieder auswringen.

Ein Freund von mir wickelt sich morgens zwei Kunstfaserschals um die Füße und läuft damit die feuchten Wiesen ab.

Für warme Regionen gilt: Wenn genügend Wasser gesammelt wurde bzw. die Taumenge mit der steigenden Temperatur deutlich abnimmt, sollten rasch noch alle verfügbaren Kleidungsstücke befeuchtet werden, um sie zur Kühlung gegen die Mittagshitze zu verwenden.

Selbst in sehr trockenen Regionen sammelt sich Wasser auf Pflanzen in Bodennähe.

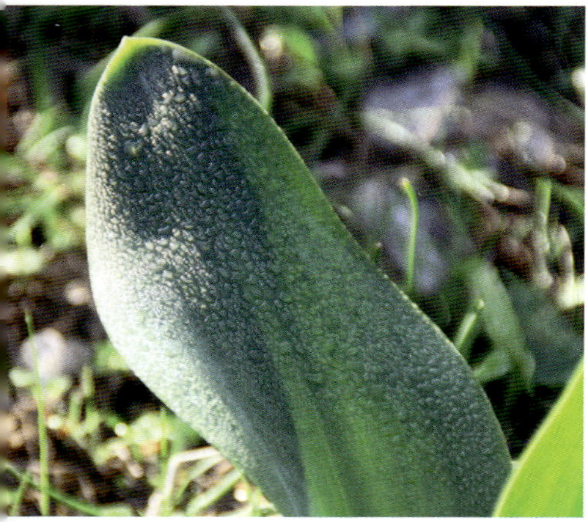

Tau im Zelt

Wenn Sie in einem Zelt oder Biwaksack nächtigen, bietet es sich an, jeden Morgen die teilweise großen Mengen an Trinkwasser von der Innenseite der Außenhaut abzusammeln. Über Nacht verliert der Körper durch Transpiration und Atmung eine große Menge Wasser, die sich fast vollständig als Kondensat niederlässt. Durch die erhöhte Luftfeuchtigkeit im Zeltinnenraum kondensiert zusätzlich Wasser aus der Außenluft.

Selbst in trockensten Regionen kann auf diese Weise Wasser gesammelt bzw. recycelt werden, sofern die Nachttemperatur kühl genug ist. Wenn das Zelt nicht gut belüftet ist, steigt die Wasserkonzentration der Luft im Inneren schnell bis zum Sättigungsbereich, und das Wasser kondensiert. Zudem ist die Temperatur durch die Körperstrahlung und Atmung im Zelt immer etwas höher als an der Zeltplane, die Kontakt mit der Außentemperatur hat, was die Kondensation begünstigt.

**Wüstendusche: den gesamten Körper leicht feucht abreiben. Man sollte sich möglichst vor Beginn der Reise klar darüber sein, ob man den Lappen hauptsächlich zur Katzenwäsche oder zum Wassersammeln einsetzen möchte.*

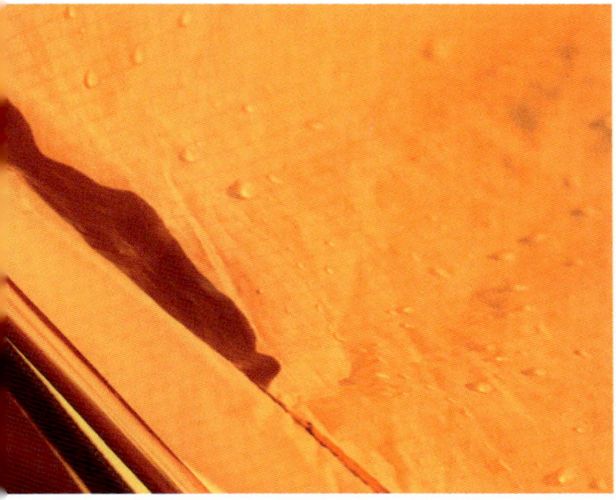

Bei Wassermangel kann die Zeltplane Quelle für geringe, aber gegebenenfalls überlebenswichtige Mengen von Wasser sein. Sind Kochgeschirr und Salz- bzw. Schmutzwasser verfügbar, kann das Zelt sogar zur →Destillation verwendet werden.

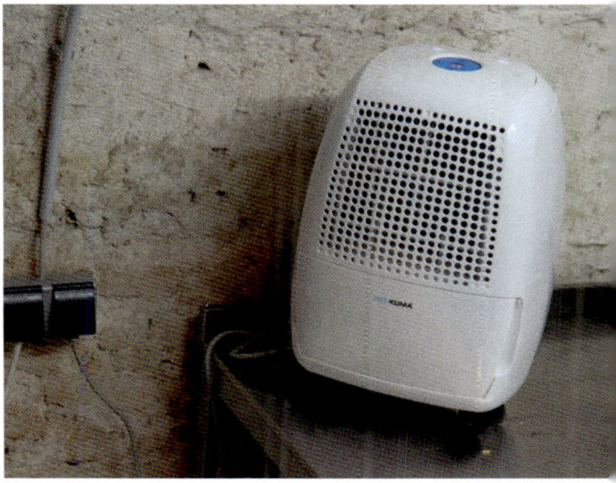

Mit einem professionellen Kompressorentfeuchter lassen sich aus warmer Luft täglich mehrere Liter Wasser kondensieren. Luftentfeuchter mit Peltier-elementen sind zwar günstiger, aber erheblich ineffizienter, da der Temperaturabfall in ihnen zu gering ist.

Auch auf der Außenseite von Zelten findet sich niedergeschlagener Nebel. Hier ist es natürlich wieder wichtig, möglichst früh morgens aufzustehen und dieses Wasser zu speichern. Da die frühen Morgen- und die Abendstunden in warmen Regionen generell die Zeit der körperlichen Aktivitäten sind, versteht sich das Frühaufstehen eigentlich von selbst.

Weitere Methoden der Kondensation:

- **Kühlung:** Sind funktionierende Kühl- oder Klimageräte verfügbar (etwa im Fahrzeug oder Hotelzimmer), kann auch auf die durch Abkühlen der Luft gewonnene Flüssigkeit zurückgegriffen werden. Tatsächlich sind mittlerweile Geräte entwickelt worden, die als Klimaanlage und Trinkwassererzeuger für aride Regionen eingesetzt werden können. Bei stationären Anlagen, also beispielsweise Klimaanlagen, ist jedoch unbedingt zu beachten, dass das gewonnene Kondenswasser oft mit Bakterien, beispielsweise mit Legionellen, belastet ist, weshalb es →sicher aufbereitet werden muss.

Die mobile Methode habe ich in verschiedenen Wüsten ausgetestet, beispielsweise die Kondensation an →Peltier-Elementen (Kühlelemente, die auch in Campingkühlboxen eingesetzt werden) oder handbetriebene Kältepumpen. All diese Methoden kranken daran, dass ein enormer Energieaufwand vonnöten ist, um brauchbare Mengen Wasser zu erhalten.

Dies sollten Sie auch bedenken, wenn Sie aktuelle Angebote von »Start-up-Firmen« mit unglaublichen Versprechungen sehen. Es werden verschiedene Modelle angeboten (die jedoch allesamt noch nicht gefertigt worden sind, geschweige denn Serienreife erreicht haben), die angeben, mit Hilfe von Peltier-Elementen und einem kleinen Solarmodul Trinkwasser aus der Umgebungsluft herzustellen. Dies ist aber in der angestrebten Form aus physikalischen Gründen nicht möglich (die Luft ist in sonnenreichen Gegenden zu trocken, ein Peltier-Element benötigt bei Niederspannung einen hohen Durchgangsstrom im Ampere-Bereich etc.).

Während Sie tatsächlich durchaus brauchbare Mengen Wasser erzeugen können, indem Sie mit einer offenstehenden (und auf Gefrierfunktion gestellten) Kompressorkühlbox bei geöffneten Fenstern mit einem Fahrzeug durch eine Wüste fahren, ist das mit

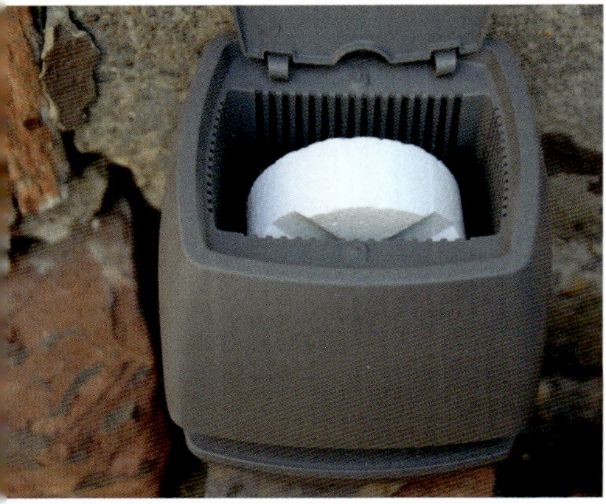

Chemische Entfeuchter speichern Flüssigkeit erst als Kristallwasser, später läuft destillierbare Lauge ab. Zur Destillation des Kristallwassers werden 200° Celsius benötigt.

kleinen, mobilen und energieautarken Systemen kaum möglich. In ariden Gegenden ist die Außentemperatur hoch und die relative Luftfeuchte gering. Um eine relevante Menge von Wasser beim Taupunkt zur Kondensation zu bewegen, muss die Temperaturdifferenz *(siehe Tabelle S. 52)* sehr hoch sein, ebenso die Menge der durchgeführten Luft. Als Back-up (und bei entsprechenden Treibstoffreserven, denn der Vorgang ist entsprechend energieaufwendig) lassen sich über diese Methode in wärmeren Regionen einige Hundert Milliliter am Tag erzeugen.

Eine einfache und günstige Methode ist das Sammeln von Luftfeuchtigkeit mit einem stationären und kommerziell erhältlichen Luftentfeuchter auf Peltier-Basis, der allerdings über das Stromnetz gespeist werden muss und bei Dauerbetrieb von rund 70 Watt rund einen halben Liter am Tag sammeln kann.

- **Hygroskopische Mittel:** Mit hygroskopischen, also Wasser anziehenden Stoffen kann Flüssigkeit auch bei geringer Luftfeuchte gesammelt werden. Kieselgel (die glasartigen Kügelchen gegen Feuchtigkeit, die wir aus Kunststoffschuhen und -handtaschen kennen) ist hierzu jedoch weniger geeignet, da es nur relativ wenig Wasser aufnimmt. Deutlich mehr Feuchtigkeit nehmen Salze wie Kochsalz oder Lithium- bzw. Kalziumchlorid aus Nachfüllpacks für Luftentfeuchter auf. Diese lassen sich auch einfacher durch Destillation wieder regenerieren bzw. vom Wasser abtrennen als Silikagel.

Niederschlag

Wenn wir uns schon mit Wasser in Luft und Atmosphäre beschäftigt haben, darf natürlich die Feuchtigkeit nicht fehlen, die als →Schnee oder Eiströpfchen in den Wolken schwebt und meist als Regen zur Erde fällt, wenn gerade das löchrige Dach der Notunterkunft zum Erneuern entfernt wurde. Um Niederschlag als Trinkwasser zu verwenden, ist nur Weniges zu beachten.

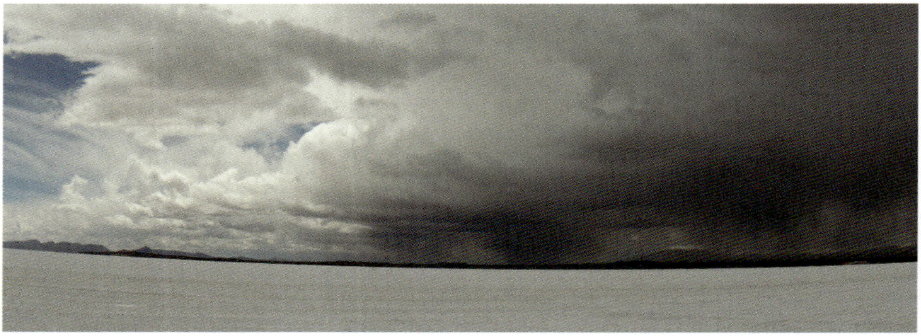

Wenn sich der Himmel verdunkelt und die ersten Regentropfen zu sehen sind, ist es an der Zeit, das Sammeln der Regens vorzubereiten.

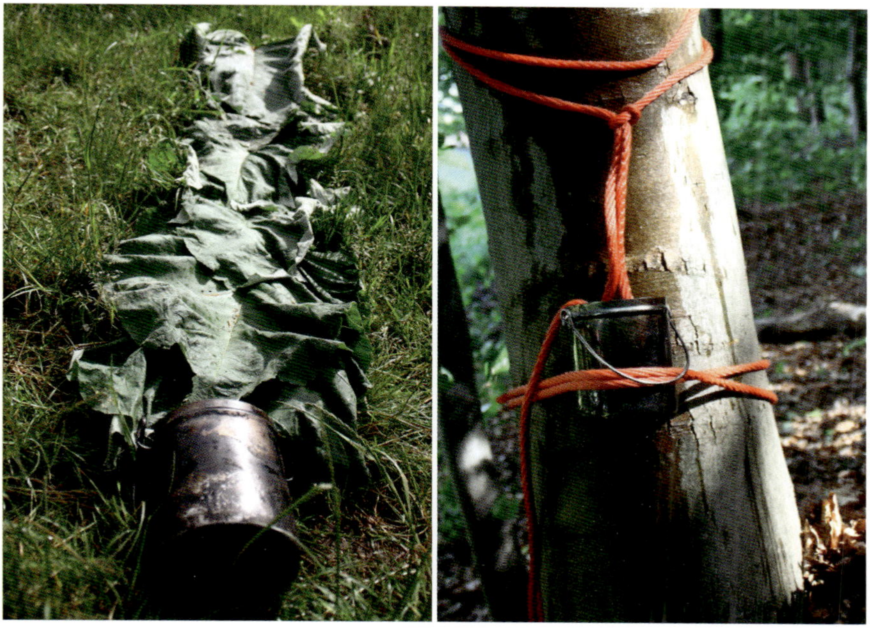

Durch schräg aufgestellte oder auf dem Boden ausgebreitete Folien, Blätter, Borke und dergleichen kann Niederschlag in ein Gefäß geleitet werden. Dabei ist alleine die abgedeckte Fläche ausschlaggebend, nicht die Form. An Laubbäumen fließt Regen oft am Stamm ab. Eine einfache Krawatte aus Gewebe lässt das Wasser gezielt in ein Gefäß laufen.

Zunächst einmal ist Regenwasser (mit an Sicherheit grenzender Wahrscheinlichkeit) *immer* ohne vorherige Aufbereitung trinkbar, sofern der Niederschlag nicht direkt unter einem Industrieschlot aufgefangen wurde (darin wären ggf. große Mengen gesundheitsschädlicher Staubpartikel enthalten) oder die abregnende Wolke radioaktiven Fallout enthält (in diesem Fall hätte man auch andere Probleme als das fehlende Trinkwasser).

Die in den vergangenen Jahrzehnten gefürchteten Auswirkungen des »Sauren Regens« sind nur dann problematisch, wenn das Regenwasser auch tatsächlich den Boden erreicht und durchnässt. Durch unvollständige Verbrennung entstehen Abgase mit großen Mengen von Stickoxiden oder Schwefeloxiden. Diese Stoffe verbinden sich in der Luft mit Sauerstoff und Wasser, es bilden sich Schwefel- und Salpetersäure. Diese Säuren können feine Haarwurzeln und Blätter von Bäumen beschädigen und vermehrt Schwermetalle, Metalle und Mineralien aus dem Boden im Grundwasser lösen. Für uns ist jedoch auch »sehr« saurer Regen als Trinkwasser völlig ungefährlich. Die beliebte amerikanische Erfrischungsbrause enthält beispielsweise sehr viel mehr Säure.

Regenwasser ist also weltweit praktisch immer trinkbar und eine der sichersten Trinkwasserquellen, *sofern das Wasser nach dem Auffangen nicht durch Tierkot und dergleichen verunreinigt wurde*. Große Wasseransammlungen werden gerne von Wasservögeln und anderen Tieren angenommen, die Keime in das Wasser transportieren. Solches Rohwasser sollte →aufbereitet werden. Frisch gesammelter Regen ist jedoch frei von Krankheitserregern (wenn auch nicht steril) und kann immer getrunken werden.

In vielen trockenen Regionen sammeln sich selbst geringe Mengen von Niederschlag aufgrund des trockenen und verdichteten Bodens in Rinnsalen, die sich zu →Sturzbächen vereinigen. Bei einem singulären Niederschlagsereignis sollten also die weiter oben besprochenen Geländestrukturen aufgesucht werden, da an dieser Stelle die vereinigten Rinnsale vorbeifließen.

In der Ebene und im Wald hat sich das Sammeln von Niederschlag mit Regenfängern als sehr effektiv erwiesen.

Zisternen & Dachspeicher

Eine beachtenswerte Quelle für Trinkwasser sind Dachspeicher oder landwirtschaftliche Zisternen, die auch bei Wasserausfall längere Zeit mit Flüssigkeit gefüllt sind. Vor allem in ländlichen Gebieten gibt es viele dieser Wasserspeicher, die nur zu sehr trockenen Zeiten im Einsatz und über die meiste Zeit im Jahr gefüllt, aber nicht angeschlossen sind. Hier ist neben der Erlaubnis, Wasser zu entnehmen, nur eine Regel für die Entnahme wichtig: Wenn das Wasser vor der Speicherung ohne Behandlung trinkbar war, bleibt es das auch für einige Wochen, sofern der Tank verschlossen (Vögel, Ratten, Affen) und abgedunkelt ist.

Flüssigkeit aus offenen oder lichtdurchfluteten Wasserspeichern muss →aufbereitet werden. Dasselbe gilt natürlich auch für Wasser aus Toilettenspülkästen und dergleichen.

Wasser und Nahrung

Wenn es um den Wasserhaushalt geht, hat praktisch jeder etwas zu sagen, unabhängig vom Wahrheitsgehalt der Aussage. Durch die vielfache Wiederholung in Büchern und Zeitschriften entstehen regelrechte Dogmen, denen anscheinend viele gutgläubig folgen – ungeachtet des Wahrheitsgehalts.

Zwei dieser Aussagen sind: »Wer wenig Wasser zur Verfügung hat, darf nichts essen« sowie »Wer hungert, benötigt besonders viel Trinkwasser«. Davon abgesehen, dass sich beide Aussagen diametral widersprechen, übergehen sie die physiologischen Realitäten im menschlichen Körper. Sicherlich spielen hier auch eigene Erfahrungen durch Fastenkuren eine Rolle, denn

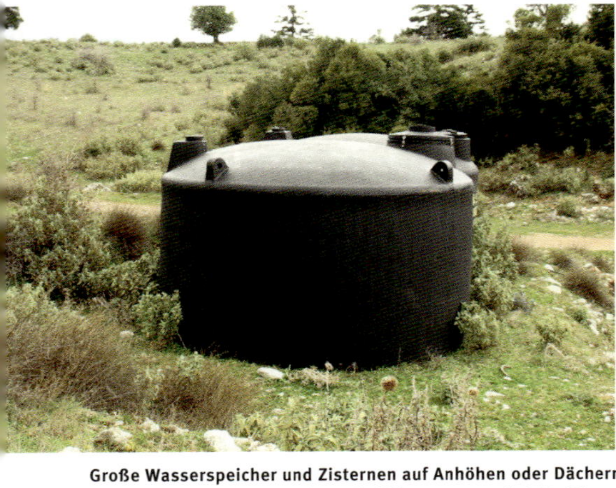

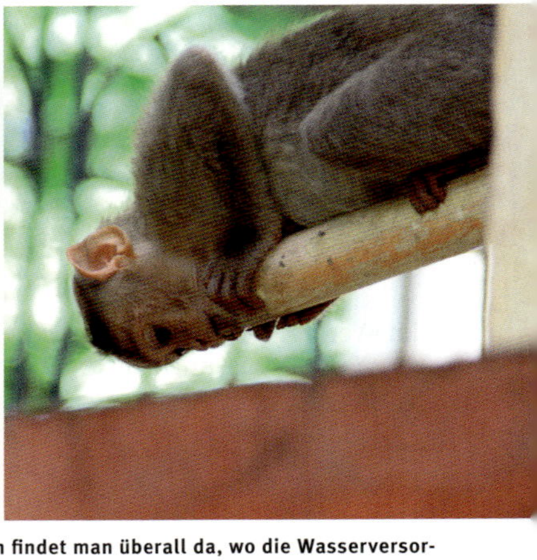

Große Wasserspeicher und Zisternen auf Anhöhen oder Dächern findet man überall da, wo die Wasserversorgung unzuverlässig ist und regelmäßig zusammenbricht. Wasserspeicher werden allerdings oft von Tieren als Wasserquelle angenommen und verunreinigt. In diesem Fall ist eine sichere Wasseraufbereitung Pflicht!

wer nichts isst, bekommt Hunger und Bauchkrämpfe, was beides durch das Trinken von Wasser, Fruchtsäften oder Tee gelindert wird.

Tatsächlich ist die Sachlage nicht so eindeutig, wie man es gerne hätte. Beginnen wir mit der Aussage, dass bei Wassermangel nichts gegessen werden darf. Dabei wird häufig argumentiert, dass beim Verdauungsvorgang Wasser in Form von Verdauungssäften in den Magen-Darm-Trakt abgegeben wird. Das ist auch tatsächlich so. Dies bedeutet jedoch nicht, dass dieses Wasser verloren ist. Der wässrige Verdauungsbrei wird nämlich spätestens in den letzten Darmbereichen wieder eingedickt – das Wasser wird den Ausscheidungen entzogen, und die Rückstände enthalten im Vergleich zur ursprünglichen Nahrung tatsächlich deutlich weniger Wasser. Die Wasserbilanz ist für den Körper also positiv, sofern nicht knochentrockenes Brot verzehrt wurde (✚ *Kapitel »Verdauung«, S. 137)*.

Dennoch gesellt sich zur Wasser*aufnahme* während der Verdauung ein weiterer, unsichtbarer Effekt. Während der Verdauung werden Nährstoffe durch bestimmte Enzyme (Hydrolasen) aufgespalten. Bei diesem Prozess wird Wasser an die »zerkleinerten Nährstoffmoleküle« angeheftet oder gebunden. Dazu wird also Wasser benötigt.

Vor allem Speisen mit hohem Kohlenhydratanteil wie Brot oder Nudeln führen zu starkem »Nachbrand«. Die aufgespaltenen Zucker sowie das daraus gebildete Glykogen sind →osmotisch aktiv und benötigen in den Zellen vermehrt Flüssigkeit für den Ausgleich. Ist dieser jedoch geschaffen, beispielsweise durch das in Früchten oder grünen Pflanzenteilen vorhandene Wasser, sieht die Bilanz wieder anders aus.

Beim »Verbrennen« von Nährstoffen entsteht in Verbindung mit dem Atemsauerstoff wieder Flüssigkeit, sogenanntes *Stoffwechsel-* oder *Oxidationswasser*. Das kann eine ganze Menge sein: Beim Verbrennen von einem Gramm Zucker entsteht etwa ein halbes Gramm Wasser. Ein Gramm verbranntes Fett liefert sogar etwas mehr als ein Gramm Wasser.

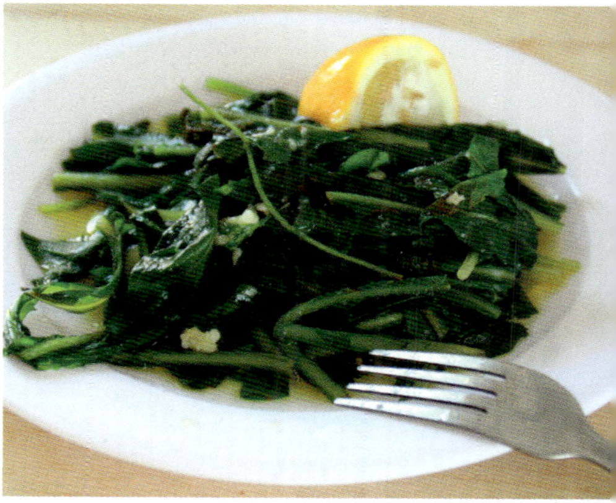

Guten Appetit: Vor allem bei niederkalorischen Speisen gibt es keinen Grund zu hungern – Nahrung führt dem Körper oft mehr Wasser zu.

Nimmt man nährstoffarme Speisen zu sich, wird dem Körper also mehr Wasser zugeführt, als er für die Aufspaltung benötigt. Insbesondere pflanzliche Nahrung liefert große Mengen Wasser. Grüne Pflanzenteile bestehen zu 60–95 % aus Wasser, der Rest sind Ballaststoffe und minimale Mengen Zucker und Öl. Das Wasser wird aufgenommen, die Ballaststoffe wasserarm wieder ausgeschieden. Der große Vorteil liegt vor allem darin, dass Pflanzen (sofern sie nicht von außen kontaminiert worden sind) im Inneren keine für uns gefährlichen →Krankheitserreger enthalten, weshalb sie auch in Regionen mit stark verschmutztem Oberflächenwasser als Wasserquelle dienen können. Einige Umweltgifte wie Quecksilber, Cadmium und Blei oder radioaktive Isotope können sich dagegen sehr wohl in den Pflanzen anreichern, weshalb Pflanzen aus industriell oder durch Überschwemmung verseuchtem Boden nicht direkt verzehrt werden können, sondern einer Destillation unterzogen werden sollten.

Geeignet zum direkten Verzehr sind *alle grünen essbaren* Pflanzen, die nicht stark →harntreibend wirken. Vor allem in →ariden Regionen ist es so möglich, an Wasser zu kommen, selbst wenn es praktisch nie Niederschlag gibt.

Wenn nur grüne Pflanzenteile oder Muskelfleisch verzehrt werden, kommt durch die langsame Gewichtsabnahme ein weiterer Effekt zur Wirkung: Das bei der Verdauung eingelagerte Wasser im Speicherfett, der Muskulatur und im Glykogenspeicher wird beim Verbrauch frei. Dabei werden dem Körper täglich zwischen *einem viertel und einem halben Liter* Oxidationswasser zusätzlich zur Verfügung gestellt. Dies ist zwar nicht viel, reicht jedoch, um bei Wassermangel den Flüssigkeitsbedarf deutlich zu senken.

Wasser aus Pflanzen

Sie wissen sicherlich, dass Pflanzen über die Wurzeln Wasser und gelöste Nährstoffe aufnehmen. Wurzeln sind jedoch sehr viel feiner, als es auf den ersten Blick bei einer aus dem Boden gerissenen Pflanze scheint. Mikroskopisch feine Wurzelhaare sind in der Lage, aus trockenem Sand noch den letzten Rest Feuchtigkeit aufzunehmen.

In ariden Regionen können Wurzeln auch viele Meter tief in den Boden und damit in feuchte Schichten dringen oder ein sehr weitläufiges Netz aufspannen, um an das benötigte Wasser zu gelangen.

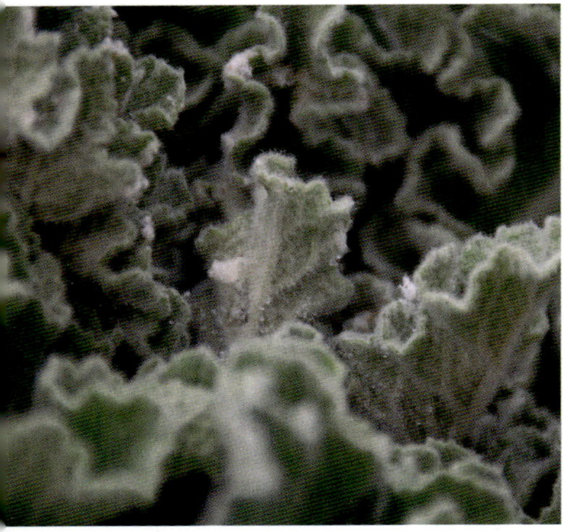

Mit einer reflektierenden Filzschicht schützen sich manche Pflanzen vor Sonneneinstrahlung und zu starker Verdunstung.

Transpiration

Man meint, dass Pflanzen im Vergleich zu Säugetieren nur wenig Wasser brauchen. Doch der Eindruck täuscht. Viele Pflanzen benötigen auf das Eigengewicht bezogen ein Vielfaches des Wassers, das Säugetiere bei gleichem Gewicht trinken würden. Fast alles aufgenommene Wasser geben Pflanzen über die Blätter wieder ab. Sie »transpirieren«, wobei sich das nicht wie bei uns Menschen als Schweißtröpfchen zeigt (einige Mangroven können allerdings Salzkristalle »schwitzen«), sondern die Wassermoleküle rein gasförmig abgegeben werden. Dies geschieht auf unterschiedlichen Wegen. Die Pflanze verliert *durch* ihre Zelloberflächen geringe Mengen Wasser, sehr viel mehr wird jedoch durch winzige verschließbare Atemlöcher, sogenannte Spaltöffnungsapparate, bei der Aufnahme von Kohlendioxid abgegeben. Und genau hier beginnen die Probleme für die Pflanze (und damit auch für uns).

Damit eine Pflanze bei Sonneneinstrahlung aus Kohlendioxid den benötigten Zucker herstellen kann, muss sie atmen, also die Spaltöffnungen weiten. Geschieht das am Tag, verliert sie besonders viel Wasser. Deshalb haben Pflanzen verschiedene evolutionäre Anpassungen entwickelt.

In warmen Regionen haben viele Pflanzen eine →xeromorphe Anpassung. Die Oberfläche der Blätter ist mit einer wasserundurchlässigen Wachsschicht versiegelt. Manche besitzen Licht reflektierende und Zugluft bremsende Haare auf der Oberfläche oder bilden zur Reduktion der Verdunstungsoberfläche besonders dicke Blätter (eine Extremform fleischiger Blätter haben Kakteen).

Im Gegensatz zu Pflanzen aus gemäßigten Regionen atmen viele xeromorph angepasste Pflanzen nicht tagsüber, sondern nachts, wenn der Wasserverlust durch niedrigere Temperaturen geringer ist.

Vor allem die Fähigkeit, in der kühlen Dunkelheit Kohlendioxid zu speichern und am nächsten Tag in der Photosynthese zu verarbeiten, macht uns zu schaffen. Diese

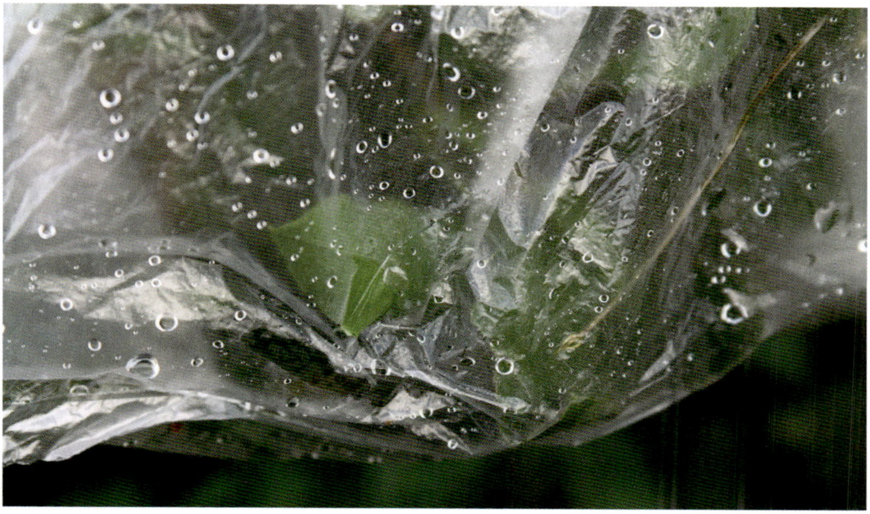

In einer Tüte beschlägt das durch die Blätter beim Atmen abgegebene Wasser.

sogenannten →C4-Pflanzen (viele Gräser) und →CAM-Pflanzen (beispielsweise Kakteen, jedoch auch viele andere) wachsen größtenteils zwischen dem 30. Breitengrad und dem Äquator. →C3-Pflanzen (die meisten Pflanzen der gemäßigten Zonen), also solche, die tagsüber atmen und transpirieren, finden sich dagegen größtenteils in kälteren Regionen, in denen Wassernotfälle eher seltener sind.

Ein ausgewachsener Baum gibt über die Transpiration am Tag durchaus 500 Liter Wasser ab. Wer nicht Erfahrung und Mittel eines Christo hat, wird kaum einen gesamten Baum in Plastikfolie verpacken können. Doch schon mit Mülltüten, Zeltplanen oder Kondomen kann man sich helfen. Dabei wird möglichst viel Laub der *unbeschädigten* Pflanze luftdicht eingepackt. Man sollte jedoch keine Arten mit wachsigen, bereiften, silbrig behaarten oder ledrigen Blättern verwenden. Dies würde auf eine →xeromorphe Anpassung hinweisen. Pflanzen, die bevorzugt im Schatten wachsen, haben meist keinen besonderen Hitzeschutz. Ihr Hauptproblem ist nicht die Wasserversorgung, sondern das fehlende Licht.

Ein weiterer Einflussfaktor ist die Temperatur um die Blätter. Ab etwa 35 °C verschließen sich die Spaltöffnungen auf den Blättern, die Verdunstung wird auf ein Minimum reduziert. Entweder wendet man die Technik im Schatten an oder aber in der prallen Sonne. Bei sehr großer Hitze, die in der Tüte entsteht, verdunstet das Wasser aus den Blättern, selbst bei geschlossenen Spaltöffnungen.

Die Folie um die Blätter muss genügend Luft enthalten, jedoch so dicht wie möglich verschlossen werden. Je höher die Luftfeuchtigkeit im Beutel ist, desto weniger Wasser gibt die Pflanze allerdings ab. Schon nach wenigen Minuten sammeln sich erste Tröpfchen Kondensat, die sich nach leichtem Schütteln schnell an der tiefsten Stelle als kleine Pfütze sammeln. Aus unverletzten Blättern werden auch bei stark giftigen Pflanzen keine nennenswerten Wirkstoffmengen (mit Ausnahme von ätherischen Ölen) in die Luft abgegeben.

Dieser hohe Aufwand für relativ wenig Wasser lohnt sich nur, wenn unbekannt ist, ob die Pflanze essbar und eine →Destillation nicht möglich oder zu aufwändig ist.

Handelt es sich um eine bekanntermaßen ungiftige Pflanze, wird anders verfahren: Die Flüssigkeit wird entweder →extrahiert, oder die Blätter werden einfach verzehrt. *(Kapitel »Pflanzen und ihre Gifte«, S. 12 ff.)*

Wasserextraktion aus Pflanzen

Bei fleischigen essbaren Pflanzen kann brauchbares Trinkwasser sehr einfach extrahiert werden. Hierzu werden je nach Konsistenz die Pflanzenteile kleingeschnitten oder zerdrückt in einen Topf gegeben und langsam erhitzt. Zu Beginn ist es hilfreich, das Material gegen den heißen Topfboden zu drücken. Nach einiger Zeit platzen die Zellen und geben Flüssigkeit frei. Sobald eine dünne Schicht den Boden benetzt, wird der Deckel aufgesetzt und die Hitze reduziert. Durch den heißen Dampf geben nun alle Pflanzenteile im Topf ihr Wasser ab, das sich am Boden sammelt und nach dem Abkühlen direkt getrunken werden kann.

Pflanzensaft

Oft lässt sich an Pflanzen mit ausladendem Laub oder schüsselartigen Strukturen in den Blattachseln auch noch Tage nach dem letzten Niederschlag flüssiges Wasser

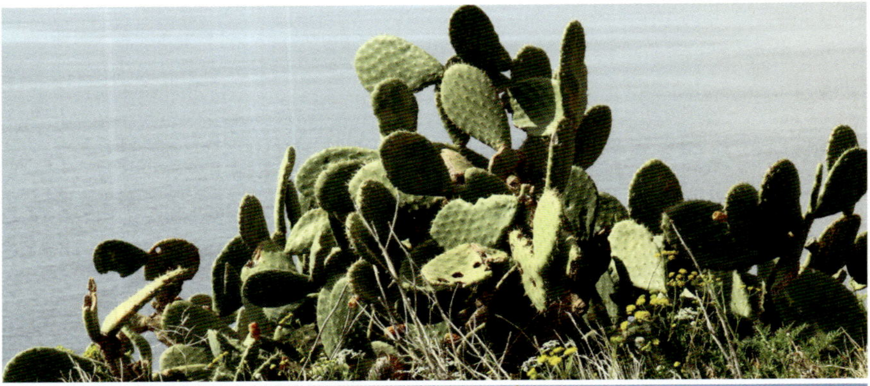

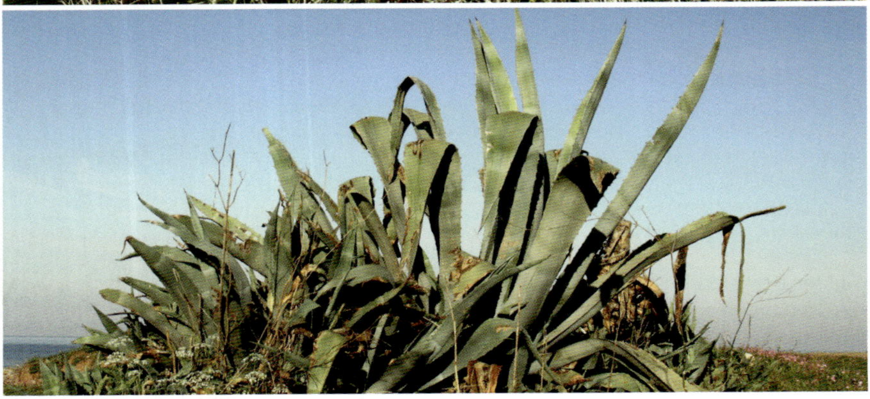

Für Wüsten und Halbwüsten typische Pflanzen, die als Trinkwasserquelle dienen können, sind Opuntien und Agaven. Die Blätter von Opuntien werden einfach geschält und gegessen. CAM-Pflanzen wie Opuntien geben tagsüber praktisch kein Wasser an die Luft ab und verlieren durch die dicken und wachsig bereiften Blätter kaum Flüssigkeit. Da die meisten Kakteen essbar sind (*S. 122*), lässt sich Flüssigkeit durch Extraktion oder Verzehr gewinnen. Bei leicht giftigen Pflanzen wie Agaven sollte Flüssigkeit durch →Destillation gewonnen werden.

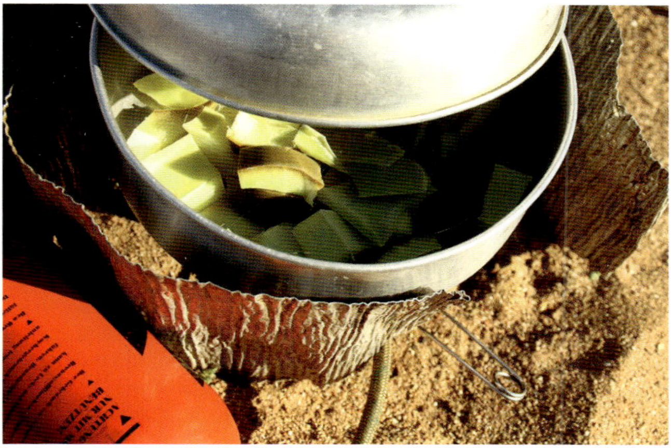

Kleingeschnittene Teile essbarer Pflanzen werden erhitzt, bis durch die Hitze wie in einem Dampfentsafter das Wasser aus den Pflanzenteilen gepresst wurde.

absammeln. Ein besonders eindrucksvolles Beispiel hierfür ist der »Baum der Reisenden«, der größere Mengen von Wasser einlagert. Jener ist jedoch ausschließlich auf Madagaskar heimisch. Auch in Hohlräumen von Strelitzien, Bananenstauden oder Bambusabschnitten oder in Baumstümpfen und Astlöchern lassen sich einige Tage nach dem letzten Niederschlag noch relevante Mengen finden.

Recht bekannt ist außerdem das Sammeln von Flüssigkeit durch das Anschneiden der Borke. Bei Birken und Zuckerahorn wird dies sogar in industriellem Maßstab gemacht. Es ist jedoch an praktisch jedem Baum möglich, von dem Sie wissen, dass er nicht giftig ist.

Eine Ausnahme machen Nadelbäume. Sie besitzen in den Leitbündeln regelrechte »Rückschlagventile« sowie Harzkanäle, die das Auslaufen des Safts verhindern. Sie müssen beachten, dass der Flüssigkeitsfluss hauptsächlich in den Frühjahrsmonaten stark ist. Später im Jahr erzeugt der Baum durch die →Transpiration an den Blättern einen starken Unterdruck. In diesem Fall muss der Baum etwas über der Erde und in direkter Linie darüber so hoch wie möglich großflächig angeschnitten werden, damit überhaupt Flüssigkeit zum Vorschein kommt.

HINWEIS:

Unbekannte Lianen und andere möglicherweise giftigen Pflanzen sollten Sie keinesfalls als Flüssigkeitsreserve verwenden. Faustregeln wie jene, die besagt, dass klarer Saft von Lianen immer trinkbar sei, können schnell zu einer tödlichen Vergiftung führen. Ausschlaggebend ist alleine, *dass Ihnen die Pflanze als ungiftig bekannt ist* (*S. 126–183*). Sind Sie unsicher, verwenden Sie das Pflanzenmaterial zur →Destillation oder sammeln das Kondensat der →pflanzlichen Transpiration.

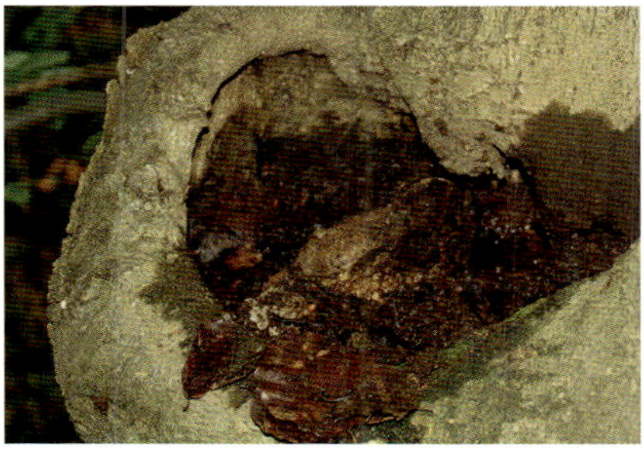

Wasser in Hohlräumen von Pflanzen sollte aufbereitet werden, da sich darin oft Insekten- und Vogelkot sammelt.

Wasser aus Tieren

Vielfach wurde in der Vergangenheit kolportiert, dass Fischer auf dem Meer über Wochen von der Flüssigkeit überleben konnten, die aus Tieren gepresst wurde. Um diese Aussage einschätzen zu können, brauchen Sie ein paar Vorinformationen, denn dass Sie Salzwasser nicht trinken dürfen, wissen Sie wahrscheinlich (oder werden es zumindest im Laufe des Buches lernen). Ist dann das Trinken von Flüssigkeit aus Meerestieren nicht ähnlich gefährlich? Wichtig für uns ist in diesem Zusammenhang die Zusammensetzung der Körperflüssigkeiten bzw. des Blutes. Ein wichtiger Faktor ist dabei die »Osmolarität« *(»Salinität«, S. 85 ff.)* und damit der Elektrolyt- bzw. Salzgehalt. Ist dieser zu hoch, »verlieren« wir auf Dauer Flüssigkeit, da die aufgenommenen Salze wieder aus dem Körper transportiert werden müssen. Ist er niedriger oder entspricht er »unserer« Osmolarität, können wir diese Flüssigkeit über einen langen Zeitraum zu uns nehmen.

Grundsätzlich gibt es zwei Gruppen von Tieren: solche, die den Salzgehalt im Körper steuern – die »Osmoregulierer« –, und solche, die den Salzgehalt des umgebenden Mediums annehmen, sogenante »Osmokonformer«. Flüssigkeiten aus praktisch allen Osmoregulierern können als Trinkwasserersatz mit positiver Wasserbilanz getrunken werden, Flüssigkeiten aus Osmokonformern im Salzwasser haben dagegen den gleichen Salzgehalt wie das Meerwasser *(siehe S. 88, Tabelle: Salinität verschiedener Ozeane)*.

Praktisch alle Wirbeltiere mit Ausnahme von Haien sind Osmoregulierer und haben eine sehr ähnliche Blutzusammensetzung wie wir. Dazu gehören auch Vögel, Landsäugetiere, Süßwasserfische und Meeresfische. Letztere scheiden über spezielle Drüsen die überflüssigen Elektrolyte wieder aus.

Zu den Osmokonformern, die aus Salzwasser entnommen nicht als »Trinkwasserquelle« verwendet werden können, gehören neben den Haien quasi alle Arten von Wirbellosen, also Weichtiere wie Schnecken und Muscheln, aber auch Medusen und dergleichen *(»Weichtiere« S. 34 ff.)*.

Wie Sie weiter oben gelesen haben, wird ein Teil der Proteine und Kohlenhydrate aus der Gewebeflüssigkeit bzw. dem Blut unter Wasserverbrauch gespalten. Muss man lange Zeit auf Körperflüssigkeiten von *Osmoregulierern* als Wasserersatz zurückgreifen, können zumindest die Proteine sehr einfach durch →Hitzefällung abgetrennt werden. Bei hohen Temperaturen denaturieren viele Proteine und sind nicht mehr wasserlöslich.

Der flüssige Überstand aus erhitztem »Tiersaft« enthält nur geringe Mengen der schwer abtrennbaren gelösten Salze und relativ wenig Zucker und Öl. Diese Flüssigkeit kann deshalb praktisch als vollwertiges Trinkwasser gerechnet werden.

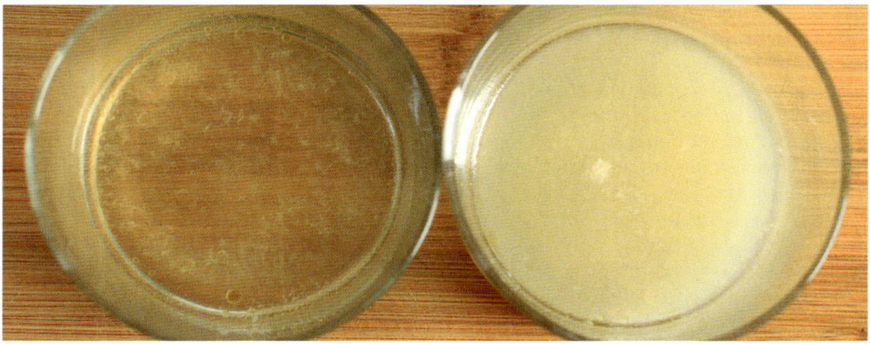

Pressflüssigkeit aus einem Süßwasserfisch: In der Probe links sind Proteine gelöst. Sollen diese vollständig abgetrennt werden, wird das Wasser erhitzt, bis das Eiweiß ausfällt und sedimentiert und →dekantiert oder →abgefiltert werden kann.

4 Wasser einschätzen

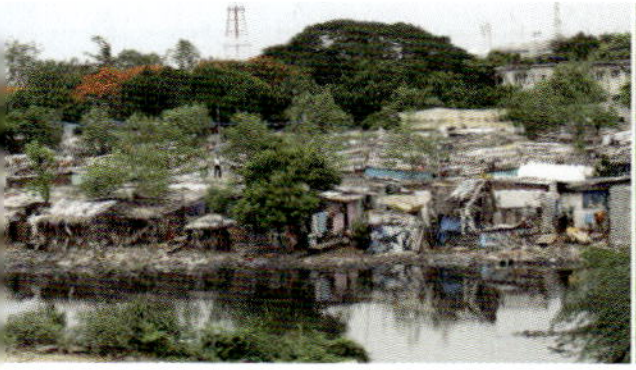
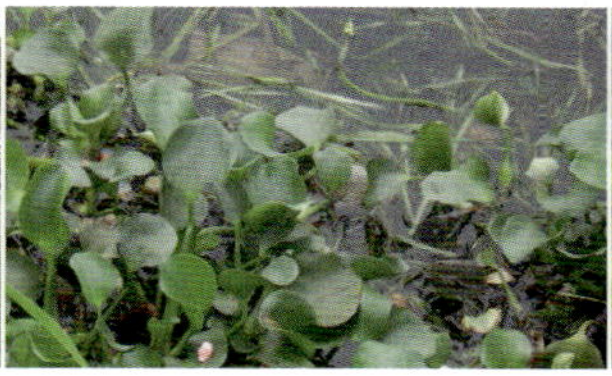
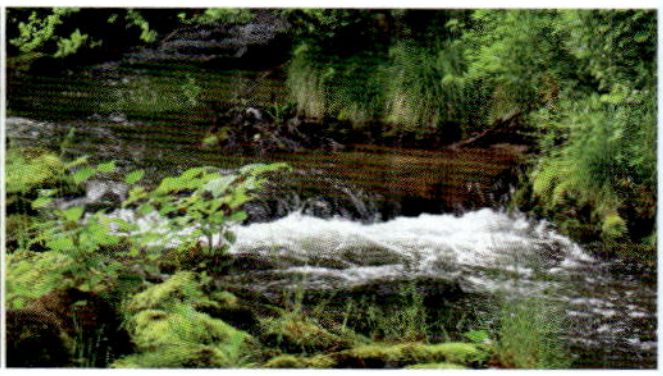

Wenn wir in der Natur Wasser finden – wir nennen es nach der Entnahme und vor der Behandlung Rohwasser –, ist es selten absolut steril oder vollständig vergiftet; meistens liegt es in seiner »Qualität« (mit diesem Begriff ist hier keine Wertung verbunden) irgendwo dazwischen. Die anstehende Aufgabe ist es zu erkennen, um welche Art und Stärke der Verschmutzung es sich handelt.

Erst wenn dies geklärt ist, kann man sich gezielt um die Aufbereitung kümmern. Selbstverständlich können Sie Rohwasser sicherheitshalber obligatorisch jeder möglichen Aufbereitungsprozedur unterziehen. Sie werden aber mit jeder neu vorgestellten Methode feststellen, dass sich der Aufwand ins Absurde steigern ließe.

Wir gehen hier davon aus, dass meist nur die übliche Trekkingausrüstung sowie natürliche bzw. improvisierte und damit endliche Ressourcen zur Verfügung stehen, und behandeln Wasser so viel wie nötig, jedoch auch so wenig wie möglich. Der Sinn liegt dabei einerseits im Erhalt von Ressourcen und Energie (Sie müssen jeden Tag beträchtliche Mengen von Wasser zu sich nehmen – der Aufwand summiert sich), andererseits ist es auch möglich, durch eine falsche Behandlung die Qualität von sauberem Rohwasser zu verringern.

Folgende Fragestellungen sind bei der ersten Einschätzung der Wasserqualität von besonderer Bedeutung:

- Ist das Wasser durch die Einleitung von *relevanten* Mengen industrieller oder landwirtschaftlicher Abwässer verunreinigt? (Ein einzelnes Bergschaf, das im Bach seine Köttel abgesetzt hat, ist ebenso vernachlässigbar wie der einsame Goldschürfer am Yukon – anders sieht es beispielsweise bei einer →Köttelbecke aus.)
- Erreichen Düngemittel oder Pestizide der angrenzenden Landwirtschaft das Gewässer?
- Werden ungeklärte menschliche Abwässer und Fäkalien in das Wasser eingeleitet?
- Gibt es in einem Gewässer natürlicherweise Verunreinigungen oder Parasiten?

Um die vielfältigen Möglichkeiten unterschiedlicher Wasserarten etwas anschaulicher zu machen, betrachten wir wieder einige Beispiele.

Fall 1:
Das kalte Gewässer ist ein kleiner Bach mit lebhaftem Verlauf. Die Strömung liegt deutlich über Schrittgeschwindigkeit. Große Steine und Felsblöcke behindern den Abfluss stellenweise, weshalb es zu starken Wirbeln und Untermischungen kommt. Das Ufer ist kaum oder nicht bewachsen. Der Untergrund in Außenkurven ist feinsandig. In kleinen Rückstrudeln hinter Steinen am Ufer lagert sich kein oder kaum Schlamm ab.

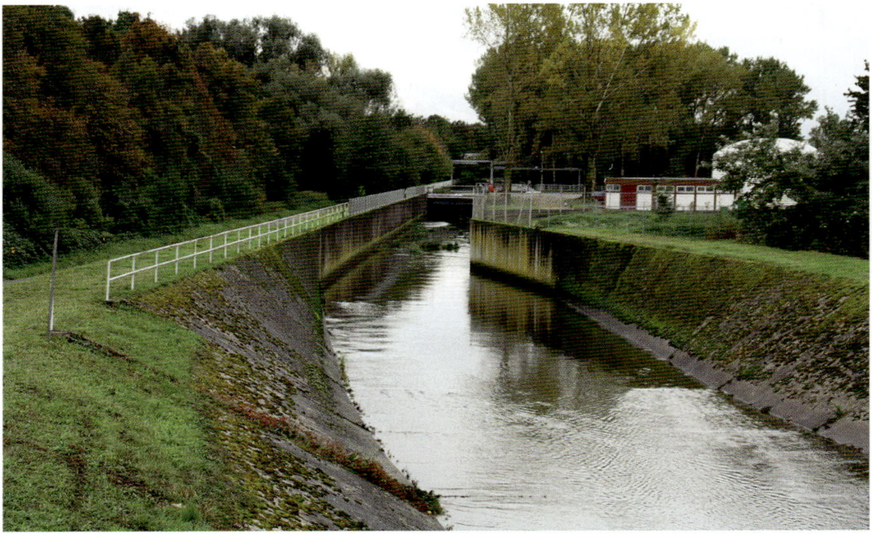

Das klare Wasser in diesem offenen Kanal kommt geradewegs aus einer Großkläranlage. Wasserproben hieraus wurden für die beschriebenen Reinigungstests verwendet.

Fall 2:

Ein Bach ist naturbelassen, breit und langsam. Trotzdem ist der Verlauf noch kurvenreich. In das Wasser gefallener Uferbewuchs sammelt sich in Außenkurven. Durchmischt man diesen, entsteht ein leicht muffiger Geruch. Die Oberfläche der Steine ist trüb-schleimig bealgt. Der Untergrund ist stärker bewachsen, jedoch deutlich sichtbar. Das Wasser ist klar, wenn auch trüber als in Gebirgsbächen. Sinkt man mit den Füßen in den Untergrund ein, steigen Blasen zur Wasseroberfläche auf, die nach Schwefel riechen.

Fall 3:

Der Fluss ist tief und ruhig. Der Verlauf ist gerade oder kanalisiert, das Wasser scheint schlammig trüb. An einem bis zum Ellenbogen im Wasser versenkten Arm lassen sich die Finger nicht mehr deutlich erkennen. Das Wasser besitzt außerdem einen modrigen Geruch – die Einleitung von Fäkalien, Abwässern und Düngemitteln ist aufgrund der Besiedlungsdichte anzunehmen.

Fall 4:

Der Gewässer ist fast strömungsfrei. Das Ufer ist von grünem, schleimigem Biofilm überzogen. Es ist kaum möglich, durch die Oberfläche zu sehen. Das Gewässer riecht faulig. Es sind keine Tiere sichtbar. Das Wasser ist warm und von schleimigen Algenfäden durchzogen oder mit einer hauchdünnen Algenschicht belegt. Das Gewässer ist »umgekippt«.

Fall 5:

Die kleinen Tümpel und Teiche sind durch chemische oder landwirtschaftliche Einleitungen stark verunreinigt. Das Wasser ist deutlich gefärbt. Es ist anscheinend keinerlei sichtbares Leben vorhanden, Steine sind jedoch von einer grauen oder weißlichen »Watteschicht« belegt. Das Gewässer riecht nach Treibstoff bzw. auf andere Art chemisch. Die Oberfläche kann durch Schlieren organischer Verunreinigung wie Öl oder Benzin regenbogenfarbig schimmern.

Um abschätzen zu können, ob das Wasser aus möglichst vielen unterschiedlichen Quellen trinkbar ist (oder trinkbar gemacht werden kann), müssen wir einige unterschiedliche *Eigenschaften des Wassers* und *Eigenschaften des Gewässers* getrennt betrachten.

Eigenschaften des Rohwassers

Trübung

Eine für uns leicht zu erkennende Beschaffenheit des Rohwassers ist die Trübung. Dabei ist es gar nicht so einfach, aufgrund des ersten Augenscheins eine quantitative Aussage zu treffen.

Vermehren sich kleine Lebewesen im Wasser, verteilen sie sich durch Geißelschlag gleichmäßig im Wasser, sinken zum Grund oder treiben unter der Oberfläche. Einzelne dieser Bakterien, Amöben, Pantoffeltierchen und anderen Einzeller lassen sich nicht mit bloßem Auge erkennen. In ihrer Gesamtheit sind sie dennoch als Trübung wahrnehmbar.

Bei bewegtem Wasser ist die Durchmischung der Wasserschichten natürlich gleichmäßiger als in Tümpeln. In letzteren liegt die höchste Keimdichte in den sauerstoffreichen und sonnendurchfluteten ersten Metern unter der Wasseroberfläche. Je tiefer die Entnahmestelle des Wassers ist, desto geringer ist oft auch die Trübung – häufig auch die Anzahl gefährlicher Keime.

Obwohl eine hohe Keimdichte als Trübung sichtbar wird, ist eine starke Trübung nicht immer mit hoher Keimzahl gleichzusetzen. Die Trübung wird nämlich auch von aufgewirbeltem Sediment wie Lehm oder Sand beeinflusst. Dennoch ist sie ein wichtiger Parameter für den Nährstoffgehalt. Außerdem werden einige Aufbereitungsmethoden durch starke Trübung beeinflusst.

Wird Wasser aus einem Fluss entnommen, sollte das Gefäß vor der Trübungsbestimmung für einige Minuten ruhig stehengelassen werden, um schwere Partikel wie kleine Pflanzenteile und Sediment absinken zu lassen.

In der technischen Wasseraufbereitung wird Trübung in der Einheit »NTU« (Nephelometric Turbidity Unit) bzw. »FTU« (Formazine Turbidity Unit) angegeben. Eine Flüssigkeit wird mit einer Standardverdünnung mit *Formazin* verglichen. Dies geschieht nicht durch bloßes Ansehen, sondern über eine Messung in einem Messgerät. Dies ist für uns natürlich nicht ohne Weiteres möglich, weshalb wir mit einer Näherung arbeiten.

Der Grenzwert für Trinkwasser in Deutschland ist gemäß der Trinkwasserverordnung eine maximale Trübung von 1 NTU. Davon abgesehen, dass diese Trübung mit dem bloßen Auge gar nicht wahrgenommen werden kann, sagt der Wert nichts über die Qualität aus. Denn eine Trübung von 0,5 NTU, die von →Kryptosporidien verursacht wird, führt sicher zu schwerer Krankheit, wogegen eine Lehmlösung mit 100 NTU völlig ungefährlich ist.

Für uns spielt eine starke natürliche Trübung dennoch eine Rolle, weil beispielsweise Wasser, das mittels UV-Licht entkeimt wird, nicht stärker als →»leicht trüb« sein sollte und Trekkingfilter ab einer →»mäßigen Trübung« oft schon innerhalb weniger Liter verstopfen. Deshalb ist die Trübung für uns hauptsächlich eine Kenngröße, die aussagt, ob das Rohwasser für manche Reinigungsverfahren →vorgefiltert, →sedimentiert oder →hitzegefällt werden muss.

Wir teilen nur vier Bereiche der Trübung ein, die zur Übung zu Hause mal mit einem Äquivalent einer Milchverdünnung (3,5 % Fett) erzeugt werden sollten:

- **Ohne sichtbare Trübungen** (Äquivalent: reines Leitungswasser)

- **Leichte Trübung** (ca. 50 NTU): Durch ein Gefäß (klare Flasche bzw. Wasserglas o.Ä. mit rund 7–10 cm Durchmesser) lässt sich ein Messerrücken von ca. 1,5 cm noch scharf abgegrenzt erkennen (Äquivalent: 5–10 Tropfen Milch je 0,2 Liter Leitungswasser).

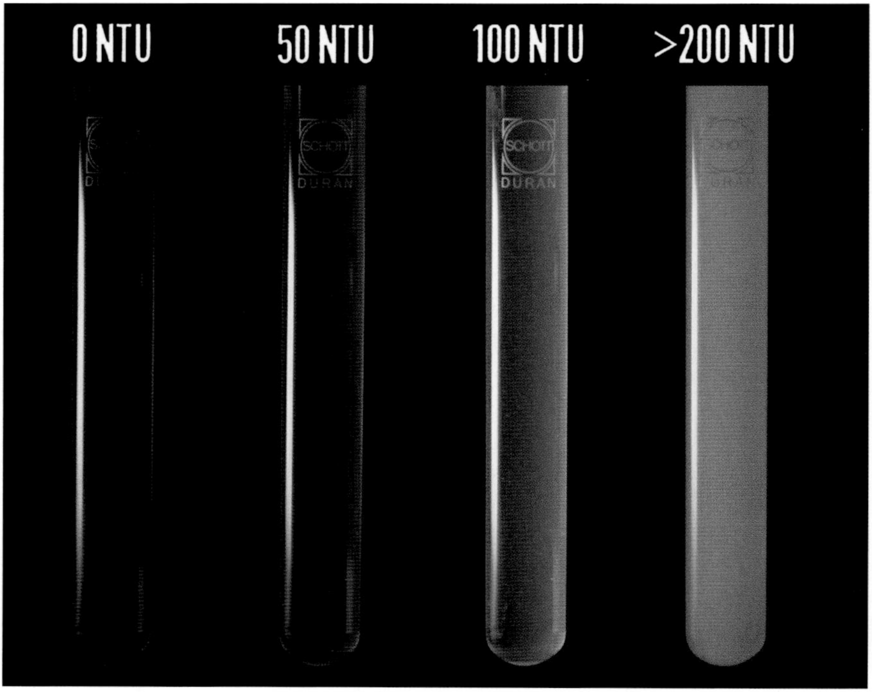

Die für unsere Zwecke wichtigen Trübungen lassen sich gut abschätzen.

- **Mäßige Trübung** (100–200 NTU): Durch das Gefäß lässt sich ein Messerrücken von ca. 1,5 cm nicht mehr scharf bzw. kaum noch erkennen (Äquivalent: 10–15 Tropfen Milch je 0,2 Liter Leitungswasser).

- **Starke Trübung** (> 200 NTU): Die Durchsicht ist mindestens so stark eingeschränkt, dass nicht mehr durch das Gefäß geblickt werden kann (Äquivalent: 30 Tropfen Milch je 0,2 Liter Leitungswasser).

Färbung

Im Gegensatz zur Trübung, die das Vorhandensein von Partikeln bzw. eines →Kolloids anzeigt, ist die Färbung von im Wasser *gelösten* Stoffen abhängig. Gelöste Chemikalien sind im Wasser praktisch nicht mehr »sichtbar«, also mikroskopisch als Teilchen erkennbar. Sie verändern (wenn überhaupt) nur die Farbe des Wassers. Dasselbe gilt für Stoffe, die in stark →eutrophierten Gewässern von abgestorbenen →Algen abgegeben werden. Das Erkennen und Entfernen gelöster Stoffe aus dem Wasser ist bei Weitem schwieriger als das Klären getrübter Flüssigkeiten.

Die für Trinkwasser relevanten Stoffe, welche die Färbung beeinflussen, sind teils organischer Herkunft, teils jedoch auch Mineralien oder Metalle. Zerfällt beispielsweise ins Wasser gefallenes Laub, Holz oder Torf, lösen sich große Mengen von Gerbstoffen. Deshalb sehen tropische Flüsse oder Gewässer in Moornähe aus wie Schwarztee. Solch eine (tee-)gelbliche, bräunliche oder schwärzliche Färbung kann auch in saube-

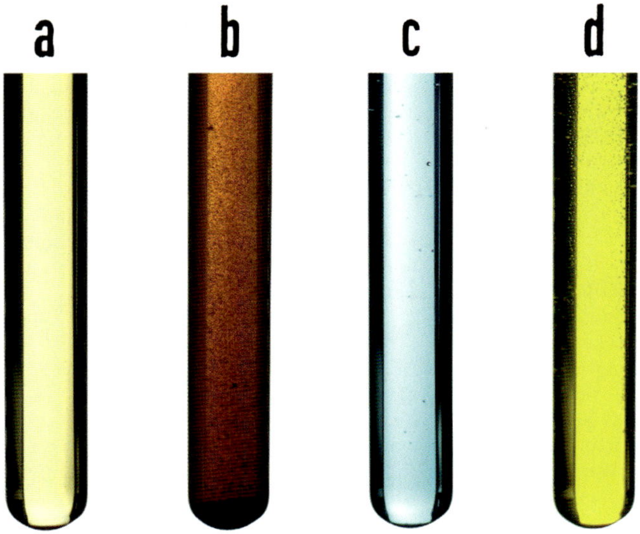

Während Gerbstoffe (a Trinkwasser aus einer →Süßwasserlinse auf Norderney) ungefährlich sind, weisen stärkere Färbung (b Eisenverbindungen) oder unnatürliche Farben wie Cyan (c Kupfer) oder Neongelb (d Chrom) auf eine gegebenenfalls gesundheitsschädliche Konzentration gelöster Stoffe hin.

rem Quellwasser durch gelöste →Mineralien wie →Eisen und Mangan vorhanden sein.

Eher helle bzw. *grelle* Färbung weist dagegen meist auf eine unnatürliche Verunreinigung durch industrielle Abwässer hin. Leuchtendes Gelb, Neongrün oder -blau sind häufig die Farben von höher dosierten Chrom-, Blei- oder Kupferlösungen, die durch chemische Verarbeitungsbetriebe oder die Bergbauindustrie eingeleitet wurden. Gewässer mit diesen Farbnoten sollten keinesfalls ohne sehr sorgfältige Behandlung als Trinkwasserquelle verwendet werden. Mit Ausnahme der Destillation und Umkehrosmose ist die vollständige Entfernung großer Mengen von gelösten →Metallen draußen praktisch unmöglich.

Neben der Erkennung möglicherweise vorhandener industrieller Verunreinigungen mit Schwermetallen ist die Farbe für uns deshalb wichtig, da auch diese einige Aufbereitungsmethoden in ihrer Wirkungsweise einschränkt. Beispielsweise sollte huminreiches Wasser nicht mit →MIOX bzw. →Hypochlorid behandelt werden, →Kohlefilter können durch diese gelösten Stoffe schnell gesättigt werden, wodurch eine starke Verunreinigung des Trinkwassers mit den im Filter eingelagerten Stoffen verursacht werden kann.

Wir stufen Wasser in folgende Färbungsgrade ein:

Färbung	Einschätzung* *(S. 71 u.)*
1 Ohne Färbung	unbedenklich
2 Leichte natürliche Färbung (wie kurz aufgebrühter Kamillentee)	Wenn Gerbstoffeintrag vermutet werden kann (Torfboden, Tropen), keine besondere Behandlung; ansonsten vor der Filterung →Sauerstofffällung.
3 Starke natürliche Färbung (wie Schwarztee)	Insbesondere in ehemaligen Bergbauregionen unbedingt durch →Sauerstofffällung auf Mangan oder Eisen testen; falls nicht vorhanden: Geschmacksprobe auf Gerb- bzw. Bitterstoffe. **Wenn dabei nicht bitter: Wasser destillieren.**
4 Neonfarbenes Gelb, Grün, Blau	**Quelle möglichst nicht verwenden!** Belastung mit Schwermetallen muss vermutet werden. Falls keine Alternative besteht, möglichst mehrfach destillieren.

Da es sich beim Ursprung der Färbung um einen →gelösten Stoff handelt, kann dieser im Gegensatz zur Trübung nicht einfach durch Filtrierung oder Sedimentierung entfernt werden. Organische Färbungen lassen sich kurzfristig mit Hilfe eines →Kohlefilters reduzieren, anorganische Färbung, also gelöste Mineralien, nur in Maßen durch eine →Fällung oder ggf. durch →Umkehrosmose oder →Destillation.

Sensorische Einschätzung

Neben den messbaren Eigenschaften von Rohwasser ist die sensorische Einschätzung der Wasserqualität von großer Wichtigkeit. Der Mensch ist schon »von Werk aus« mit einer Reihe hochsensibler Messeinrichtungen ausgestattet. Besonders wichtig sind für den Genießbarkeitstest von Wasser Geruchs- und Geschmackssinn.

Tatsächlich ist die Einschätzung der Genießbarkeit von Speisen und Getränken auch die eigentliche Hauptaufgabe von Nase und Zunge. Zwar erfreut es, wenn das Gegenüber anstatt eines intensiven Körpergeruchs eine dezente Parfümnote verströmt oder wenn eine Speise besonders gut gewürzt ist. Doch die wichtigste Frage, die Geruchsrezeptoren und Geschmacksknospen beantworten müssen, ist: »Genießbar oder giftig?« Dieses instinktive Bewertungssystem ist auch beim *»Homo urbanus«* noch gut entwickelt – wenn auch teils übel abgelenkt und ausgetrickst. Viele (ungewürzte) verdorbene Lebensmittel erkennen wir an Geruch und Geschmack.

Auch im Wasser können beispielsweise winzige Mengen von Schwefelwasserstoff am Geruch wahrgenommen werden. Zum Erkennen von Salzwasser besitzen wir sogar einen eigenen Geschmackssinn (wie dieses eingeschätzt wird, ist im Abschnitt »Salinität« beschrieben). Doch bei Weitem nicht alle giftigen oder gesundheitsschädlichen Stoffe können wir rechtzeitig bemerken – vor allem nimmt der Mensch auf diese Weise keine Parasiten und Krankheitserreger wahr.

Deshalb ist es wichtig, die sensorische Einschätzung immer als *Anhaltspunkt* zu verwenden, *nicht als sicheren Indikator,* besonders weil die sensorischen Tests buchstäblich vom subjektiven »Geschmack« abhängig sind. Raucher schmecken und riechen beispielsweise sehr viel schlechter als geübte Önologen, und während manch einer bittere Speisen mag, bekommt ein anderer davon Brechreiz.

Wir versuchen im Folgenden, einige besondere Eigenschaften des Trinkwassers zu beschreiben.

Wasser ist idealerweise *frei von jedem Geschmack* und sollte *neutral* riechen. Mit Ausnahme von Quellwasser hat jedoch praktisch jedes natürliche Wasservorkommen seine eigene Note. Schon Bachwasser wenige hundert Meter hinter der Quelle schmeckt und riecht oft leicht »dumpf«. Diese *natürliche* Eigenschaft des Oberflächenwassers sollten Sie erkennen und kennen. Sie ist nämlich normal und nicht bedenklich. Am besten kochen Sie sich aus dem nächsten großen Strom (Rhein, Elbe, Neckar etc.) sowie aus einem kleinen sauberen Bach ein paar Wasser Liter ab, rühren nach dem Abkühlen etwas Luft hinein (abgekochtes Wasser ist arm an Sauerstoff, was den Geschmack etwas beeinflusst) und vergleichen. Beidesmal werden Sie feststellen, dass Wasser aus der Natur »ungewohnt« schmeckt – jedenfalls nicht so neutral wie Leitungswasser.

Woher der natürliche Geschmack kommt, ist schnell nachvollziehbar, wenn Sie den Abschnitt über →Saprobien gelesen haben. Überall in Gewässern sammeln sich Nährstoffe an: hineingefallene Insekten, Laub, Moos und dergleichen. Diese Stoffe zerfallen auf dem Boden zu →Detritus. Ausscheidungen von Bakterien und Kleintieren, die jenen zersetzen, werden wieder im Wasser gelöst und von Algen als Dünger aufgenommen. Die sensorischen Eigenschaften des »sauberen Flusswassers« entsprechen also einer unschädlichen Melange all dieser organischen Stoffe. Je weiter wir uns von der Quelle entfernen, desto mehr addieren sich diese Verbindungen auf. Das schmeckt man – und riecht es auch.

Selbstverständlich ist die Stärke des Eigengeschmacks sehr stark von der Umgebung abhängig. Oberhalb der Baumgrenze fließendes Wasser schmeckt weniger als trübe Brühe aus der Mündung. Deshalb lässt sich über die geschmackliche Wahrnehmung einschätzen, wie weit Sie sich von der Quelle entfernt haben und – besonders wichtig für uns – ob oberhalb der Entnahmestelle *möglicherweise Fäkalieneinleitung* erfolgt. Nach dem Einleiten von Abwasser macht das Gewässer einen enormen »Trophiesprung« *(siehe auch Seite 79)*. Die dadurch erfolgte Nährstoffanreicherung und Sauerstoffreduktion erzeugt einen stark »sumpfigen« Geschmack. Sollten Sie bei einem Gewässer außerdem fauligen Geruch wahrnehmen, ist das ein Zeichen, dass dieses Wasser →*sicher aufbereitet* werden sollte.

Einfach möglich ist die weitere Geruchsprobe an beruhigten Bereichen. Mit einem Stock wird das Wasser gerührt, jedoch ohne dass dadurch der Untergrund aufgewirbelt wird. Duftet es nun nach faulen Eiern, weist das auf anaerobe Zersetzung (Fäulnis) der Nährstoffe hin. Im Verhältnis zur Sauerstoffmenge im Wasser sind also zu viele Nährstoffe für den natürlichen Abbau vorhanden – das kann durch Einleitung ungeklärter Abwässer verursacht sein oder aber durch Nährstoffeintrag vom Ufer. Wir gehen hier natürlich kein Risiko ein und teilen deshalb wie folgt ein:

Geruch	Geschmack	Einschätzung*
neutral	ohne oder mit leichtem Flussgeschmack	ungereinigt trinkbar
leicht teichig	intensiver Flussgeschmack	einfache Keimreduktion
faulig	**Keine Geschmacksprobe!**	→ sichere Aufbereitung

**unter Beachtung weiterer Indikatoren.*

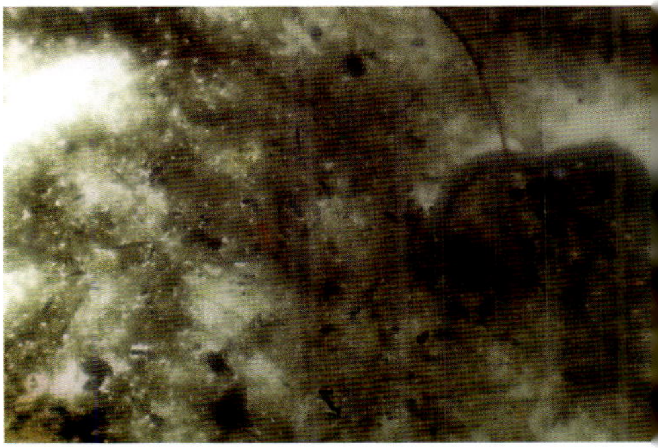

Kaum sichtbar sind im Wasser fast immer Algen, abgestorbene Pflanzen und Kleintiere sowie deren Ausscheidungen als Detritus vorhanden.

Natürlich sollten Sie die Geschmacksprobe nicht mit ungekochtem Rohwasser aus vermutlich stark verunreinigten Flüssen machen. Sie können jedoch spätestens nach dem Probieren kleiner Mengen von abgekochtem Wasser einen Hinweis darauf finden, ob und wie intensiv das Wasser aufbereitet werden muss.

Rohwasser – Trinkwasser

Wasser ist nicht gleich Trinkwasser. Diese Aussage haben wir schon im Kapitel über seine physiologische Wirkung im menschlichen Körper erarbeitet. Nun möchten wir den Begriff »Trinkwasser« für uns etwas genauer definieren.

Nach der in Deutschland gültigen Trinkwasserverordnung, die die Eigenschaften der als Trinkwasser deklarierten Flüssigkeit genau beschreibt, muss Trinkwasser mindestens folgende Eigenschaften besitzen:

AUS DER TRINKWASSERVERORDNUNG

Trinkwasser muss so beschaffen sein, dass durch seinen Genuss oder Gebrauch eine Schädigung der menschlichen Gesundheit **insbesondere durch Krankheitserreger** nicht zu besorgen ist.
Es muss rein und genusstauglich sein.

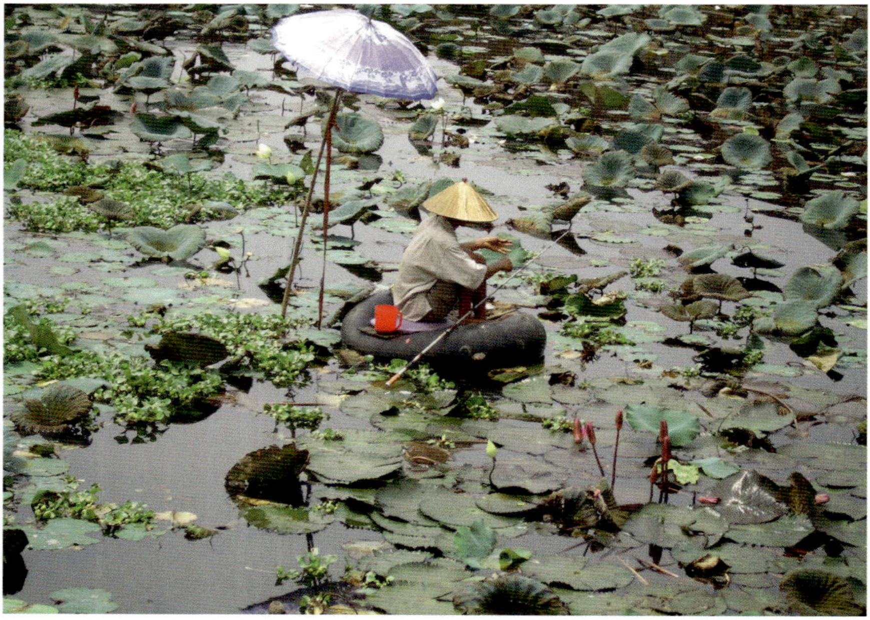

Überall dort, wo der Mensch Gewässer in irgendeiner Weise nutzt, ist mit Fäkaleintrag durch Landwirtschaft und Kanalisation zu rechnen.

Diese Beschreibung hat zwar subjektive Komponenten (»von gutem Geschmack«) und ist draußen fast nur bei frisch gesammeltem Quell- oder Regenwasser zu erreichen, sie zeigt jedoch die Anforderungen, aus denen abgeleitet werden kann, wie Rohwasser zum Erhalt von »Trinkwasser« möglichst aufbereitet werden sollte.

Beginnen wir mit der Voraussetzung, dass Wasser frei von Krankheitserregern sein muss. Hierzu möchte ich erst kurz wiederholen (✚ S. 169), was Krankheitserreger überhaupt sind: Krankheitserreger können verschiedene Viren, Bakterien, Pilze, Algen, Tiere oder deren Larven sein. Von ihnen geht die Gefahr aus, dass sie den menschlichen Körper als Wirt zur Vermehrung, zum Leben oder zur Fortpflanzung nutzen und dabei Schäden an der körperlichen Gesundheit verursachen. Ausschlaggebende Faktoren sind vor allem die eigene körperliche Disposition und Kondition; diese entscheiden, ob es durch einen bestimmten Krankheitserreger zu einer Infektion oder Vergiftung kommt (✚ S. 177).

Während der menschliche Körper mit seiner Immunabwehr viele Erreger abtöten und manche Gifte deaktivieren kann, haben manche Krankheitserreger Strategien entwickelt, uns zu überlisten. Diese Erreger nennt man »krankmachend« oder auch »pathogen«. Bei geschwächtem Immunsystem (beispielsweise durch Klimawechsel, Jetlag, Krankheit oder auch Dehydration) sind außerdem viele Erreger in der Lage, den Menschen krank zu machen, obwohl die Erreger an sich nicht pathogen sind. Sie nutzen die Gunst des geschwächten Körpers, weshalb sie »fakultativ pathogen« genannt werden. Ob ein Erreger »krankmachend« ist, kann außerdem vom seinem Entwicklungsstadium abhängig sein, wie es bei Leberegeln oder Bandwürmern der Fall ist. Als weiterer Faktor spielt der Angriffsort des

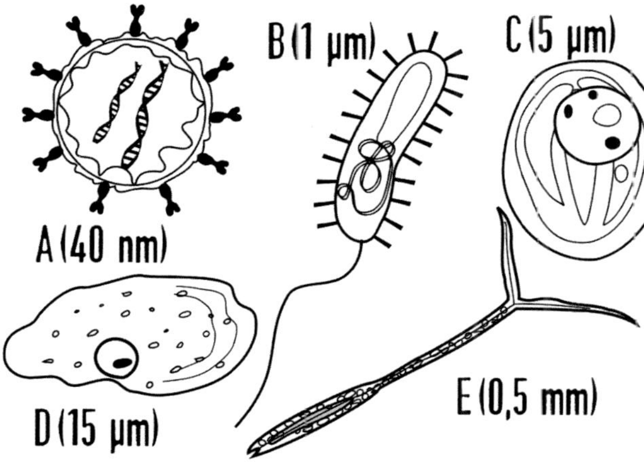

Wichtige Erreger (unterschiedliche Vergrößerungen), die »Trinkwasserkrankheiten« auslösen können. A Viren (hier ein Norovirus mit nur 40 nm Durchmesser) sind hundertmal kleiner als B Bakterien *(Vibrio cholerae)*. Die wichtigsten Krankheitsauslöser sind jedoch größer als 1 µm. C Übertragungsstadium von Cryptosporidium, D Entamoeba, E eine Zerkarie.

Erregers eine bedeutende Rolle. →Fäkalkeime bevölkern den menschlichen Darm in großer Anzahl. Wenn jedoch nur ein Bruchteil davon in den oberen Verdauungstrakt gerät, kann eine Vergiftung oder Infektion die Folge sein.

Neben Krankheitserregern sind oft auch verschiedene gelöste »Gifte« für uns relevant. Gesundheitsschädliche Stoffe sind in *jedem* Wasser (außer in hochreinem Laborwasser) vorhanden. Auch sauberes Leitungswasser oder Badeseen enthalten Blei, Cadmium, Uran, Pestizide, Aromatische Kohlenwasserstoffe und andere Giftstoffe – Wasser ist ein gutes Lösungsmittel. Entscheidend für die Genießbarkeit ist *alleine* die Menge bzw. Konzentration der einzelnen Bestandteile bezogen auf ihre Giftigkeit. Für diese sind jeweils Grenzwerte festgelegt worden, unter denen die Stoffe bei dauerhaftem Konsum *zum heutigen Stand der Forschung* vermutlich keine gesundheitlichen Beeinträchtigungen verursachen.

In Notfällen bzw. über eine Zeit von einigen Wochen können wir viele der Grenzwerte der Trinkwasserverordnung ignorieren – zumal sie draußen kaum einzuhalten sind. Bei einigen dagegen ist die Einhaltung außerordentlich wichtig.

Um das einschätzen zu können, behandeln wir nun die einzelnen eventuell gefährlichen Bestandteile des Rohwassers sowie unterschiedliche Erkennungsmerkmale.

Krankheitserreger

Viren

Im verunreinigten Wasser können verschiedene Arten von Viren vorhanden sein. Viren sind extrem kleine Krankheitserreger, die keinen eigenen Stoffwechsel besitzen und deshalb je nach Definition nicht zu den Lebewesen gezählt werden. Für die Viren bedeutet das, dass sie *immer* Wirtszellen befallen müssen, um sich zu vermehren. Die Übertragung erfolgt durch freie Viren oder befallene Wirtszellen, die eingeatmet oder in den Magen aufgenommen werden bzw. durch Wunden in den Körper gelangen. Dort befallen sie menschliche Zellen und übertragen ihr Virenerbgut.

Danach wird das Viruserbgut in den Wirtszellen vervielfältigt und abgelesen. Auf diese Weise stellt *der Wirtskörper* neue Viren her. Ist eine gewisse Menge von Viren in einer Zelle erzeugt worden, »platzt« sie, und die Viren werden in den Körper entlassen, wo sie zur weiteren Vervielfältigung neue Zellen befallen. Viren sind in aller Regel »treu« und wechseln nur selten die Tierart. Dennoch gibt es einige, die zwischen verschiedenen Arten von Säugetieren wechseln, also von Tieren aus auch Menschen befallen können.

Durch ihre geringe Größe (im Nanometerbereich) ist es nur mit technisch aufwändigen Methoden möglich, freie Viren aus dem Wasser zu filtern. Mittlerweile sind Wasserfilter auf dem Markt, die durch diverse Vorfilter eine sehr feine Filterstärke erlauben, um damit auch Viren zu entfernen. Dabei ist jedoch zu beachten, dass viele Werbeaussagen der Hersteller Augenwischerei sind. Die oft angegebene Filtergröße von 0,1 µ entspricht 100 nm. Viele infektiöse Viren besitzen aber einen deutlich kleineren Durchmesser als 100 nm. Dass es dennoch selten zu Virusinfektionen durch gefiltertes Trinkwasser kommt, hat andere Gründe.

Außerhalb der Wirtszelle »überleben« Viren nur kurze Zeit. Dadurch ist die Konzentration der freien Viruserreger im Wasser sehr gering, während in einer einzigen Schleimhautzelle aus dem Darm eines Säugetieres hunderttausende vorhanden sein können. Aus diesem Grund vernachlässigen die meisten mechanischen Wasserreinigungsmethoden Viren und entfernen nur Zellen und damit auch die hohe Anzahl darin enthaltener ansteckungsfähiger Viren. Für eine effektive Bekämpfung von Viren müssen also alle tierischen, pflanzlichen und bakteriellen Zellen aus dem Wasser entfernt werden. Um die relativ geringe Menge frei im Wasser schwimmender (und oft nicht mehr infektionsfähiger) Viren zu vernichten, können Methoden angewandt werden, die zum Beispiel mit Hilfe von →UV-Licht oder →oxidierenden Stoffen die Viren-DNA oder Proteinhülle beschädigen.

Es gibt einige sehr gefährliche und infektiöse Viren, die durch schlecht aufbereitetes Trinkwasser übertragen werden und zu einer schweren Infektion führen können. Als wichtige und →humanpathogene Viren behandeln wir hier exemplarisch für viele andere den Rotavirus und Hepatitis A und werfen noch einen Blick auf eine bestimmte Virenform, die sich von Bakterien »ernährt«.

Rotaviren

Die Gruppe der Rotaviren gilt als häufigster Auslöser viraler Durchfallerkrankungen. Jedes Jahr sterben über eine Dreiviertelmillion Menschen durch von diesen Viren ausgelöste Durchfälle und die folgende →Dehydrierung bzw. →Exsikkose. Rotaviren werden vor allem durch fäkal verunreinigtes Trinkwasser und ungenügend erhitzte Lebensmittel übertragen. Sie befallen Darmzellen und geben ein Toxin in den Darm ab. Der angegriffene Verdauungstrakt versucht, durch Ausschwemmen der befallenen Zellen die Virenbelastung zu reduzieren.

Das klassische Krankheitsbild ist ein inneres Austrocknen durch stark wässrigen Durchfall und Erbrechen. Die Infektion kann mehrere Tage anhalten. Während der gesamten Zeit ist dem Darm keine oder nur geringe Wasseraufnahme möglich, weshalb die Infektion schon nach kurzer Zeit lebensgefährlich werden kann. Besonders gefährdet sind Kinder sowie geschwächte und ältere Personen. Besonders problematisch ist, dass eine Rotavirusinfektion, die unterwegs nicht sicher als solche erkannt werden kann, durch die Gabe von Durchfallmitteln verschlimmert werden kann, weil die Bakteriengifte länger im Darm verbleiben.

Bei ständiger Gabe von sauberem Trinkwasser und Nahrung (auch wenn sie nicht behalten wird), heilt die Krankheit nach 5–7 Tagen aus. Während der Krankheit sowie einige Wochen danach ist der Patient →Ausscheider der Viren, weshalb bei der Pflege erhöhte Vorsichtsmaßnahmen beachtet werden müssen. Bis auf vorherige Immunisierung (✚ *S. 174*) gibt es derzeit keine wirksamen Medikamente gegen diese Krankheit.

Hepatitis A

Hepatitis A ist eine weitere Krankheit, die durch fäkal verunreinigtes Trinkwasser, Schmierinfektionen und unsachgemäß zubereitete Nahrung übertragen werden kann. Die →Inkubationszeit liegt bei etwa zwei bis drei Wochen, kann jedoch auch mehrere Monate (!) betragen, weshalb die tatsächliche Infektionsquelle oft nicht mehr identifiziert werden kann. Die akute

Krankheitsphase kann sich über viele Monate hinziehen.

Das HVA infiziert im Gegensatz zu Rotaviren auch Leberzellen. Durch diese Belastung funktioniert die Verarbeitung verschiedener Abbaustoffe des Körpers nicht korrekt, wodurch es zu einer Gelbsucht kommen kann. Meist verläuft eine Hepatitis-A-Infektion jedoch ohne schwere Komplikationen. Gefährlich werden kann die Infektion bei einen geschwächten Allgemeinzustand.

Im Gegensatz zu Hepatitis B und C, die durch Blutaustausch oder ungeschützten Geschlechtsverkehr übertragen werden, heilt Hepatitis A immer vollständig aus, ohne dauerhafte Schäden zu hinterlassen. Gegen Hepatitis A & B gibt es eine Impfung, die bei Reisen in Risikogebiete empfohlen wird.

EINSCHÄTZUNG DER GEFAHR DURCH VIREN IM ROHWASSER

Die große Brisanz dieser beiden und vieler anderer Viruserkrankungen besteht darin, dass die Bekämpfung des eigentlichen Erregers nach Ausbruch nicht mehr effektiv möglich ist. Während der akuten Phase können nur die Symptome bekämpft und der Allgemeinzustand stabilisiert werden.

Dehydration bei Viruserkrankungen muss immer durch zusätzliche Gabe sauberen Wassers ausgeglichen werden, da das körpereigene Immunsystem als alleiniger Heilungsweg bei vielen Viruserkrankungen durch Wassermangel erheblich geschwächt wird.

Einen sicheren Schutz vor bestimmten Viren kann nur eine aktive Immunisierung, also eine Schutzimpfung, sowie die Kontaktvermeidung bieten. Da Viren außerhalb von Wirtszellen sehr instabil sind und meist in einer so geringen Konzentration vorkommen, dass eine Infektion unwahrscheinlich ist, reicht es meist, alle potentiellen Wirtszellen aus dem Wasser zu entfernen.

Behandlungsmethoden, die Bakterien entfernen oder zerstören, vernichten in aller Regel auch alle gefährlichen Viren.

Bakteriophagen

Als Sonderform von Viren, die im Rohwasser in relevanten Mengen vorhanden sind, sollen hier die Bakteriophagen nicht vernachlässigt werden. Wie weiter oben angesprochen, haben Viren zumeist ein sehr eng begrenztes Wirtsspektrum. Phagen sind Viren, die Bakterien befallen, diese infizieren und zerstören. Dies machen sie mit einer solchen Effizienz, dass sie in der Lage sind, innerhalb weniger Stunden eine spezifische Bakterienkonzentration deutlich zu reduzieren. Man geht davon aus, dass innerhalb weniger Tage etwa die Hälfte aller Bakterien weltweit durch Phagen getötet wird (ebenso schnell wachsen die meisten Bakterien jedoch wieder nach – wir müssen diese Keime also nicht unter Naturschutz stellen).

In jedem Milliliter Rohwasser können viele Millionen dieser Phagen vorhanden sein. Sie können Bakterien in fäkal belastetem Wasser stark dezimieren. Erkannt wurde das durch die Wirkung von Schmutzwasser aus dem Ganges (Wasser mit sehr hohem Phagengehalt) gegen die oft tödlich verlaufende Krankheit →Cholera.

Derzeit ist über den medizinischen Nutzen von Phagen relativ wenig bekannt, da deren Erforschung bisher zu Gunsten der Antibiotika vernachlässigt wurde. Nachdem letztere bald ein Jahrhundert lang großartige Dienste in der Medizin geleistet haben, gibt es heute durch den oft inflationären Einsatz Probleme mit Resistenzen, weshalb die Forschung an Phagen wieder aufgenommen wurde.

Für uns sollte es als sicher gelten, dass in jedem Liter Wasser mit beliebigen Bakterien auch eine gewisse Anzahl von Phagen vorhanden ist. Durch Bakterien stark →getrübtes Wasser sollte deshalb (wenn möglich) bei unsicheren Filtermethoden wie der →Keimzahlreduktion einen Tag lang in einem Gefäß im Schatten gelagert werden. Nachdem das Wasser durch →Sedimentieren und →Dekantieren geklärt wurde, kann durch Phagenaktivität die Keimzahl deutlich reduziert worden sein.

Bakterien

Es gibt im Feld gewisse Schwierigkeiten, Verunreinigungen in Wasser einer genauen Prüfung zu unterziehen. Um die bakterielle Belastung im Labor zu überprüfen, verwendet der Mikrobiologe unter sterilen Arbeitsbedingungen verschiedene Nährmedien, mit denen er bestimmte Krankheitserreger ausschließen oder bestätigen und so auf die tatsächliche zahlenmäßige Verunreinigung der jeweiligen Bakterienarten schließen kann (auf diese Weise habe ich auch die beschriebenen Reinigungsmethoden untersucht). Die benötigte Ausrüstung wird uns im Notfall mit Sicherheit verwehrt sein. Also betrachten wir *jegliche* bakterielle Verunreinigung als unerwünscht – da potentiell schädlich – und versuchen, diese zu reduzieren oder zu entfernen.

In praktisch allen Wasserquellen, also auch in Grund-, Leitungs- und Brunnenwasser, sind verschiedene Bakterien vorhanden. Wie Sie wissen, haben nicht alle Bakterien zwangsweise eine schädigende oder *(✚ S. 169)* »humanpathogene« Wirkung.

Natürlich müssen wir auch ohne Labor abschätzen, ob unter den sicher vorhandenen Mikroorganismen solche sind, die für uns unangenehme Folgen haben könnten, oder ob das Wasser bedenkenlos getrunken werden kann. Dazu nehmen wir einen Grenzwert aus der Trinkwasserverordnung zu Hilfe. Nach dieser liegt der Grenzwert von »coliformen Bakterien« bei »0 in 100 ml«. Was bedeutet das?

Coliforme oder »fäkalcoliforme« Keime sind Bakterien, die eine ähnliche Stoffwechselaktivität besitzen wie das wichtigste Bakterium des Säugetierdarms *»Escherichia coli«* (kurz: »E. coli«). Jene sind aufgrund ihrer Anpassung an die vorhandene Nahrung und Temperatur in der Lage, im menschlichen Körper zu leben.

Die Aufnahme geringer Mengen dieser Keime in den Magen geschieht ständig (selbst über gewaschene Hände) und ist in der Konzentration meist ungefährlich. Solange man nicht buchstäblich Gülle als Trinkwasser verwendet, ist die Anzahl dieser *E. coli* auch im Trinkwasser unbedenklich.

Warum dennoch die strenge Vorgabe der Trinkwasserverordnung, dass kein einziges Bakterium aus dieser Keimgruppe im Trinkwasser vorhanden sein darf? Der Grenzwert lässt sich einfach erklären: Wenn bei einer Trinkwasseruntersuchung natürliche Darmkeime im Wasser gefunden werden, muss eine *fäkale Kontamination* als Ursache angenommen werden. Sind Darmkeime von Säugetieren im Wasser vorhanden, können also auch andere, gefährlichere Krankheitserreger hineingeraten sein.

FÜR DIE GEFÄHRLICHKEIT VON VERUNREINIGTEM WASSER GELTEN FOLGENDE FAKTOREN:

1. Die ungefährliche Anzahl von Krankheitserregern ist sehr stark von der persönlichen Immunstärke und Gewöhnung des betreffenden Menschen abhängig.
2. Wird eine sehr große Menge von wenig gefährlichen Keimen aufgenommen, kann es dennoch zu einer Vergiftung oder zum Ausbruch einer Krankheit kommen.
3. Die maximale verträgliche Anzahl →pathogener Keime ist sehr viel niedriger als diejenige von →fakultativ pathogenen oder →apathogenen Erregern.
4. Eine Schädigung des Körpers kann durch von Bakterien produzierte Gifte verursacht werden, auch wenn keine »angreifenden« Keime vorhanden sind.
5. Manche Krankheitserreger sind so sehr an den menschlichen Körper angepasst, dass schon wenige Keime eine Infektion hervorrufen können. Die Ansteckung kann nur unter Laborbedingungen verhindert werden.
6. Infektionen mit hoch pathogenen Erregern können durch das Einatmen eines Tröpfchens Aerosol entstehen und sind selbst bei Beachtung **aller** hygienischen Maßnahmen nicht immer zu vermeiden.

Aus diesem Grund sind alle Wasseraufbereitungsmethoden nicht spezifisch, sondern vernichten, reduzieren oder deaktivieren alle Mikroorganismen – auch wenn diese unschädlich wären. Da mit improvisierten Methoden eine hundertprozentige Filtration kaum möglich ist, wollen wir die Menge an Bakterien zumindest so weit reduzieren, dass die Aufnahme keine unangenehmen Folgen hat.

Viele Menschen verdrängen heutzutage den Gedanken, dass sie jederzeit und überall in relativ großen Mengen Krankheitserreger, Fäkalkeime und andere Mikroorganismen aufnehmen. Aber durch Aerosole in der Luft nach dem Niesen eines anderen Menschen, durch Nahrungsaufnahme, selbst durch das einfache Atmen geraten abertausende Mikroorganismen in den Körper. Bei *wenig gefährlichen* Bakterien sind mehrere hunderttausend Keime eine Menge, mit der der Körper ohne jede Schwierigkeit fertig wird. Bei *sehr gefährlichen* Bakterien reichen möglicherweise wenige Dutzend, um eine Krankheit auszulösen.

Wir betrachten im Folgenden ein paar unterschiedliche bakterielle Infektionen stellvertretend für diverse durch Bakterien im Trinkwasser verursachte Schäden.

Cholera (Vibrio cholerae/eltor)

Cholera ist eine vor allem in Südamerika, aber auch in vielen Entwicklungsländern der anderen Kontinente häufig vorkommende Krankheit. Hervorgerufen wird sie durch eine Infektion mit dem Erreger, die nahezu immer auf die Verunreinigung von Lebensmitteln oder Trinkwasser mit menschlichen Ausscheidungen zurückzuführen ist. Obwohl die Menge der Keime, die zum Ausbruch der Krankheit benötigt werden, relativ groß ist, ist die Infektion weltweit häufig. Grund dafür ist, dass der Erkrankte an starkem Durchfall leidet, hervorgerufen durch Giftstoffe, die von den Cholerakeimen abgesondert werden. Durch ungenügende Abwasserhygiene werden enorme Mengen der Krankheitserreger in der Umwelt verteilt.

Genau das für viele »Trinkwasserkrankheiten« typische Krankheitsbild macht Cholera so gefährlich. Die Aufnahme des Wassers im Darm ist so stark behindert, dass der Mensch bis zu 20 Liter Flüssigkeit täglich ausscheidet, was ohne sofortige Behandlung und adäquaten Ausgleich des Wasserhaushalts (beispielsweise durch Infusionen) bei immerhin der Hälfte der Infizierten zum Tod führt.

Typhus (Salmonella typhi), Paratyphus (Salmonella paratyphi), Salmonellose (Salmonella enterica) u.a.

Salmonellen gehören zu den bekanntesten Erregern von Krankheiten, die wie Cholera durch ungereinigtes Trinkwasser und verunreinigte Lebensmittel übertragen werden. Es gibt eine ganze Reihe von Krankheiten, die von nah verwandten Keimen aus der Gruppe der Salmonellen ausgelöst werden können. Die hier aufgeführten Typhus, Paratyphus und »enteritische Salmonellose« sind allesamt schwere Krankheiten, wobei Typhus und Paratyphus schneller übertragen werden. Sie verbleiben jedoch durch die lange →Inkubationszeit von 1–3 Wochen meist unbemerkt.

Für die erfolgreiche Übertragung von Typhus und Paratyphus ist im Vergleich zur enteritischen Salmonellose, der »Salmonellenvergiftung« (wie etwa nach den Verzehr von ungekühltem Kartoffelsalat bei einer Sommerfeier), nur ein Tausendstel der Keimkonzentration notwendig. Während die klassische Salmonellose durch *S. enterica* auf den Darm beschränkt bleibt und in aller Regel ohne Behandlung wieder abklingt, besiedeln *S. typhi* und *S. paratyphi* auch andere Organe. Die Folgen sind starkes Fieber, Organstörungen, Bewusstseinseinschränkung sowie schwerste Durchfälle und Darmblutungen bis hin zur Darmperforation →akutes Abdomen (✚ S. 145).

Typhus und Paratyphus sind in Europa zwar selten, in Ländern mit maroder oder unzureichender Abwasserbehandlung gehören sie jedoch zu den häufigen Erkrankungen. Wie auch bei Cholera stellt der Mensch die einzige Infektionsquelle für Typhus dar.

Der direkte Vergleich zwischen Typhus und der Salmonellenvergiftung ist für uns deshalb interessant, weil beispielsweise die Gefahr durch ein totes Tier in einem Gewässerlauf (ggf. Quelle für enteritische Salmonellose) niedriger ist als geringe Mengen menschlicher Fäkalien im selben Fluss.

E. coli (EHEC, ETEC und ähnliche)

Weiter oben habe ich geschrieben, dass *E. coli* ein normales und in geringen Konzentrationen eher ungefährliches Darmbakterium ist. Das ist aus mikrobiologischer Sicht mehr als eine Vereinfachung. Denn wie bei uns Tieren gibt es auch bei Bakterien unzählige Variationen. Die Bakterienart *E. coli* spaltet sich praktisch in »Unterarten« (korrekt: Stämme) auf, von denen einige pathogene Wirkungen haben.

EHEC, der durch verschiedene Epidemien der letzten Jahre vermutlich bekannteste dieser Keime, ist so infektiös, dass schon weniger als 100 Bakterien (diese Anzahl ist ohne Vermehrung praktisch nicht nachweisbar) zum Ausbruch einer blutigen Durchfallerkrankung ausreichen. Verbreitet werden die Krankheitserreger von praktisch allen Säugetieren – vor allem jedoch durch Wiederkäuer, weshalb die EHEC-Erkrankung oft auch »Burger-Vergiftung« genannt wird.

Die Übertragung kann also auch durch mit Tierdung kontaminiertes Wasser erfolgen. Im Gegensatz zum »normalen« *E. coli* erzeugen die gefährlichen Stämme des Keims Stoffe, die die Besiedlung des Darms optimieren, oder starke Gifte, die an den Darm abgegeben werden. Als alteingesessener Darmbewohner teilt sich das Bakterium ungeachtet seiner Gefährlichkeit ebenso schnell wie die »normalen« Fäkalkeime: Etwa alle 20 Minuten verdoppelt sich die Anzahl. Meist beträgt die Inkubationszeit deshalb nur wenige Tage, wonach es wie bei den anderen »Trinkwasserkrankheiten« zu schweren Durchfällen (teils blutig), innerer »Vergiftung« durch das Toxin und Einschränkung der Organtätigkeiten kommt.

Wer aus Tümpeln, die großen Säugetieren als Tränke und Suhle dienen, Wasser entnimmt und unzureichend gereinigt trinkt, riskiert schwerwiegende Krankheiten.

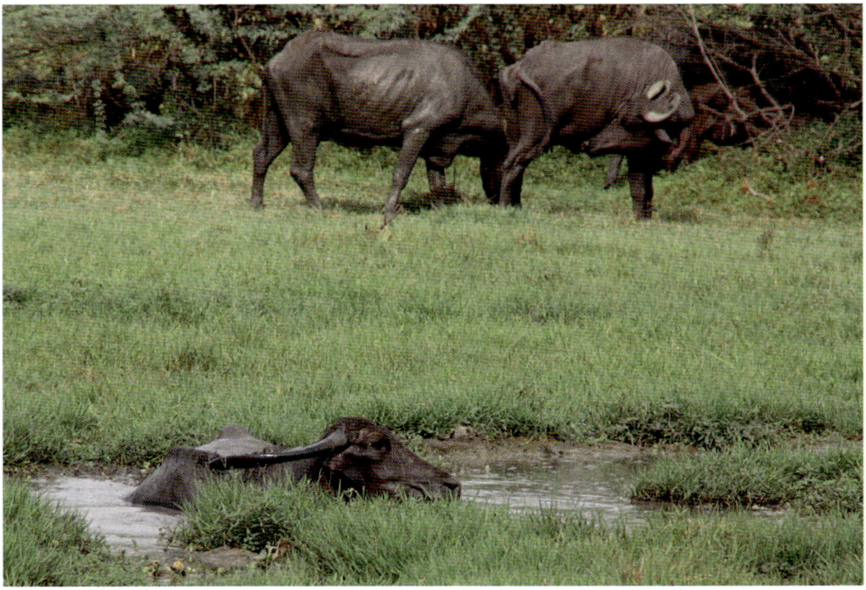

Wie bei allen anderen Durchfällen durch eine Infektion ist die Verwendung von Durchfallmitteln nicht angezeigt, da dadurch verhindert wird, dass die Gifte aus dem Darm ausgeschwemmt werden.

Es gibt noch unzählige weitere ähnliche bakterielle Infektionen, beispielsweise Leptospirose, die durch Nagetierharn verbreitet wird. Bakterien und Vergiftungen durch bakterielle Toxine sind deshalb generell gefährlich, weil sie durch Trinkwasser übertragen werden und massive Durchfälle hervorrufen, wodurch wie bei Viruserkrankungen eine Kontamination der Umgebung (also die Weiterverbreitung) begünstigt wird. Der enorme Wasserbedarf des Erkrankten wird dabei (zu) häufig mit ungenügend gereinigtem Wasser ausgeglichen, was wiederum oft eine Folgekrankheit des ohnehin geschwächten Körpers zur Folge hat.

HINWEIS:

Wasser aus Quellen, die gegebenenfalls mit menschlichen Ausscheidungen oder Tierdung verunreinigt worden sind, dürfen nur mit sicheren Methoden aufbereitet werden.

Einzeller und Parasiten

Der Mensch spielt für das Überleben vieler Parasiten eine wichtige Rolle – ebenso wie parasitäre Krankheiten seit Menschengedenken ein bedeutender Wirtschafts- und Gesundheitsfaktor sind.

Die meisten für uns gefährlichen Parasiten (im Bezug auf Trinkwasser meine ich hier ausschließlich Endoparasiten, also solche, die im Körperinneren des Menschen leben) wählen sich gezielt den Menschen aus – sie sind durch hunderttausende Jahre der Koexistenz perfekt an ihn angepasst. Das hat für uns einen Vorteil, birgt jedoch auch eine besondere Gefahr: Sie »kennen« den menschlichen bzw. Säugetier-Organismus gut und können sich oft vor unserem Immunsystem gezielt »verstecken«. Deshalb reicht meist eine geringe Menge von Eiern bzw. entsprechenden Übertragungsstadien für eine erfolgreiche Infektion aus.

Ich will Sie nun nicht mit den Horrorgeschichten von meterlangen Würmern unter der Haut oder im Darm strapazieren. Ein Befall durch solche Parasiten ist für einen gesunden Menschen meist eher ungefährlich und lässt sich mit modernen Medikamenten einfach beheben. Die meisten Parasiten sind darauf angewiesen, dass sie ihren Endwirt nicht töten – es wäre ihr eigener Untergang. Oft schwächen sie nur den Körper so weit, dass er den Parasiten keinen Schaden zufügt (dies wäre also der eben angesprochene Vorteil).

Viel problematischer sind winzige einzellige Parasiten. Vor allem bei zusammengebrochener oder nicht vorhandener Trinkwasserversorgung spielen sie eine große Rolle, da die Übertragung durch kontaminiertes Wasser erfolgt und sie meist zu schweren Durchfällen führen.

Betrachten wir also einige Beispiele von typischen Erregern, die durch das Sammeln oder Trinken von Wasser auf den Menschen übertragen werden können.

Kryptosporidien (Cryptosporidium parvum u.a.)

Die einzelligen Erreger der Kryptosporidiose kommen weltweit vor und können durch kontaminiertes Wasser und verunreinigte Nahrung übertragen werden. Einmal ausgeschieden, bleiben die Übertragungsstadien (»dickwandige Oozysten« genannt) monatelang aktiv. Gewöhnlich erfolgt nach der Aufnahme sehr geringer Mengen (eine bis zehn Zellen reichen aus) eine rasche Vermehrung im Darm des Wirts. Oft äußert sich die Krankheit in starkem Wasserverlust über Durchfall.

Die meist milde Erkrankung heilt von alleine wieder aus – sofern die infizierte Person kein geschwächtes Immunsystem hat. Gerade in Notfallsituationen besteht jedoch die Gefahr eines durch Wasser-, Nahrungs- oder Vitaminmangel verursachten Immundefizits. In schweren Fällen eines gestörten Abwehrverhaltens des Körpers können Kryptosporidiosen verschiedene Organe befallen. Bei einer gewöhnlichen Infektion nisten sich die den Erregern der Malaria recht ähnlichen Lebewesen in Zellen der Darmschleimhaut ein und vermehren sich dort, was zu Entzündungen führt.

In das Wasser können die Oozysten durch Ausscheidungen verschiedener Tiere geraten (vor allem Schafe und Rinder). Oft ist auch die Einleitung von menschlichen Fäkalien der Ursprung.

Obwohl Kryptosporidiose nach wenigen Wochen (und in den allermeisten Fällen auch ohne medikamentöse Behandlung) ausheilt, ist sie eine wichtige fäkal-oral übertragbare →Trinkwasserkrankheit, da die dickwandigen Oozysten die zur Wasserdesinfektion üblichen Dosen von Chlor oder Ozon überleben.

Giardia (Giardia duodenalis)

Eine der Kryptosporidiose ähnliche Krankheit, die weltweit zu häufigen Reisedurchfällen führt, ist die Giardiasis oder Lamblienruhr. Übertragung und Infektion sind vergleichbar mit jener der Kryptosporidiose und unterwegs auch kaum zu unterscheiden. Giardia möchte ich hier dennoch gesondert vorstellen, da es immer wieder Berichte gibt, dass diese Krankheit von Bibern und anderen Nagetieren übertragen wird, beispielsweise als »Biberfieber« bzw. »beaver fever« in Kanada. Der Begriff »Bieber-Fieber« wurde in den letzten Jahren medial von einer nicht weniger nervtötenden »Krankheit« aus Kanada okkupiert, weshalb die Recherche zu diesem Erreger für Sie nicht allzu einfach wäre.

Giardia werden in verschiedene »Genotypen« (ähnlich den Stämmen bei Bakterien) eingeordnet, von denen derzeit zwei als →humanpathogen gelten. Diese können auch andere Tiere infizieren, die wiederum für einen Oozysteneintrag ins Wasser verantwortlich sein können. Ein erhöhtes Auftreten von Giardia in Biberregionen stammt nach neueren Erkenntnissen nicht vom Biber als natürlichem Reservoir, sondern vielmehr haben sich Biber in der Vergangenheit mit Giardia aus menschlichen Abwässern angesteckt – wurden also erst danach für die weitere Verbreitung verantwortlich. In Regionen, in denen ausgeschlossen werden kann, dass es zu einer solchen regelmäßigen Einleitung gekommen ist, kann der Biber als Ursprung der Krankheit also eher vernachlässigt werden. Hauptursache von Trinkwasserkrankheiten sind und bleiben generell menschliche Abwässer bzw. Viehzucht.

Problematischer als Giardia sind in der direkten Umgebung von »naturbelassenen« Biberdämmen (bzw. generell bei hohen Nagetierpopulationen) bakterielle Erreger wie Tularämie *(Francisella tularensis)*, Leptospirose *(Leptospira spec.)* oder Viruserkrankungen, beispielsweise Hantaviren.

HINWEIS:

Für eine Kryptosporidien-/Giardiainfektion reichen oft schon 1–10 Oozysten aus. Oft bleibt die Infektion durch minimale Mengen subklinisch oder symptomfrei. Der »leicht« Erkrankte kann durch die Infektion eine Resistenz gegen eine gewisse Menge der Erreger entwickeln.

Amöben (Entamoeba histolytica/dispar)

Amöben sind einzellige Lebewesen, die in der Lage sind, sich gezielt »kriechend« zu bewegen. Sie haben ein gallertartiges Aussehen und sind ebenso wie Kryptosporidien in der Lage, in stabilen Zysten über längere Zeit in Wasser zu überdauern. Auch die Amöbenruhr wird durch Verunreinigung des Wassers mit menschlichen Abwässern verursacht. Sie ist eine gefürchtete und häufige Folgekrankheit in Katastrophen- und Krisengebieten ohne zuverlässige Wasserversorgung.

Sind die Infektionsstadien erst einmal aufgenommen, überstehen sie die Magensäure unbeschadet und vermehren sich schnell im Darm. Die akute Krankheit wird durch das Auflösen der Darmzellen bis zur Blutbahn verursacht. Die Parasiten »wandern ab«, verursachen Entzündungen sowie Geschwüre in der Darmwand und befallen im weiteren Verlauf auch Lunge, Leber, Hirn.

Größenverhältnisse der unterschiedlichen Krankheitserreger. Viele Viren sind hundertmal kleiner als *Vibrio cholerae*, hier nicht darstellbar und kaum zu filtern.

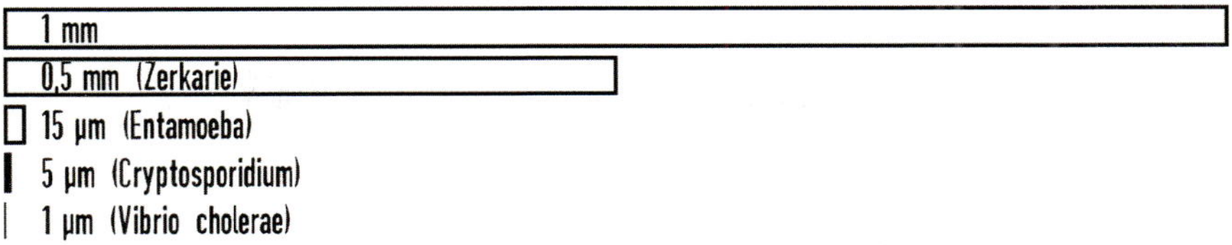

Teilweise bricht die Amöbenruhr nicht sofort aus, sondern fällt nach einer jahrelangen »stillen Phase« plötzlich über verschiedene Organsysteme her. Folge der akuten Phase können wochenlanger schwerer, schleimiger Durchfall (hoher Wasserverlust!), Fieber, Krämpfe sowie Darmgeschwüre bis zu irreparablen Organschäden und Leberabszessen sein. Nach ausgeheilter Krankheit bleibt der Infizierte meist sein Leben lang →Ausscheider der Übertragungsstadien.

HINWEIS:

Bei vielen Parasiten ist zu beachten, dass deren Überdauerungsformen gegen die üblichen Desinfektionskonzentrationen und -zeiten resistent sind, weshalb in Risikogebieten (insbesondere subtropische und tropische Katastrophenregionen) unbedingt zusätzlich mechanische oder physikalische Desinfektionstechniken angewandt werden sollten.

Mehrzellige Parasitenlarven (z.B. Schistosoma haematobium, Trichobilharzia ocellata)

Neben verschiedenen Eiern von Spul- und Bandwürmern, die theoretisch auch durch Trinkwasser übertragen werden können, spielen in Gewässern weltweit die Larven und Überträgerstadien von sogenannten Saugwürmern oder *Trematoda* eine wichtige Rolle. Viele Larvenstadien von Saugwürmern sind in der Lage, beim Baden oder Rohwasserschöpfen die gesunde Haut zu durchdringen und sich über die Blutbahn zu inneren Organen zu bewegen, wo sie sich entwickeln und vermehren. Weltweit kommen Saugwürmer in offenen Oberflächengewässern vor.

In tropischen Gegenden gibt es beispielsweise Pärchenegel (*Schistosoma*, eine Saugwurmgruppe), die auch im Menschen schmarotzen und Krankheiten verursachen. Eine dieser Krankheiten ist die Bilharziose.

In praktisch allen tropischen Gewässern mit Wasserschneckenpopulation (Wasserschnecken benötigen Bilharzioseerreger unbedingt als Zwischenwirt) können die Larven von *Schistosoma* vorhanden sein. Dringen sie durch die menschliche Haut – was schon beim Waten durch Süßwasser geschehen kann –, sind je nach Erreger schwere Krankheitsbilder die Folge, die medikamentös behandelt werden müssen.

Ein sicherer Hinweis, dass Gewässer in den Tropen wegen Bilharziosegefahr keinesfalls betreten werden dürfen, ist das Vorhandensein bestimmter Wasserschnecken (hier die »Posthornschnecke«, Überträger von *Schistosoma mansoni*).

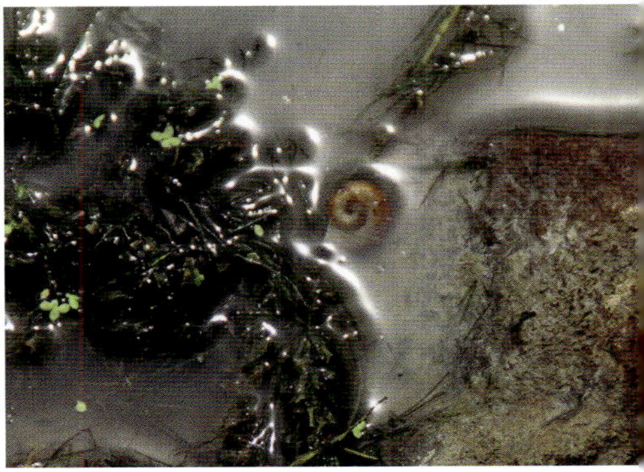

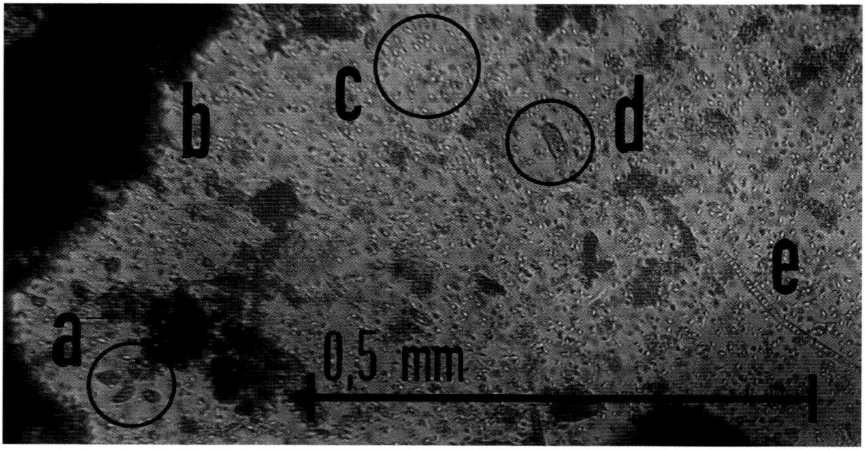

Mikroskopische Untersuchung von Detritus aus Kläranlagenabwasser: a Oozystenbildende Einzeller, b Reste organischer Bestandteile des Wassers, c große Mengen von Bakterien und einzelligen Algen, d Amöben sowie e fädige Algen.

Auch in warmen Gewässern Mitteleuropas gibt es einen ähnlichen Parasiten, der jedoch Wasservögel befällt. Die Larven dringen trotzdem in das menschliche Gewebe, was zu allergischen Reaktionen und stark juckenden Quaddeln auf der Haut führt. Das Krankheitsbild der sogenannten »Badedermatitis« (auch »Entenflöhe«) ist zwar ungefährlich, jedoch teilweise sehr schmerzhaft.

Da die Übertragung von Saugwürmern immer von einem Zwischenwirt, einer artspezifischen Schnecke, abhängig ist, gelten alle tropischen Gewässer, die Wasserschnecken beherbergen und in irgendeiner Weise mit menschlichen Fäkalien verunreinigt worden sein können (Fäkaleinleitung, Düngung, Verunreinigung durch einzelne Bewohner) als potentiell infektiös. Der für die gefährliche Bilharziose einschränkende Faktor ist die Verbreitung der »Posthornschnecke« im Gewässer. Da sie hauptsächlich in langsamen und breiten Flüssen oder in stehenden Gewässern vorkommt, ist das Risiko bei schnell fließenden Dschungelflüssen vergleichsweise gering.

Im Gegensatz zu den Übertragungsstadien der einzelligen Parasiten sind Pärchenegel und deren Larven recht groß und empfindlich gegenüber Desinfektionsmitteln. Sie lassen sich durch Filter zur Keimzahlreduktion oder Chlorierung sicher entfernen.

Blaualgen

Sie haben sicherlich schon mal etwas von »Algen« gehört. Dieser Begriff ist jedoch sehr ungenau, da er verschiedene Lebewesen zusammenfasst, die oft grün gefärbt sind und im Wasser leben. Außerordentliche Bedeutung für uns haben jedoch »Blaualgen«, die nichts mit den Gewächsen im Aquarium zu tun haben. Vielmehr handelt es sich hier um sehr urtümliche Bakterien, die zu den ältesten Lebewesen dieser Erde zählen. Deshalb ist der Begriff »Cyanobakterien« passender. Diese sind relativ einfach aufgebaut und nicht als Krankheitserreger relevant. Viel gefährlicher macht die Cyanobakterien, dass sie sich in geeigneter Umgebung durch Zellteilung sehr schnell vermehren können und oft hochgiftige Stoffe produzieren. Viele Arten können beispielsweise Microcystine bilden, die schon in geringen Mengen zu schweren Nerven- und Leberschäden bis hin zum Tod führen können. Das Blaualgengift »Microcystin LR« gilt ab ca. 50 Mikrogramm je Kilogramm Körpergewicht als tödlich. Einige dieser Gifte gelten außerdem als krebsauslösend.

Neben den Blaualgen gibt es außerdem noch die giftigen Einzeller »Dinoflagellaten«. Auch sie können hoch potente Gifte produzieren, die sich in verschiedenen Organismen (Fischen, Muscheln) anreichern. Während es zu Vergiftungen durch Dinoflagellaten hauptsächlich in tropischen Meeren (also im Brack- oder Salzwasser) bzw. durch den Verzehr von belastetem Fisch und Meeresfrüchten kommt, sind Massenvorkommen von Cyanobakterien in Süßwasser auch in gemäßigten Breiten häufig.

Vor allem hohe Nährstoffkonzentrationen und Wassertemperaturen führen im Sommer oft zur sogenannten Algenblüte. Die Anzahl der Einzeller ist dann so hoch, dass es zu einer vollständigen bzw. *starken →Wassertrübung* kommt. Es gilt dabei, dass eine Konzentration, die eine *mäßige Trübung* übersteigt, als bedenklich angesehen werden muss.

Ist die Trübung (nicht →Färbung!) des Wassers mäßig oder stark grünlich, rötlich oder bläulich, gilt folgendes:

- Bis zur mäßigen Trübung reicht es, die zellulären Bestandteile aus dem Wasser zu filtern, um die Gefahr zu reduzieren – die Gifte liegen größtenteils in den intakten Zellen vor.
- Bei Nutzung eines →Trekkingfilters sollte das Rohwasser gut →vorgefiltert werden, da der Filter sonst schnell verstopft.
- Zur Wasseraufbereitung mit improvisierten Mitteln wird das Wasser erhitzt, *jedoch nicht gekocht! Hierdurch würden die Zellen zerstört, das Gift freigesetzt werden.* Nach dem Abkühlen sinkt ein Großteil der abgetöteten Zellen auf den Grund oder schwebt direkt unter der Wasseroberfläche. Das Rohwasser wird →dekantiert und ggf. zusätzlich aufbereitet.

Bei ausgeprägter Algenblüte, also →starker Trübung:

- Tote Fische, Schnecken und Kleintiere sind oft am Ufer zu entdecken.
- Durch die hohe Zellzahl stirbt ein Teil der Cyanobakterien ab und sinkt auf den Grund, wo sich die Zellen zersetzen. Dabei »kippt das Gewässer um«, da durch den Abbau der Zellen viel Sauerstoff verbraucht wird. Algentoxine aus den beschädigten Zellen gelangen dabei ins Wasser.
- Ist man unbedingt auf eine solche Quelle angewiesen, muss das Wasser →vorgefiltert werden, bis eine →leichte Trübung erreicht worden ist. Danach wird das Wasser mehrfach über einen →Kohlefilter gereinigt.

HINWEIS:

Abkochen ist bei bakteriellen Giften keine sichere Technik, da viele dieser Gifte hohe Temperaturen überstehen.

Chemische Bestandteile des Rohwassers

Seit der Mensch auf industrialisierte und automatisierte Produktionstechniken angewiesen ist, um für eine rasch wachsende Weltbevölkerung die wichtigsten Grund- und Luxusbedürfnisse sicherzustellen, verändert, belastet und verunreinigt er damit auch die Umwelt. Besonders hart treffen solche Umweltbelastungen, die immer auch mit der Verschmutzung des Wassers einhergehen, nicht die sogenannten »entwickelten Länder«, sondern vor allem die Regionen, in denen Rohstoffe abgebaut und Chemikalien möglichst billig produziert werden und wo unser Plastikmüll und Elektroschrott »recycelt« und weiter verwertet wird. Neben fehlender Kanalisation und Schmutzwasseraufbereitung ist in vielen Entwicklungsländern der unsachgemäße Umgang mit teilweise hochgiftigen Stoffen der Grund dafür, dass der Mehrheit der armen Bevölkerung kein sauberes Trinkwasser zur Verfügung steht.

Während bis zu einem gewissen Grad fäkal verschmutztes Trinkwasser nach zuverlässiger Entkeimung bedenkenlos getrunken werden kann, verbleiben viele chemische

Bestandteile lange im Boden, von wo sie ins Grundwasser sickern. Eine solche Belastung kann auch durch die Selbstreinigungskraft von Gewässern nur sehr langsam (beispielsweise durch Einlagerung in Pflanzen, die jedoch wiederum in den Nahrungskreislauf geraten), oft jedoch auch überhaupt nicht beseitigt werden. Naturschäden, die durch technisches (oder auch natürliches) Herauslösen von Metallen aus der Erde, durch undichte Ölpipelines oder Abwasserbelastung aus großindustriellen chemischen Werken verursacht werden, regenerieren sich deshalb nur sehr, sehr langsam.

HINWEIS:

Praktisch jeder Stoff kann sich im Wasser lösen. Ob eine gefährliche Konzentration erreicht wird, ist von vielen Faktoren abhängig: Temperatur, pH, gelöste Salze und Bioverfügbarkeit entscheiden, ob die Stoffe schädlich sind.

Während in Mitteleuropa recht strenge Grenzwerte gelten, haben manche europanahen Länder schon sehr »liberale« Gesetze zur Entsorgung giftigen Sondermülls. Besonders schlimm ist die Verunreinigung in Entwicklungsländern mit großem Wirtschaftswachstum. Ökonomische Ziele werden dort (wie manchmal leider auch in Europa) über die Unversehrtheit der Bevölkerung und des Naturerbes gestellt.

Natürlich gibt es auch in natürlichen Quellen chemische Stoffe, die in gesundheitsschädlicher oder giftiger Konzentration vorhanden sein können – denken Sie einfach an stark schwefelhaltige Heilwasserquellen oder einfach nur Meerwasser.

Als Fern- oder Individualreisender kommen Sie hin und wieder in eine Situation, in der Sie sich überlegen müssen, ob und welche chemischen Verunreinigungen in einem Gewässer vorhanden sein könnten. Wir möchten hier versuchen, die häufigsten und wichtigsten chemischen Stoffe im Rohwasser zu betrachten und deren Gefährlichkeit einzuschätzen.

Praktisch jeder Stoff (beispielsweise Mineralien, Metalle, Zucker oder Kochsalz) löst sich in Wasser. Die Löslichkeit der verschiedenen Stoffe ist jedoch unterschiedlich gut. Während sich Kochsalz beispielsweise sehr einfach und in großer Menge löst (je Liter rund 350 Gramm), kann Blei in kompakter Form, insbesondere im oxidierten (»passivierten«) Zustand, kaum in Wasser vorkommen. Obwohl Bleioxid giftig ist, besteht deshalb selten die Gefahr, dass es in bedenklichen Mengen im Wasser vorkommt – sonst müssten in vielen Altbauten umgehend die Bleileitungen ausgetauscht werden. Es ist jedoch in normalem Leitungswasser praktisch nicht löslich.

Dennoch kann sich dieses Schwermetall in bestimmter Form gut in Wasser auflösen. Beispielsweise kann sogar mehr »Bleizucker« (sehr giftiges *Blei(II)acetat*, das früher als Zuckerersatz verwendet wurde) als Kochsalz in Wasser gelöst werden: etwa 450 Gramm je Liter. Während der Körper übermäßig aufgenommenes Kochsalz jedoch in kurzer Zeit wieder über die Nieren mit Wasser ausgeschieden hat, dauert das bei Blei sehr lange. Deshalb kann es bei einer *permanenten Aufnahme* sehr geringer Mengen zu chronischen Vergiftungen kommen.

Manche wasserlöslichen Stoffe (s.u.) sind außerdem erst einmal ungefährlich, bis sie beispielsweise durch Bakterien in eine schädliche Form gewandelt worden sind.

Ob möglicherweise gefährliche Dosen von bestimmten Stoffen im Wasser vorhanden sind, ist jedoch nicht nur von deren Löslichkeit, der tatsächlichen Giftigkeit und »Bioverfügbarkeit« abhängig, sondern auch von Eigenschaften des Wassers: Temperatur, pH-Wert, Sauerstoffgehalt und der Konzentration anderer gelöster Stoffe.

Oft können nur *sehr hohe Konzentrationen* gelöster Stoffe an →Färbung, →Geruch oder fehlenden →Wasserlebewesen erkannt werden. Deshalb müssen zur Abschätzung der Gefahr vor allem die Umgebung des Gewässers und die Herkunft des darin enthaltenen Wassers betrachtet werden.

Es ist nicht zielführend, hier jeden einzelnen möglicherweise gelösten und schädlichen Stoff vorzustellen, da Sie diese unterwegs bzw. in Not- und Krisensituationen sowieso nicht identifizieren können. Weil es sich jeweils um gelöste Stoffe handelt (es sind in der absolut homogenen Lösung keine Partikel mehr vorhanden), ist es außerdem sehr schwierig, die Stoffe zu entfernen.

Manche Metalle und organischen Stoffe wie Gerbsäure können in geringen Konzentrationen mit →Kohlefiltern abgetrennt werden. Hohe Konzentrationen gelöster Salze sind dagegen nur durch Vollentsalzung durch →Umkehrosmose, →passive Osmose und →Destillation vom Wasser abzutrennen.

Kochsalz

Viele Flüssigkeiten besitzen die physikalische Eigenschaft der →*Osmolarität*. Damit ist, wie schon ein paarmal angesprochen, die Anzahl der osmotisch aktiven Teilchen in Lösung gemeint. Eine erhöhte Osmolarität ändert einige Parameter wie etwa die Gefriertemperatur, elektrische Leitfähigkeit, Dichte sowie den Osmotischen Druck im Verhältnis zu anderen Flüssigkeiten. Obwohl verschiedene Stoffe wie wasserlösliche Proteine oder Zucker die Osmolarität von Wasser beeinflussen können, ist für den Wassersuchenden hauptsächlich die Menge des vorhandenen Kochsalzes im Wasser ausschlaggebend. Jene wird mit dem Begriff »Salinität« in Gramm je Liter bzw. Volumenprozent beschrieben.

Wichtig ist für uns die dem »blutosmotischen Wert« entsprechende »Salinität«. Der Körper erfährt nämlich keine starken Veränderungen im Wasserhaushalt, wenn er mit Flüssigkeit versorgt wird, deren Osmolarität *unter* derjenigen von Blut bzw. Zellflüssigkeit (ca. 300 →mosmol je Liter) liegt. Dies entspricht einer Kochsalzlösung von 0,9 %, also 9 Gramm Salz je Liter Wasser. In Blut ist eigentlich sehr viel *weniger* Kochsalz vorhanden, es enthält jedoch eine ganze Reihe anderer →osmotisch aktiver Teilchen: Plasmaproteine, Kalium-, Calcium-, Magnesiumsalze.

Merken wir uns also erstmal nur den Maximalwert von rund **0,9 %** und beschäftigen uns mit der Frage, ob es überhaupt möglich ist, unverträgliches Salzwasser zu erkennen.

Wir wissen heute, dass die →Wasserbilanz negativ ist, wenn Sie stark salziges Meerwasser trinken. Tatsächlich konnte die Fra-

Etwa 100 bis 150 g Kochsalz sind im menschlichen Körper gespeichert – eine Menge, die in nur 4 Litern Meerwasser enthalten ist.

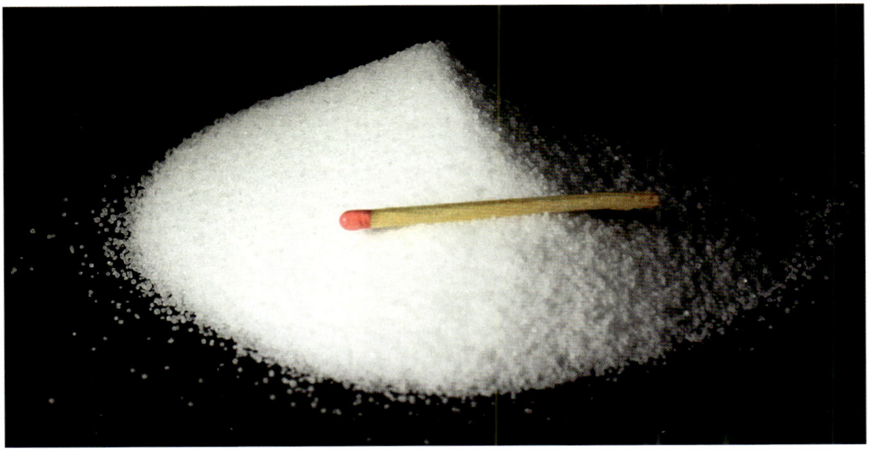

ge, ob und wenn ja, wie viel Meerwasser getrunken werden kann, lange Zeit nicht befriedigend beantwortet werden. Bekannt ist zwar, dass menschliche Zivilisationen ohne Ausnahme nur an Stellen entstanden, an denen es genügend Süßwasserquellen gab, und dass der Mensch wie auch alle anderen Landtiere instinktiv viel lieber frisches Quellwasser als Meerwasser trinkt, jedoch gab es lange Zeit einige Ungereimtheiten. Vor allem vor den und während der letzten beiden Weltkriege gab es Berichte über Menschen, die nach einem Unglück (Fehlnavigation, Schiffbruch, Abschuss) wochenlang auf dem Meer trieben und sich offensichtlich nur mit Salzwasser am Leben halten konnten.

War es den Unglücklichen in ihrem Delir tatsächlich möglich, so lange nur von Salzwasser zu überleben, oder spielten die Flüssigkeit, die Fischen durch Ausquetschen des Muskelfleischs abgewonnen werden konnte, das wenige aufgefangene Regenwasser und der morgendliche Tau eine entscheidende Rolle?

1952 wollte der französische Arzt und Biologe *Alain Bombard* nach Jahrzehnten des wissenschaftlichen Streits Nägel mit Köpfen machen und startete einen spektakulären Selbstversuch. Er segelte 1952 alleine und angeblich ohne Vorräte und Trinkwasser von den kanarischen Inseln aus über den Atlantik. Er wollte für seine These, ein Mensch könne fast einen Liter Salzwasser täglich trinken, wenn er dazu noch etwas Flüssigkeit aus Fischen presst, den Beweis erbringen. Tatsächlich erreichte Bombard nach über sechzig Tagen die Küste von Barbados – lebend.

Als der deutsche Arzt und Faltbootpionier *Hannes Lindemann* nur wenige Jahre später die Ergebnisse Bombards reproduzieren wollte (Lindemann fuhr 1956 mit einem Klepper-Faltboot etwa dieselbe Strecke), wurde er zum erbitterten Gegner von Bombards Theorien. Wie die medizinische Fachliteratur schon damals prophezeit hatte, litt Lindemann nach wenigen Tagen des Salzwasserkonsums an schweren →Ödemen und konnte sich nur durch das Sammeln von Regenwasser am Leben halten.

Tatsächlich – so wurde zumindest später berichtet – hatte Bombard sich 1952 nicht nur mit Salzwasser und »Fischsaft« am Leben gehalten, sondern führte rund 100 Liter Frischwasser mit und ließ sich von mehreren Dampfern auf See mit Wasser und Nahrung versorgen.

Heute wissen wir, dass der Mensch bei der ausschließlichen Aufnahme von hyperosmolarem Seewasser (Wasser mit höherem Salzgehalt als dem blutisotonischen Wert von 9 Gramm je Liter) eine negative Wasserbilanz erzeugt, also auf Dauer Flüssigkeit verliert. Andererseits gibt es im Körper Wasserspeicher (in Zellen und in Kohlenhydraten und Fett gebunden) bzw. die Möglichkeit, die Osmolarität des Bluts zu puffern.

Es lässt sich heute einigermaßen sicher feststellen:

- Bei völlig ausgeglichenem Wasserhaushalt ist es (dem derzeitigen Wissensstand gemäß) wohl möglich, durch das tägliche Trinken von *sehr* geringen Mengen (in Schnapsglasdosis) von Salzwasser das Verdursten um einige Tagen hinauszuzögern.

Die Menge des Salzwassers beeinflusst zwar die Wasserbilanz negativ, sie hilft jedoch, →harnpflichtige Stoffe aus dem Körper zu transportieren und die »Fließfähigkeit« des Bluts zu erhalten. Dies wird jedoch nur so lange durchgeführt, bis erste starke →Dehydrationszeichen erscheinen. Das Problem hierbei ist, dass sich durch das Salz ein enormer »Nachbrand« einstellt, der keinesfalls mit noch größeren Mengen Salzwasser gestillt werden darf. Man überlebt also etwas länger als ohne Wasser, jedoch nur, wenn schon am ersten Tag begonnen wird, winzige Mengen Salzwasser zu konsumieren, was zu sofortigen und ständigen Dursterscheinungen und Ödemen führt. Verliert man in dieser Phase die Beherrschung und trinkt das Seewasser literweise, hat das den sofortigen Exitus zur Folge.

▪ Ist der Wasserhaushalt bei Beginn des Salzwassertrinkens nicht mehr ausgeglichen, können schon geringe Mengen Salzwasser zum schnelleren Tod führen. Dieser Zustand stellt sich häufiger ein, da die Menschen so lange dursten, bis sie es nicht mehr aushalten, und dann versuchen, das Verlangen nach Flüssigkeit mit Meerwasser zu stillen.
Der Körper verliert in diesem Fall schnell große Mengen von Wasser durch das Osmotische Potential des Salzes im Darm. Durchfälle (wie auch von Bombard beschrieben) durch die nicht mehr mögliche Wasseraufnahme im Darm sind die Folge – **und im fortgeschrittenen Zustand der Dehydration praktisch das Todesurteil.** Außerdem steigt der Salzgehalt im Blut, bis die Nieren nicht mehr in der Lage sind, Harn zu erzeugen. Der Wassergehalt im Körper steigt immer stärker an (daher die Ödeme), bis die Nieren ihren Dienst quittieren und der Körper durch sogenannte Osmotische Diurese schnell sehr große Mengen Wasser verliert – mit ganz sicher tödlichem Ausgang.

Wenn man nur vom Standpunkt des Wasserhaushalts ausgeht, kann der Mensch längere Zeit mit *blutisotonischen* Getränken überleben. Eine 0,9-prozentige Salzlösung gilt nicht mehr als genießbares Trinkwasser (siehe unten), der gesunde Mensch kann diese Konzentration dennoch mit reduzierter Leistungsfähigkeit auf Dauer gut tolerieren.

Wie weiter oben beschrieben, ist nicht alleine das Mineralien-Wasser-Verhältnis im Körper ausschlaggebend, sondern auch die Frage, ob die Harnproduktion möglich ist. Nehmen wir an, es würde Flüssigkeit getrunken, die etwas mehr Salz enthält, als wir benötigen. Der Körper erkennt das Ungleichgewicht als →Osmoregulierer und reagiert darauf: Er sendet den Nieren das Signal zum stärkeren Aufkonzentrieren des Harns (bei Dehydration bis zu 1200 mosmol/l, was dem Vierfachen des Blutwertes entspricht). Es wird schlussendlich weniger, aber stärker konzentrierter Harn produziert. Die Wasserbilanz kann also wieder ausgeglichen werden, da die Nieren auf diese Weise das Blut »entsalzen«.

Leicht salziges Wasser bis zum blutisotonischen Wert kann deshalb auch in einem geschwächten und dehydrierten Körper die Wasserbilanz wieder ausgleichen. Wenn beispielsweise während eines Schiffbruchs noch Süßwasserreserven vorhanden sind oder Regen aufgefangen werden kann, kann das Trinkwasser mit Meerwasser gestreckt werden, ohne dass unmittelbar schädigende Wirkung zu erwarten ist.

HINWEIS:

Demineralisiertes Wasser (nach Destillation) oder vorhandenes Süßwasser (gesammelter Regen) kann mit einer geringen Menge Meerwasser gestreckt werden. Als Merkwert gilt für salzreiche Ozeane, dass auf 3 bis 4 Teile Süßwasser nur ein Teil Salzwasser gegeben werden darf. Damit ist die Flüssigkeit salziger als Süßwasser, aber immer noch genießbar.

Salzgehalt der Meere

Weltweit gibt es deutliche Abstufungen der Salinität von Großgewässern. Denken Sie einfach an die beiden Extreme »Totes Meer« und »Ostsee«. Während das von Kleinstlebewesen abgesehen tatsächlich lebewesenlose Tote Meer mit rund 300 Gramm (30 %) Salz je Liter keinesfalls mehr zum Trinken geeignet ist, können bei ausgeglichenem Wasserhaushalt ohne Weiteres einige Liter Ostseewasser mit durchschnittlich 10 bis 20 Gramm (1–2 %) Kochsalz je Liter getrunken werden.

Das Wasser aus bestimmten Meeren kann man also trinken, da die Salzkonzentration im Verhältnis zum Blut hypoosmotisch ist. Häufig muss jedoch auch der Salzgehalt in meeresnah gelegenen Flussabschnitten bzw. Ästuaren eingeschätzt werden. Im Gezeitenbereich großer Flüsse mischen sich Süß- und Salzwasser zu Brackwasser. An großen Flüssen bzw. bei großem Tidenhub kann das Delta mit salzigem Mischwasser mehrere hundert Kilometer lang sein.

Salinität verschiedener Ozeane

Quelle	Kochsalzmenge (ca.)	Einschätzung
Blutisotonischer Wert	0,9 % / 9 g/l	trinkbar
Trink- bzw. Süßwasser	0,1 % / 1 g/l	trinkbar
Atlantik, Indischer Ozean, Pazifik	3,5 % / 35 g/l	entmineralisieren
Ostsee	ca. 1–2 % / 10–20 g/l	ggf. trinkbar
Nordsee	3,5 % / 35 g/l	entmineralisieren
Mittelmeer	3,8 % / 38 g/l	entmineralisieren
Totes Meer	30% / 300 g/l	entmineralisieren
zirkumpolares Oberflächenwasser	0,5–3 % / 5–30 g/l	ggf. trinkbar
(Mittelmeer-) Küsten mit unterseeischen Quellen	0,3–3,8 % / 3–38 g/l	quellnah trinkbar

Die oben stehende Tabelle gibt ausschließlich an, ob das Wasser aus den entsprechenden Ozeanen entmineralisiert werden muss oder aufgrund seiner geringen Salzmenge trinkbar ist – sie macht keine Aussage über ggf. vorhandene örtliche Verschmutzung durch Industrie oder Abwässer.

Salinität feststellen

Natürlich wäre es für uns wichtig, die Salinität von Wasser aus Quellen mit unbekanntem Salzgehalt festzustellen.

Problematisch sind bei der Geschmacksprobe oft neben dem Kochsalz im Wasser vorhandene Mineralien, welche die Wahrnehmung stark beeinflussen können. Diese Erfahrung musste ich am Mittelmeer machen, als ich vor Jahren mit dem Rucksack unterwegs war und mir das Trinkwasser an einer abgelegenen Stelle ausging. Ich konnte schnell eine Stelle im Meer ausmachen, an der Süßwasser aus einer unterseeischen Quelle austrat. Ich schob einen Schlauch in die Felsspalte und tauchte unter, um das Wasser anzusaugen und in eine Flasche zu spucken. Doch beim ersten Versuch, eine größere Menge in den Mund zu nehmen, musste ich mich fast erbrechen. Durch einen sehr hohen Magnesiumgehalt schmeckte das eigentlich nur leicht brackige Wasser extrem bitter – so sehr, dass ich über den Geschmack nicht sicher einschätzen konnte, wie salzig es tatsächlich war. Diesen Geschmack habe ich seitdem bei mehreren Süßwasserlinsen feststellen können.

Auch bei reinem oder mit Flusswasser vermengtem Meerwasser ist die geschmackliche Einschätzung nicht einfach. Setzen Sie zu Hause mal verschiedene Salzlösungen an: 0,5 Gramm je 100 ml Wasser (~ trinkisotonischer Wert), 1 g/100 ml (~ blutisotonischer Wert, maximale Salzmenge als »vollwertiges« Trinkwasser) und 4 g/100 ml (~ Salzgehalt der großen Ozeane, kein Trinkwasser).

Sie werden bei einer Geschmacksprobe schnell feststellen, dass der geschmackliche Unterschied zwischen einem und vier Prozent Salzgehalt nicht sehr groß ist: Beide stärker konzentrierten Lösungen schmecken schon unangenehm salzig. Als Richtwert einer bekannten Lösung können Sie sich merken, dass der Geschmack von Tränen in etwa dem blutisotonischen Wert, also dem maximalen Salzgehalt, entspricht.

Den genauen Wert an Mineralien zu messen, ist praktisch nur möglich, indem eine bestimmte Menge Wasser verdampft wird und die Rückstände aufgeteilt und gewogen werden. Da dies für uns draußen nur schwer möglich ist, müssen wir uns im Zweifel im direkten Vergleich an den geschmacklichen Richtwert der Träne halten. Reiben Sie sich vorsichtig die Augen, bis sie tränen, und probieren Sie eine Träne unmittelbar, bevor Sie einen Tropfen Salzwasser testen. Bei diesem direkten Vergleich ist noch am ehesten erkennbar, ob das Brack- oder Meerwasser über oder unter dem blutisotonischen Wert liegt.

Andere Mineralien, Schwermetalle

Während beispielsweise natürliche Mengen von Magnesium im Wasser keine gesundheitsschädliche Wirkung haben (was dennoch ziemlich übel schmecken kann und gelegentlich zu leichtem Durchfall führt), sieht das bei anderen gelösten Mineralien wie giftigen Halbmetallen oder Schwermetallen anders aus. Beispielsweise können Verbindungen aus Arsen, Cadmium und Blei, aber auch Uran und Kupfer in hohen Konzentrationen auch in Wasser aus natürlichen Quellen vorhanden sein. Mancherorts wird solches ungenießbares Wasser in Flaschen abgefüllt und etikettiert teuer als »Heilwasser« mit teilweise nachgewiesenem, oftmals aber nur vermutetem Gesundheitsvorteil vermarktet. Das tschechische »Bitterwasser« Šaratica ist beispielsweise extrem stark mit Uran belastet. In vielen Kurorten beobachtet man Senioren, die mit Schnabeltassen aus Keramik von Quelle zu Quelle ziehen und stark mit Schwefel, Mangan, Uran, Cäsium und dergleichen belastetes Wasser trinken.

In aller Regel ist jedoch eine unmittelbare gesundheitliche Schädigung nicht die Folge, obwohl die Konzentration meist weit über der für Trinkwasser zugelassenen Dosis liegt. Tatsächlich ist die Gefahr durch natürlich vorhandene Mineralien bzw. Schwermetalle relativ gering – sofern der Konsum nicht über mehrere Monate oder Jahre erfolgt.

HINWEIS:

Grundsätzlich gehören alle Metalle ab einem spezifischen Gewicht von mehr als 5 g/cm^3 zu den Schwermetallen.

Hierzu gehört also auch Eisen, obwohl es für den menschlichen und tierischen Organismus von höchster Wichtigkeit ist. Nicht alle Schwermetalle sind gleich giftig.

Schwermetalle in größeren Mengen geraten durch Versauerung des Sickerwassers sowie durch *Industrie und Landwirtschaft* in den Wasserkreislauf. Auch aus verlassenen

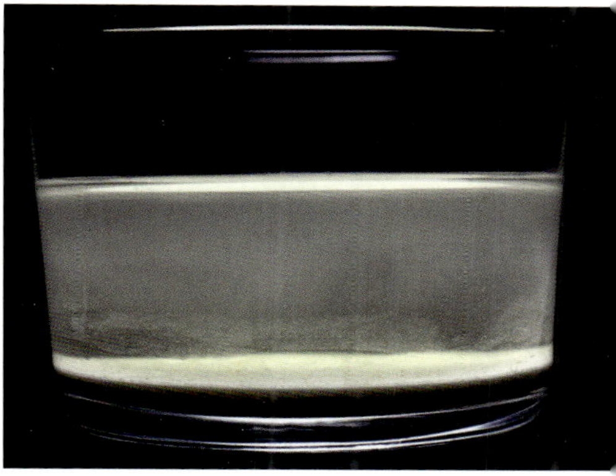

In der kalkigen Ablagerung nach dem Erhitzen können gelöste Stoffe vorhanden sein, und an der Farbe kann ihre Identität abgeschätzt werden.

Bergwerken oder Höhlen austretendes Wasser enthält oft gelöste mineralische Stoffe in hohen Dosen.

Wie kann man jedoch eine starke Verunreinigung erkennen, und welche Gefahren gehen davon aus?

Viele gelöste Mineralien und Schwermetalle erzeugen schon bei geringen Konzentrationen einen deutlich metallischen oder bitteren Geschmack. Es ist ohne Laboruntersuchung jedoch sehr schwierig abzuschätzen, ob der Geschmack von einem ungefährlichen Stoff wie Magnesium oder Calcium kommt oder ob es sich um schädliche Stoffe handelt. Einen ersten Hinweis kann die →Färbung von Wasser geben.

Es gibt jedoch auch eine relativ einfache Möglichkeit, die starke Belastung einer klaren Lösung festzustellen – und diese ohne großen Aufwand zu reduzieren. Hintergrund ist, dass sich viele Metalle in leicht saurem Wasser lösen und bei Erhöhung des pH (also Reduktion der Säure) im Wasser ausflocken, man sagt auch »ausfallen«. Wasser enthält in den meisten Fällen eine bestimmte Menge von gelöstem Kohlendioxid (Kohlensäure), die das Wasser leicht säuert und so Mineralien, vor allem Kalzium und Magnesium, gelöst hält. Ähnlich wie warmes Bier schal wird, also Kohlensäure verliert, geschieht dasselbe auch bei normalem Wasser. Wird es erhitzt, reduziert sich die Menge der Kohlensäure, und die vorher löslichen Mineralien fallen als »Kesselstein« aus (siehe auch →Destillation). Jener ist in aller Regel weiß oder leicht gräulich. Sind neben dem Kalk und Magnesium noch andere Mineralien gelöst, fallen diese oft auf dieselbe Weise aus oder werden in Kesselsteinpartikeln regelrecht »gefangen« und können aufgrund der Farbe (beispielsweise rötlich oder gelblich) erkannt und durch →Dekantieren *teilweise* entfernt werden (siehe auch →Hitzefällung).

Bevor Sie nun Sorge haben, jeder Fluss sei gefährlich mit Schwermetallen belastet, stellen wir uns die Frage, wie gefährlich sie für uns sind (jedes Trinkwasser enthält sie tatsächlich in geringen Mengen).

Die Gefahr dieser Stoffe besteht darin, dass sie von der Bevölkerung in stark belasteten Gegenden jeden Tag mit dem Trinkwasser, außerdem nochmals angereichert über die Nahrung aufgenommen werden. Für Schwermetalle ist neben der akuten Giftigkeit die Anreicherung im menschlichen Körper typisch. In manchen Gegenden leidet die Bevölkerung aufgrund von natürlich belastetem Wasser aus Tiefbrunnen an einer chronischen Vergiftung mit Blei oder Cadmium. Schäden treten *bei Erwachsenen* normalerweise erst nach geraumer Zeit auf, *Säuglinge* und *Heranwachsende* reagieren teils deutlich schneller.

Der menschliche Körper toleriert über verschiedene Mechanismen viele giftige Halb- und Schwermetalle in Nahrung oder Trinkwasser – auch wenn die Grenzwerte im Körper deutlich überschritten werden. Lange Zeit wurde beispielsweise hochgiftiges Arsenik als Droge konsumiert – bis die sogenannten Arsenikesser ohne Schwierigkeiten ein Vielfaches der tödlichen Dosis ohne Vergiftung aufnehmen konnten.

Wird aufgrund des Geschmacks von Wasser vermutet, dass es chemisch belastet ist, kann die Konzentration vor dem Trinken über →Hitzefällung reduziert werden. Muss *längere* Zeit auf vermutlich gering belastetes Wasser zurückgegriffen werden, kann die Konzentration neben der Hitzefällung zusätzlich ggf. auch durch →Ionentausch reduziert werden.

Bei starker Belastung durch Schwermetalle und Mineralien sind allein Destillation oder Umkehrosmose sichere Methoden, das Wasser genießbar zu machen.

HINWEIS:

Mineralische Düngemittel gehören bei uns neben natürlicher Auswaschung aus Gesteinsschichten zu den Hauptgründen für die Belastung des Grundwassers mit Schwermetallen wie Cadmium, Blei und Uran.

Man geht davon aus, dass jährlich mit Düngemitteln mehrere Tonnen Uran auf deutsche Äcker ausgebracht werden.

Dennoch ist die Gefahr durch Schwermetalle tatsächlich eher gering – sofern Sie nicht das Rohwasser aus dem Abfluss einer Chemiefabrik entnehmen.

Radioaktivität

Eine Frage, die mir bei Seminaren und Vorträgen immer wieder gestellt wird, die aber ebensowenig befriedigend wie abschließend beantwortet werden kann, ist die Einschätzung der Gefahr durch Radionuklide.

Tatsächlich ist in natürlichem Quellwasser beispielsweise Uran in Spuren vorhanden, die aber in aller Regel die strengen Grenzwerte zur Zubereitung von Säuglingsnahrung unterschreiten. Problematischer ist die vom Menschen in die Natur abgegebene Strahlenlast, die beispielsweise seit dem Reaktorunfall in Tschernobyl auch in Mitteleuropa, seit der Havarie in Fukushima in Teilen Japans oder seit Jahrzehnten durch Phosphatdünger auf unseren Feldern verbreitet wurde. Ebenso sind Reste der Atomwaffentests des letzten Jahrhunderts noch lange nachweisbar und können bei Fernreisen zu ungewolltem Kontakt mit Strahlungsquellen führen.

Die Auswirkungen einer hypothetischen flächendeckenden unmittelbaren Verstrahlung durch einen neuerlichen Fallout nach einem wie auch immer gearteten Unfall oder Angriff möchte ich hier nicht abhandeln, da diese weder Thema des Buchs, noch in ihrer Komplexität abzuschätzen sind und außerdem vergleichsweise unwahrscheinlich. Allerdings ist es durchaus möglich, dass durch Brände beispielweise in den noch stark kontaminierten Gebieten Russlands radioaktiver Staub kilometerweit aufgewirbelt wird und woanders abregnet. Außerdem ist eine Belastung beispielsweise des Bayerischen Waldes sicherlich vielen bekannt.

Die Frage ist natürlich, wie Wasserquellen aus entsprechenden Regionen eingeschätzt und wie sie aufbereitet werden können.

Angesichts der Vielzahl der möglichen Radionuklide möchte ich die Problematik anhand der wichtigsten erklären. Strahlende Isotope altern nämlich nach der Entstehung in unterschiedlicher Geschwindigkeit und haben verschiedene chemische Eigenschaften. Die nach Atomkatastrophen oft gefürchteten Stoffe Iod-131 sowie Cäsium-137 (sowie noch einige mehr) haben verschiedene Zerfallsraten, sind unterschiedlich wasserlöslich und bioverfügbar. Iod-131 spielt bei einer Halbwertszeit von wenigen Tagen schon nach kurzer Zeit keine tragende Rolle mehr, während die Hälfte des Cäsium-137 noch nach rund 30 Jahren in der Natur vorliegt. Gelöst in Wasser sind die Stoffe ebenso wie andere →Chemikalien nur schwer durch improvisierte Methoden zu entfernen.

Alleine große Partikel eines »Fallouts« können abgetrennt werden, wobei die in Lösung gegangenen Stoffe aber im Wasser bleiben. Iod könnte bis zu einem gewissen Grad über Aktivkohlefilter entfernt werden, kommt aber aufgrund seiner kurzen »Lebenszeit« nicht lange in größere Mengen vor. Außerdem bindet es nur schwach an die Kohle, weshalb die Entfernung mit Kohle nicht sicher ist. Cäsium-137 ließe sich dagegen durch chemische Fällungsmethoden ausflocken, →sedimentieren oder aber

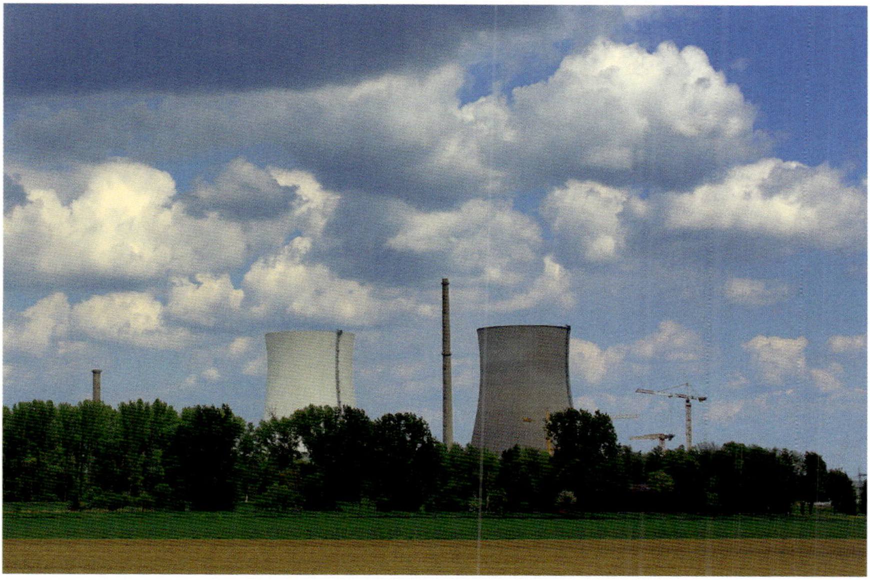

Bei gefährlichen Radionukliden denken die meisten an die Havarie von Kernkraftwerken. Allerdings spielen auch Waldbrände, Kohlekraftwerke ohne Filterung, natürliche entstehende Isotope sowie Landwirtschaft eine Rolle.

über Ionentausch gegen andere, ungefährliche Ionen wechseln. Tatsächlich geschieht dies auf ganz natürlichem Wege, wodurch auch die lange Kontamination des Waldbodens mit Cäsium-137 erklärt werden kann. Versickert Wasser im Boden, werden viele gelöste Stoffe darin sowie in Mikroorganismen gebunden und bleiben auf diese Weise dauerhaft verfügbar, beispielsweise für den Liebhaber bayerischer Schwammerl.

Im Umkehrschluss bedeutet das aber auch, dass durch genügend Sickerstrecke bis zum Grundwasser ein guter Teil der Radionuklide im Boden verbleibt, weshalb eine der wenigen Empfehlungen zu Reisen in Gefahrengebiete bzw. in bekannt stark kontaminierte Regionen heißen muss, möglichst auf Quellwasser zurückzugreifen. Zumindest in Deutschland kommt das Bundesamt für Strahlenschutz zum Schluss, dass Trinkwasser größtenteils frei von künstlichen und meist innerhalb der Grenzwerte natürlicher Radionuklide ist.

Diese natürlichen Gegebenheiten lassen sich auch künstlich nachbauen, sofern man länger am selben Ort weilt. Dabei werden →Stationärfilter mit Ionentauschern auf Kunstharzbasis oder aus dicken Sand-Lehm-Mischschichten befüllt (Lehm ist ein →Grundwassernichtleiter, durch den das Wasser nur extrem langsam sickert). Beim Bau mit beispielsweise Kationentauschergranulat sollte darauf geachtet werden, dass es tatsächlich für den gewünschten Zweck auch geeignet ist. Nicht selten bestehen entsprechende Filterfüllstoffe für den Kaffeeautomaten größtenteils aus →Silikagel und nur geringen Mengen Kationentauscherharz.

Sollten Sie tatsächlich einen Campingurlaub an der japanischen Ostküste oder eine Bushcrafttour in den wilden Wäldern Prypjats planen, sollten Sie vor allem auf den Verzehr von Lebensmitteln aus der Region verzichten und eine →Umkehrosmosepumpe oder eine →Destillationsapparatur mitführen. Mit diesen Geräten können die allermeisten gefährlichen Isotope sicher entfernt werden.

Nitrit, Nitrat und andere Stickstoffverbindungen

Weitere unsichtbare Rückstände, die oft im Wasser vorkommen und vor denen sich der Trekkingreisende fürchtet, sind Stickstoffverbindungen. In die öffentliche Wahrnehmung rückt vor allem die Belastung des Grundwassers durch Düngemittel und Industrieabwässer.

Tatsächlich gehören Nitrit und Nitrat zum normalen Stickstoffkreislauf der Natur und kommen in jedem Boden vor. Problematisch für unsere Wasserversorgung ist jedoch das tonnenweise Ausbringen von Gülle und anderen organischen Düngemitteln auf landwirtschaftlich genutzte Felder.

Die Verbindungen lagern sich in den Bodenschichten ein, lösen sich langsam durch Niederschläge und werden von Bakterien abgebaut. Ammoniumverbindungen werden dabei in Nitrit, jenes dann zu Nitrat umgewandelt, das Pflanzen als Dünger dient – oder jedoch bei Übersättigung des Bodens in das Grundwasser sickert.

HINWEIS:

Viele in Oberflächengewässern gelöste Stoffe werden auf dem Weg durch die Sedimente zum Grundwasser entfernt oder unschädlich gemacht.

Quellwasser ist deshalb meist das sauberste Wasser. Darin können allerdings wiederum schädliche Stoffe aus dem Gestein gelöst sein.

Während Nitrit, also die »Zwischenstufe« des Ammoniumabbaus, giftig auf den menschlichen Körper wirkt, ist das Endprodukt, das Nitrat, prinzipiell nicht problematisch. Nitrat kann jedoch von bestimmten Keimen im menschlichen Darm wieder zu giftigem Nitrit umgebaut werden, dabei entstehen krebserregende Nitrosamine.

Auch bei akuten Nitritvergiftungen spielt vor allem das Alter des Erkrankten eine große Rolle. Nitrit kann den roten Blutfarbstoff Hämoglobin zur inaktiven Form »Methämoglobin« umwandeln (vergleichbar mit einer

Kohlenmonoxidvergiftung). Es folgt ein »inneres Ersticken«. Erwachsene Menschen besitzen ein Enzym, das die »Met-Form« des Bluts wieder in die aktive überführt. Kleinkindern fehlt dieses, weshalb vor allem bei ihnen darauf geachtet werden muss, dass das Wasser nitratarm ist (deshalb oft der Hinweis auf Wasserflaschen »Geeignet zur Herstellung von Babynahrung«).

Neben der Umkehrosmose und Destillation als sicheren Methoden gibt es noch eine andere Art, die Gefahr von Nitrat und Nitrit zu reduzieren. Die Aufnahme von Nitrit wird durch das Vorhandensein von Kochsalz enorm reduziert, da es im Darm in »Aufnahmekonkurrenz« steht (deshalb darf Pökelsalz zur Fleischkonservierung nur verwendet werden, wenn es mit Kochsalz vermengt wurde). Muss vermutet werden, dass das Rohwasser stark durch Landwirtschaft verunreinigt ist, kann als Alternative zur →Vollentsalzung auch das *Salzen* von Süßwasser auf eine für uns ungefährliche Konzentration zwischen 0,5 % und 1 % die Gefahr von Nitrit und Nitrat reduzieren.

Pflanzenschutzmittel und andere organische Verbindungen

Überall dort, wo Pflanzen in Monokultur angebaut werden, müssen teilweise erhebliche Mengen von Pflanzenschutzmitteln ausgebracht werden. Herbizide werden gegen »Unkräuter«, Fungizide gegen Pilzbefall und Insektizide gegen Schädlinge gespritzt.

Kein Verbraucher möchte verwurmten, rostigen oder angefressenen Salat kaufen (weil Schädlinge wenig Rücksicht darauf nehmen, ob es sich um konventionellen oder Bioanbau handelt, muss Biogemüse natürlich auch gespritzt werden – jedoch nicht mit synthetischen Stoffen, sondern mit giftigen Pflanzenextrakten, Kupfer- und Schwefelverbindungen). Während sich moderne, in Europa zugelassene Pflanzenschutzmittel meist schnell zersetzen, wird in ärmeren Regionen der Welt die (über)lebensnotwendige Ernte verständlicherweise mit allem geschützt, was Schädlinge tötet.

Auch die Entsorgung chemischer Abwässer, Altöl, im Straßengraben endgelagerte Chemikalienfässer und dergleichen tragen einen Teil dazu bei, dass Bodenschichten und damit Oberflächen- oder Grundwasser stark belastet sein können. Bewertungsmöglichkeit ist wieder mal die Betrachtung der Umgebung: Sind chemische Betriebe in der Nähe, wird Landwirtschaft betrieben, sind wilde Müllhalden vorhanden?
Es lässt sich jedoch kaum abschätzen, welche giftigen Stoffe in das Grundwasser geraten sein könnten. Die meisten dieser giftigen Stoffe sind »organisch«, basieren also auf einem Kohlenstoffgerüst. Solche lassen sich oft ausreichend in →Kohlefiltern binden, teilweise sogar vollständig aus dem Wasser entfernen.

Der Saprobienindex

Nachdem Sie nun einen Überblick über die wichtigsten und häufigsten Inhaltsstoffe des Rohwassers haben, müssen wir uns dem Oberflächenwasser *als Lebensraum* widmen, da diese Sichtweise es erlaubt, die Wasserqualität und damit die etwaige Belastung mit den eben aufgeführten Schadfaktoren abzuschätzen.

Um die Eigenschaften von Gewässern ohne Laborausrüstung einigermaßen reproduzierbar bestimmen zu können, verwendet die Gewässerökologie den »Saprobienindex«. Zuerst möchte ich dieses ökologische Einteilungssystem und seine Grundlagen etwas erläutern, danach beschäftigen wir uns mit einer stark reduzierten und generalisierten Version desselben (was sicherlich beim einen oder anderen Fachkollegen ein Stirnrunzeln hervorrufen wird). Was ich hier als Einteilungssystem verwende, ist also nicht der »echte« Saprobienindex, sondern eine darauf basierende und vereinfachte Lösung für den Nichtbiologen.

Stellen Sie sich einen absolut klaren Gebirgsbach vor, der direkt aus dem Felsen entspringt. Kühl, klar und sauber. Dieser Fluss wird auf seinem Weg bis zum Meer trüb, sumpfig und übelriechend. Dazwi-

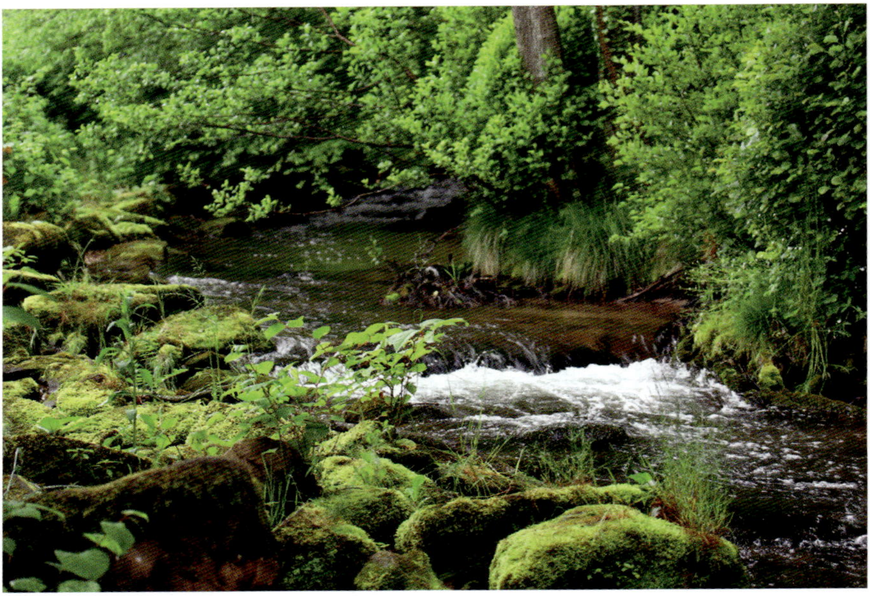

Ist durch genügend Durchmischung viel Sauerstoff im Wasser vorhanden, gleichen sich Auf- und Abbauprozesse aus.

schen stehen alle nur erdenklichen Zwischenstufen. Dies ist jedoch nicht zwangsläufig die Auswirkung menschlicher Verunreinigung, sondern geschieht auch in naturbelassenen Flüssen. Der Prozess beginnt schon in der Quelle durch gelöste mineralische Stoffe und einige wenige Bakterien. Man muss keinen Meter vom Ursprung des Flusses entfernt suchen, um die ersten größeren Wasserlebewesen zu finden, die aus im Wasser gelösten Stoffen und Sonnenlicht Biomasse erzeugen.

Ein feiner Algenfilm ist damit der Beginn der natürlichen »Verschmutzung«, die bis zur Mündung beträchtlich sein wird. Diese »ersten« Organismen werden *Produzenten* genannt. Sie bauen mit Hilfe von Sonnenlicht feste Substanz auf und werden von Schnecken, Kleinkrebsen oder Fliegenlarven abgegrast. Jene wiederum fallen Egeln, größeren Krebsen oder Fischen zum Opfer. Was in dieser Kette der *Konsumenten* abstirbt, wird von Pilzen, Bakterien und Kleinsttieren verwertet, die *Destruenten* genannt werden. Die dabei freiwerdenden organischen und anorganischen Stoffe dienen letztendlich wiederum den *Produzenten* als Dünger, und der Kreis schließt sich.

Je weiter wir von der Quelle entfernt sind, desto mehr der freien und in Lebewesen gebundenen organischen Masse ist in Umlauf. Hinzu kommen Pflanzenteile oder Tiere, die ins Wasser gefallen oder durch Regeneintrag in den Bach gelangt sind, stärker belastete Seitenflüsse – und menschliche Abwässer.

Der Gesamtumsatz und das Gleichgewicht der darin enthaltenen Lebewesen wird vor allem durch die Selbstreinigungsfähigkeit des jeweiligen Gewässers bestimmt. Wichtig dafür ist der im Wasser vorhandene Sauerstoff. Langsam fließende Flüsse oder gar Tümpel haben eine sehr viel geringere Selbstreinigungsfähigkeit als ein lebhaft sprudelndes Gebirgsbächlein, weshalb bei Stillgewässern noch ein anderer Faktor wichtig ist. Bei der

Zersetzung von Nährstoffen durch die *Destruenten* wird nämlich eine große Menge des gelösten Sauerstoffs verbraucht.

Verschiedene biologische Faktoren (Fäulnis, Algenwachstum, Schwefelwasserstoff, Schlamm etc.), die durch Nährstoffmenge und Sauerstoffgehalt des Gewässers beeinflusst werden, schränken den Lebensraum für bestimmte Tiere und Pflanzen ein. So wie manche von uns Menschen gerne in der Stadt leben, andere lieber auf dem Land oder in den Bergen, gibt es auch *bei anderen Tieren* klare Präferenzen für den Wohnort. Die Anpassung an die jeweilige Umgebung wird »ökologische Nische« genannt. Einige Tiere bevorzugen *oder benötigen* absolut klares und sauerstoffreiches Wasser, andere mögen *oder brauchen* die Kloake in der Kanalisation. Anhand bestimmter Tiere (bzw. deren Abwesenheit) im Wasser kann über den sogenannten *Saprobienindex* die Wasserqualität bestimmt werden.

Dazu werden in einem bestimmten Abschnitt alle auffindbaren Tiere gesammelt – den Arten ist jeweils ein Berechnungsfaktor zugeordnet. Anzahl und Berechnungsfaktor von allen gefundenen Tieren werden in eine mathematische Formel eingesetzt. Das Ergebnis wird als Gewässergüte bezeichnet, von der Sie sicherlich schon mal gehört haben.

In Fließgewässern halten sich Auf- und Abbau der Nährstoffe die Waage. Wird an einer Stelle des Flusses Abwasser eingeleitet, steigt der sauerstoffabhängige Abbau und damit auch die Anzahl von Bakterien und anderen Destruenten. Der Sauerstoffgehalt sinkt dramatisch. Dadurch ist die Situation für empfindlichere Lebewesen an dieser Stelle weniger gut.

Aufgrund der Selbstreinigung des Flusses gleichen sich jedoch natürliche Auf- und Abbauprozesse einige hundert Meter weiter flussabwärts wieder an. Nun ist jedoch insgesamt die Menge der freien organischen Stoffe etwas höher als vor Einleitung. Die Nährstoffmenge im Wasser nimmt also auf dem Weg von der Quelle zum Meer langsam zu. Gleichzeitig wird der vorhandene Sauerstoff immer weniger, da er durch vermehrte Abbauprozesse verbraucht wird und das Gewässer naturgemäß immer breiter und langsamer, also weniger durchmischt wird.

Dadurch variiert an jeder Stelle des Flusses die Kombination der vorhandenen Lebewesen. Angler kennen »Fischregionen« als ähnliche Einteilung von Gewässerabschnitten, in denen jeweils das Vorhandensein eines Leitfisches die Wassergüte kennzeichnet (Es wäre aber bestimmt nicht praktikabel, vor jedem Wasserschöpfen erst einmal ein paar Fische zur Bestimmung zu fangen).

Die Wasserqualität über den Saprobienindex zu bestimmen, hat den großen Vorteil, dass auch »unsichtbare« Verschmutzungen wie das Einsickern von Abwässern durch den Boden oder die Einleitung unter der Wasseroberfläche sowie weit flussaufwärts gelegene Verunreinigungen erkannt werden können.

Wie das funktioniert, können Sie in Ihrer direkten Umgebung einfach nachvollziehen. Suchen Sie sich an Ihrem heimischen Bach die Einleitungsstelle des örtlichen Klärwerks. An dieser Stelle werden große Mengen von gelösten Nährstoffen eingeleitet. Wenn Sie zehn Meter *ober*halb der Einleitung flache Steine in Ufernähe umdrehen, die Wasseregel zählen und dasselbe fünfzig Meter unterhalb machen, werden Sie vermutlich verblüfft sein. Durch die Einleitung steigt die Anzahl der Egel enorm (während es an dieser Stelle unter den Steinen kaum noch andere Tiere gibt).

Nun ist es jedoch nicht so, dass alle Tiere nur in einer bestimmten Wasserqualität leben. Vielmehr gibt es sowohl Tiere, die tolerant sind, sich also an die vorherrschende Wassergüte anpassen können (→*euryöke* Arten), als auch solche, die nur eine ganz bestimmte Wasserqualität überleben (→*stenöke* Arten).

Die Idee des Saprobienindex krankt neben dem Problem der euryöken Arten, die schwer einer bestimmten Gewässergüte zuzuschreiben sind, daran, dass es einige Gewässer gibt, die aufgrund bestimmter Bedingungen eine schlechte »Zensur« erhalten, obwohl sie eigentlich völlig sauber sind. Beispielsweise können sehr abgelegene Süßwasserquellen, leicht brackiges Wasser oder durch Gerbstoffeintrag saure Flüsse über den Saprobienindex nicht abschließend bewertet werden. Außerdem ist bei stehenden Gewässern wie Seen oder Tümpeln die Anwendung dieses Systems schwierig. Hierfür müssen wir die →»Trophierung« einschätzen.

Indikatorarten

Da wir die Wasserqualität ortsunabhängig schnell und sicher einschätzen möchten, betrachten wir einigermaßen →stenöke Tiere, die es weltweit gibt, die einfach zu bestimmen und damit sehr typisch für eine bestimmte Wasserqualität sind. Während Gewässerökologen stundenlang bis zu den Knien im Wasser stehen und mit Fangnetzen alles fangen und bestimmen, was sich fangen lässt, gehen wir pragmatischer vor.

Uns genügt **das zahlreiche Vorhandensein jeweils einer Indikatorgruppe, die für eine gute Wasserqualität steht**. Ist diese nicht auffindbar, kann es bedeuten, dass die Wasserqualität für diese Tiere zu schlecht ist (oder Sie haben nicht gut genug gesucht). Die Wasserqualität sackt damit in Ihrer Einschätzung auf diejenige Stufe hinunter, **zu der Sie einige Indikatorarten gefunden haben**. Das Vorhandensein einer Tierart, die für eine schlechte Wasserqualität steht, ist dagegen nicht zwangsläufig ein Zeichen, dass das Wasser schlecht ist, **sofern Tiere, die für eine bessere Wasserqualität stehen, reichlich vorhanden sind**.

Beim gleichzeitigen Auffinden von zahlreichen Indikatortieren aus zwei sehr unterschiedlichen Gruppen (beispielsweise

Wenn sich Fische unter der Oberfläche sammeln, weist das auf geringe Sauerstoffmengen im Wasser hin – hohe Nährstoffbelastung. Außerdem ist im Bild →Abwasserpilz zu erkennen.

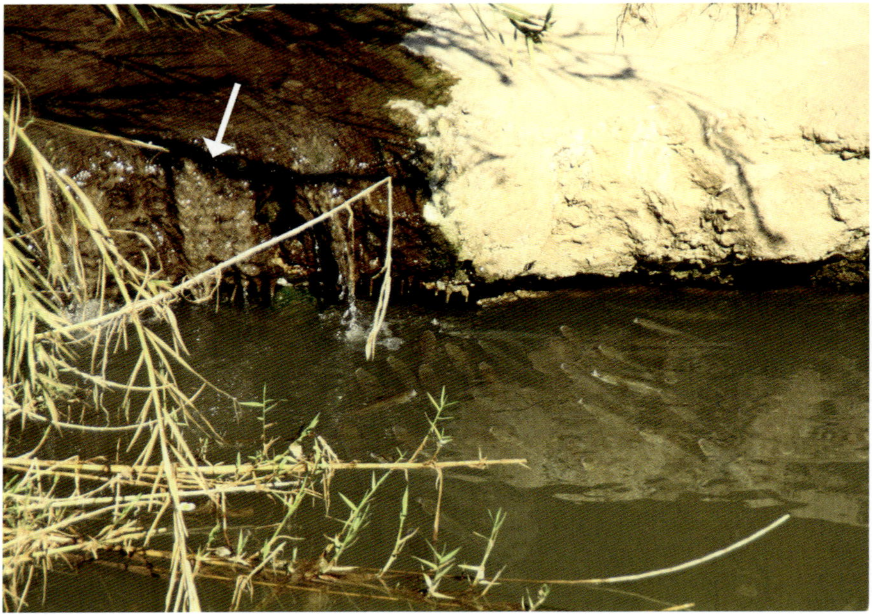

Wasserasseln und Köcherfliegenlarven) kann jedoch vermutet werden, dass in der Umgebung eine geringe Schmutzwassereinleitung erfolgt, die den Nährstoffgehalt kurzfristig erhöht, bis die Selbstreinigung des Gewässers weiter flussabwärts die Wassergüte wieder verbessert hat. In diesem Fall sollte man, wenn möglich, einige hundert Meter der Strömung folgen und dort noch einmal testen oder das Wasser →sicher aufbereiten.

Wir teilen die mögliche Gewässergüte in vier Klassen ein, die als Anhaltspunkt für die notwendige Aufbereitungsmethode dienen. Zwar nimmt, wie weiter oben erläutert, auch in natürlicher Umgebung die Wasserqualität ohne menschliches Zutun bis zur Mündung ab, großen Mengen von Organismen, die für schlechte Wasserqualität stehen (vor allem in fließenden Flüssen), sind jedoch meist ein sicheres Zeichen für die Einleitung von Abwässern bzw. für eine Belastung durch Industrie und Landwirtschaft.

Trophie

In stehenden Gewässern ist es nicht möglich, die Wasserqualität allein über die Indikatorlebewesen festzustellen, da sich Seen nicht oder kaum durchmischen (Ausnahme machen hier die Zirkulationsphasen in Frühjahr und Herbst). Vielmehr ist das Wasser geschichtet: minimal 4 °C kaltes Wasser am Grund, an der sonnendurchfluteten Wasseroberfläche warmes Wasser, dazwischen eine »Sprungschicht«, ab der die Wassertemperatur schlagartig ab- und die Dichte zunimmt.

Abgestorbene Lebewesen sinken auf den sauerstoffarmen Gewässergrund, wo sie langsam anaerob zerfallen bzw. verfaulen. Damit werden dem Wasser organische Stoffe entzogen und in Faulschlammschichten eingelagert. Auf die oberen Wasserschichten hat Fäulnis am Grund wenig Einfluss, da die Schichten räumlich regelrecht abgetrennt sind. Deshalb wird die Wasserqualität in Seen über die »Trophiestufe« eingeschätzt: In den sauerstoffreichen Oberflächenschichten eines Stillgewässers ist die Menge von Phosphat, Nitrat und Ammonium für Verunreinigung bzw. Belastung des Wassers ausschlaggebend und an der Menge der grünen Produzenten (einzelligen Algen) erkennbar. Je stärker ein See belastet ist, umso mehr ist das Wasser also »gedüngt«. Man spricht hier von einer »Eutrophierung«.

Ein wichtiger Indikator für die Trophie eines Sees ist die Sichttiefe, die normalerweise vom Boot aus mit einer an einem Seil versenkten Kontrastscheibe gemessen wird. Da die Unterschiede der Sichttiefen für wichtige Trophiestufen sehr groß sind, reicht für uns ein schätzender Blick vom Ufer aus. Außerdem ist das Massenvorkommen von Pflanzen in und auf dem Wasser ein Hinweis auf Eutrophierung, also Überdüngung.

Wir arbeiten bei der Einschätzung mit geschätzten Sichttiefen von:

- mehr als 10 Metern
- 1–10 Metern
- weniger als 1 Meter
- weniger als 10 Zentimetern.

Bestimmung der Gewässergüte

Viele typische Indikatorlebewesen können meist ohne Schwierigkeiten richtig erkannt werden. Oft finden Sie die gesuchten Organismen unter flachen Steinen, an Holz und Laub festgekrallt oder angeheftet. Ohne das Wasser betreten zu müssen, können im Wasser stehende Pflanzen wie Schilf oder Rohrkolben und vom Ufer bis in das Wasser hängende Äste abgesucht werden.

HINWEIS:

Die Suche nach Indikatororganismen darf natürlich nur an Gewässern durchgeführt werden, an denen eine Gefährdung durch Parasiten (Bilharziose), Großtiere (Krokodile, Nilpferde) oder Ertrinken ausgeschlossen ist!

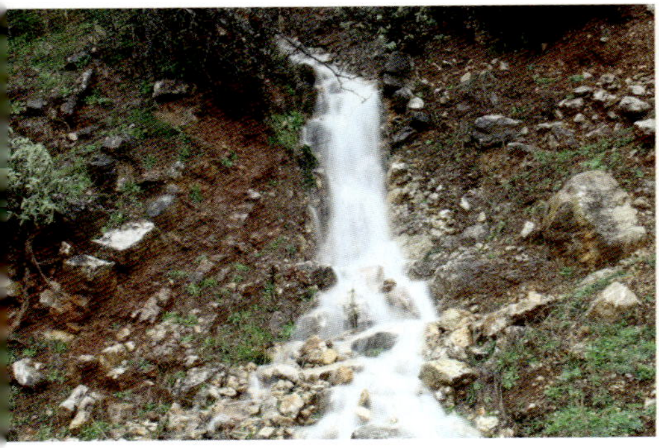

Direkt aus dem Felsen sprudelndes Wasser ist weltweit ohne Reinigung bedenkenlos trinkbar.

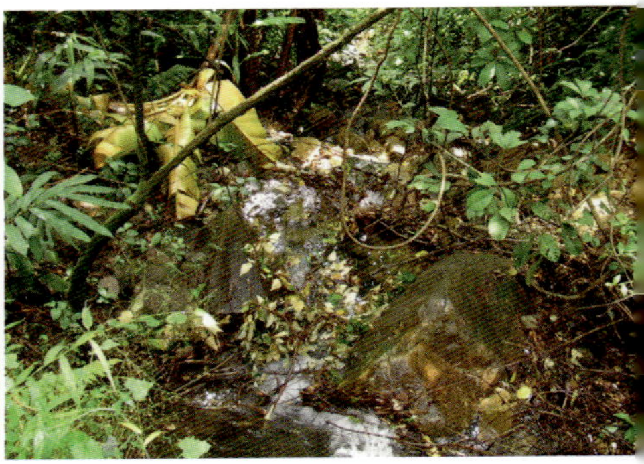

Klare und rasch fließende Bäche sind im Mittelgebirge häufig und eine sichere Wasserquelle.

NICHT ODER GERING BELASTET

Wasser kann in der Regel bedenkenlos getrunken werden.

Menschliche Besiedlung:
kann ausgeschlossen werden

Sichttiefe (Stillgewässer):
mehr als 10 Meter

Trübung:
ohne →sichtbare Trübungen

Färbung:
keine Färbung

Geruch/Geschmack:
neutral

Tiere:
meist keine oder nur sehr wenige Lebewesen vorhanden

vereinzelt Insektenlarven wie Eintags- und Steinfliegenlarven

dunkle Turbellarien

Untergrund:
kiesig, sandig oder felsig; ohne bräunlichen Überzug

Uferbewuchs:
spärlich; Moose und vereinzelt Farne

MÄSSIG BELASTET

Wasser sollte zumindest von feinen Schwebestoffen befreit werden (→Keimreduktion).

Menschliche Besiedlung:
unwahrscheinlich oder gering

Sichttiefe (Stillgewässer):
1–10 Meter

Trübung:
→leichte Trübung

Geruch/Geschmack:
unauffällig, leicht »teichig«

Tiere:
Flussnapfschnecken

teilweise Massen von Flohkrebsen in Algenteppichen

Röhren und Larven von diversen Köcherfliegen

kleine Fische

Untergrund:
sandig, bisweilen leicht schlammig. Untere Sandschichten sind bräunlich eingefärbt.

Uferbewuchs:
kleine Sträucher, Gräser, Farne, Bäume wie Weiden und Pandanus

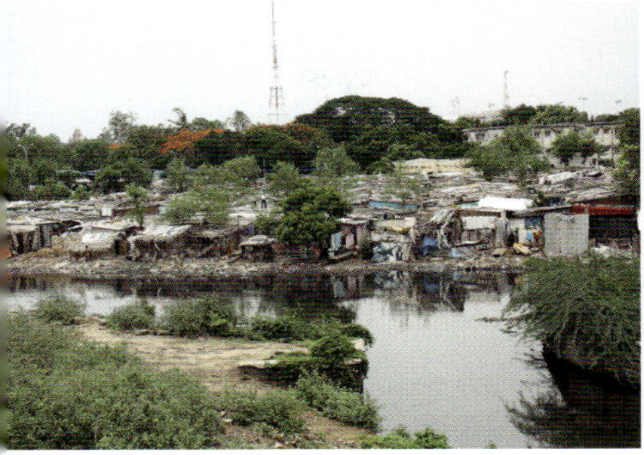

Starke Belastung des Gewässers durch menschliche Siedlung am Gewässer.

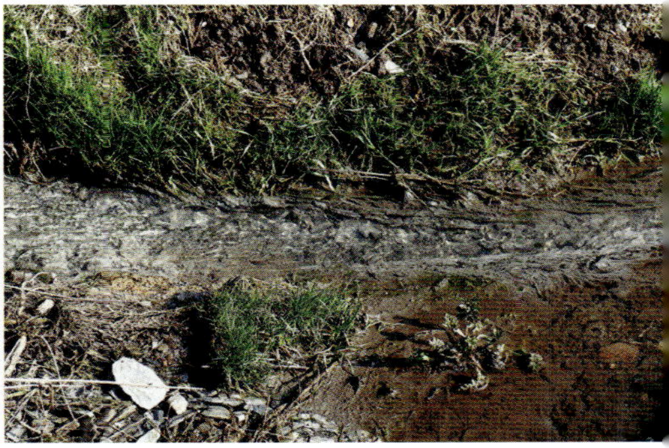

Klares Wasser, jedoch stark verschmutzt: Nur Abwasserpilz kann in diesem Wasser gedeihen. Abb.: Uwe Halbach

VERSCHMUTZT

Wasser sollte →sicher aufbereitet werden.

Menschliche Besiedlung:
Besiedlung und (ungereinigte) Fäkaleinleitung muss angenommen werden.

Sichttiefe (Stillgewässer):
weniger als 1 Meter

Trübung:
→mäßige bis →starke Trübung

Geruch/Geschmack:
modrig bis leicht faulig

Tiere:
Massenvorkommen von Einzellern und Kleinkrebsen (Wasserflöhe) und Algen (siehe Trübung)

größere Fische wie Karpfen, Weißfische oder Welse, größere Krebse wie Sumpfkrebse oder Wollhandkrabben

Zuckmückenlarven, Schlammröhrenwürmer, Wasserasseln, Sumpfdeckelschnecken, Tellerschnecken (in Tropen Bilharziosegefahr!), große Anzahl diverser Egel

Wasseroberfläche:
Wasserlinsen, Wasserhyazinthen, fädige Algen in hoher Dichte

schleimiger, fädiger oder fadenartiger Biofilm

Untergrund:
oft stark verkrautet oder schlammig. Die unteren Bodenschichten sind schwärzlich gefärbt. Deutlicher Geruch nach Schwefelwasserstoff.

Uferbewuchs:
Röhricht, viele überhängende Bäume

SEHR STARK VERSCHMUTZT

Ohne sichere Aufbereitung bzw. bei chemischer Belastung ohne Destillation oder Umkehrosmose nicht als Trinkwasser verwendbar.

Menschliche Besiedlung:
unbestimmt

Sichttiefe (Stillgewässer):
weniger als 10 Zentimeter (Achtung: Gewässer kann bei chemischer Verunreinigung völlig klar sein!)

Trübung:
→starke Trübung, bei chemischer Verunreinigung ggf. auch ohne sichtbare Trübung

Färbung:
unbestimmt, ggf. neonfarben

Geruch:
deutlicher Fäulnis-, Schwefel- oder Fäkalgeruch, ggf. chemisch (Benzin), stechend

Tiere:
ggf. Schlammröhrenwürmer, ansonsten keine lebenden Tiere mehr vorhanden, tote Insekten, Ufertiere oder Fische im Wasser

Wasseroberfläche:
öliger Überzug, teilweise auch Massenbewuchs mit Wasserhyazinthen oder Wasserlinsen (Lemna)

Untergrund:
Abwasserpilz und Schwefelbakterien (scheint aus der Entfernung manchmal weißlich), manchmal tiefschwarz gefärbt oder mit dunkler Kruste

Uferbewuchs:
unbestimmt; ggf. spärlich oder stark wuchernd

Indikatororganismen

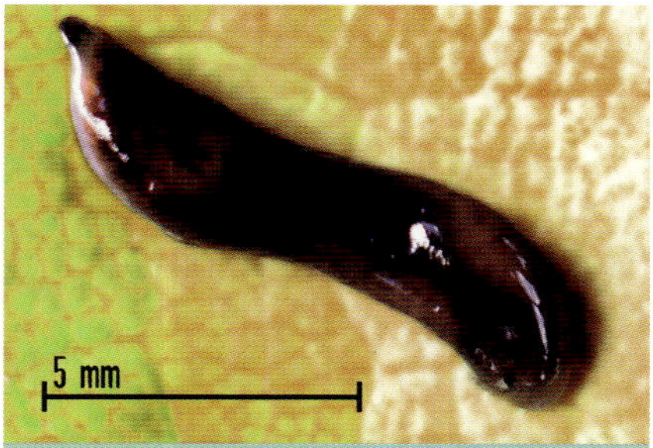

Dunkler Turbellar (keine Querstreifung)
Zeiger für: geringe Belastung

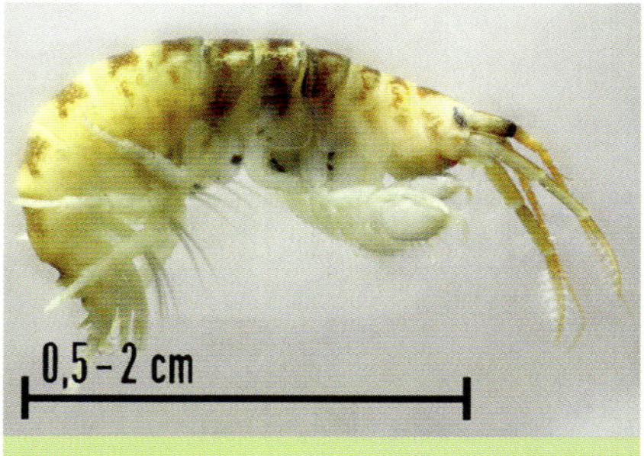

Flohkrebse
Zeiger für: mäßige Belastung

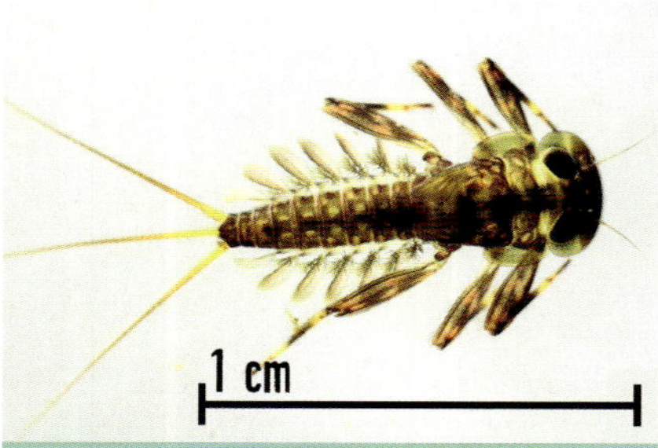

Eintagsfliegenlarven (im Bild) und Steinfliegenlarven
Zeiger für: geringe Belastung

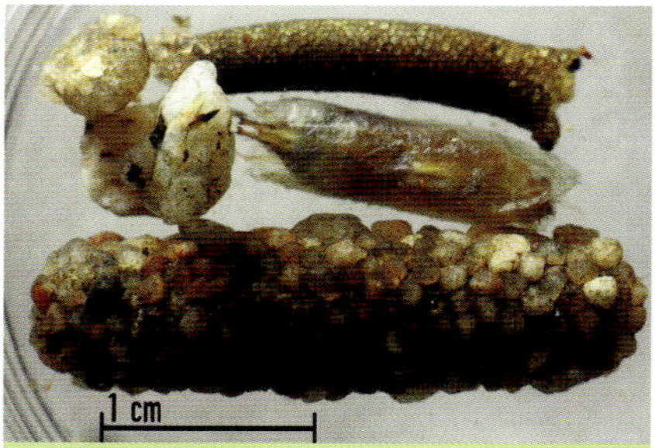

Köcherfliegenlarven
Zeiger für: mäßige Belastung

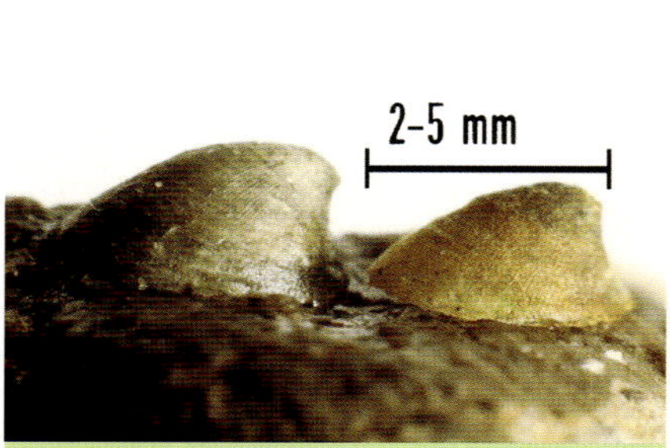

Flussnapfschnecken
Zeiger für: geringe bis mäßige Belastung

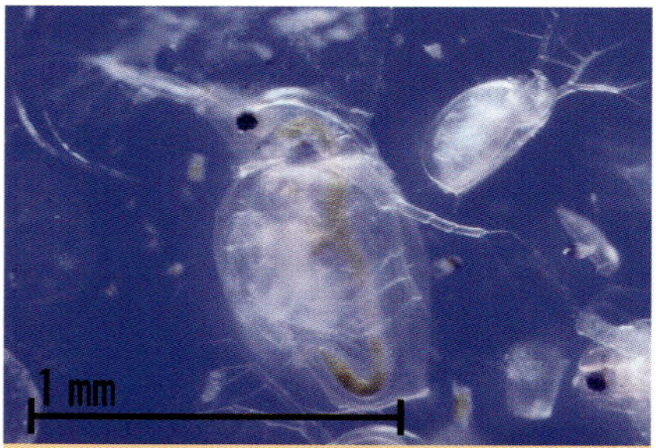

Wasserflöhe
Zeiger für: verschmutzt

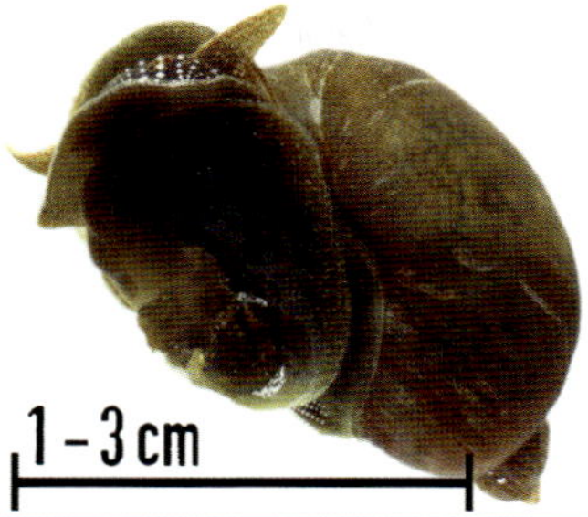

Wasserschnecken
Zeiger für: verschmutzt

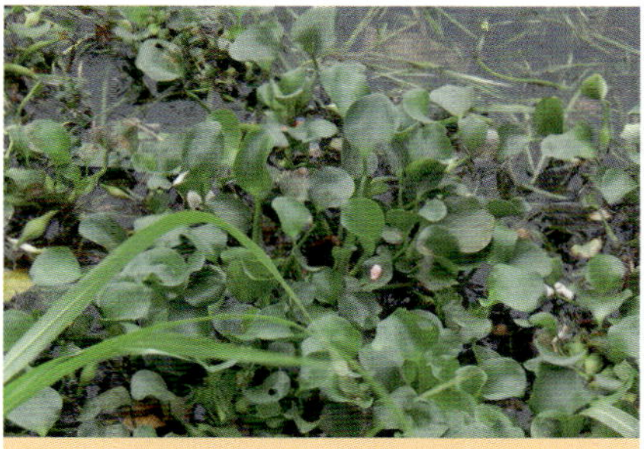

Massenvorkommen von Wasserpflanzen
Zeiger für: verschmutzt, zumindest bedenklich

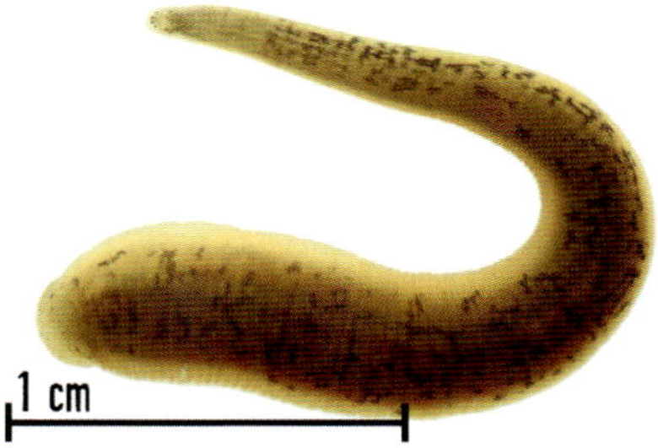

Schnecken- bzw. Raubegel (Querstreifung!)
Zeiger für: verschmutzt

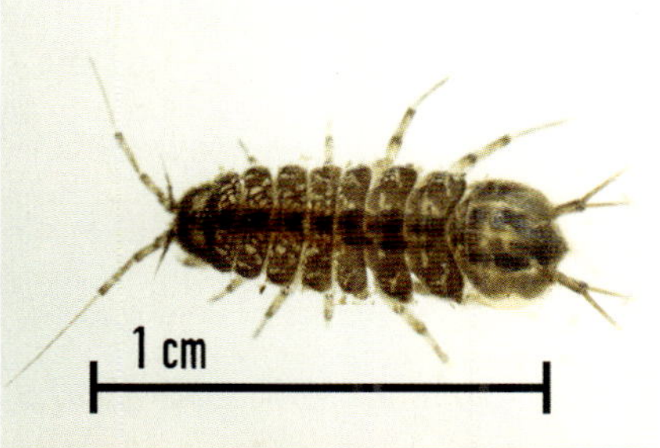

Wasserasseln
Zeiger für: verschmutzt bis sehr stark verschmutzt

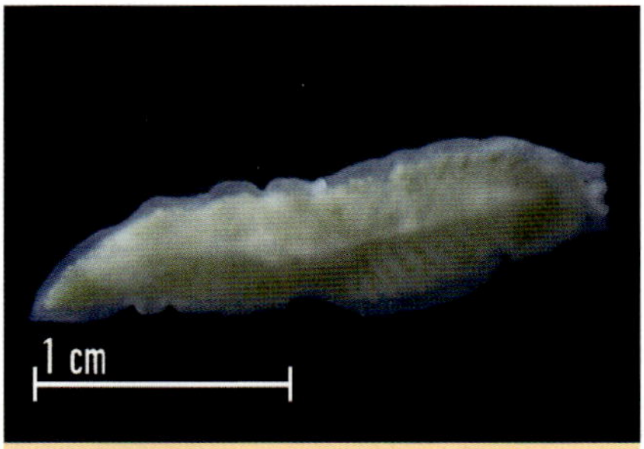

Weißer Turbellar
Zeiger für: verschmutzt

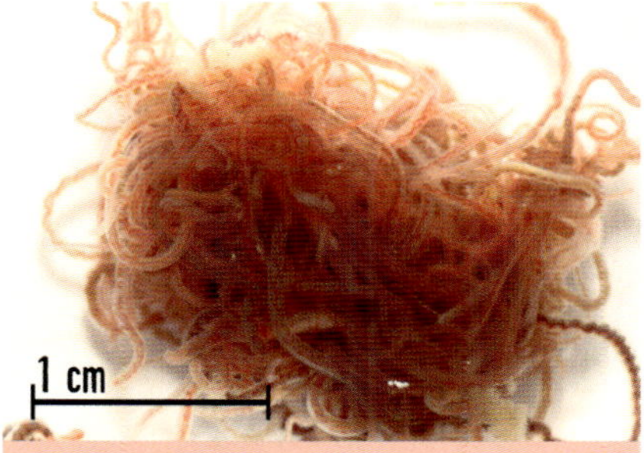

Schlammröhrenwürmer
Zeiger für: sehr stark verschmutzt

5 Wasser aufbereiten

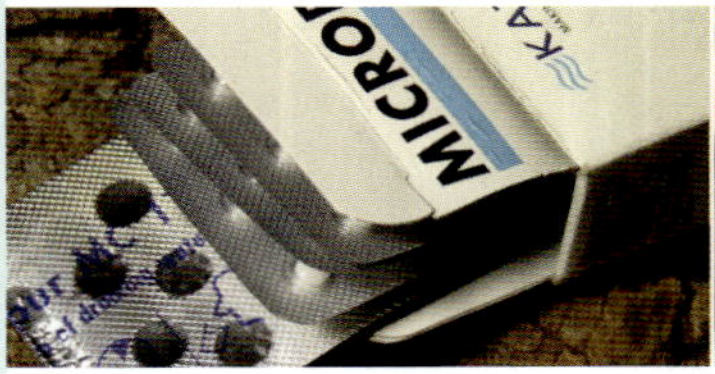
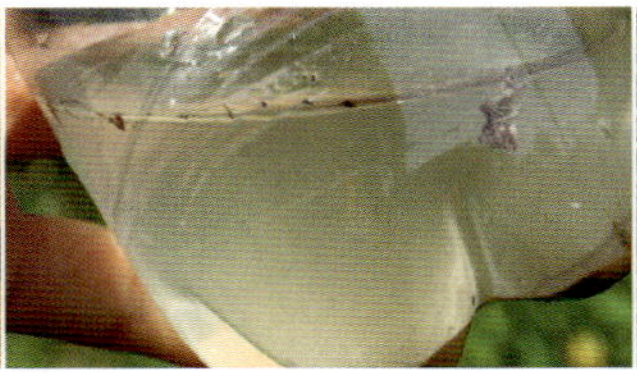
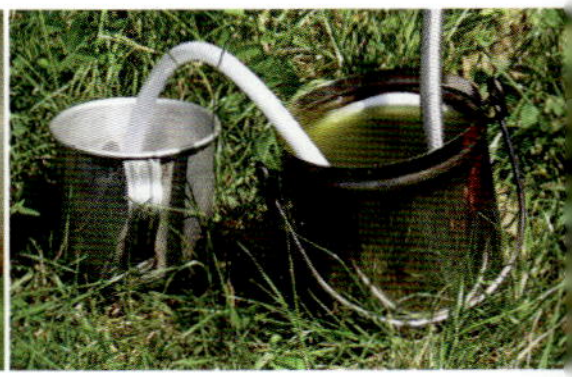

Nachdem wir uns einen Überblick darüber verschafft haben, welche Verunreinigungen im Rohwasser vorkommen und wie sie erkannt werden können, geht es im folgenden Abschnitt um die Frage, wie man jene möglichst vollständig entfernt. Da die Verunreinigungen in Form, Größe, Löslichkeit und Toxizität sowie die chemische bzw. physikalische Interaktion mit dem Rohwasser sehr unterschiedlich sind, ist es nicht immer möglich, mit Hilfe einer einzelnen Methode Trinkwasser herzustellen. Deshalb wird oft mit kombinierten Techniken gearbeitet.

Wir gliedern die Wasseraufbereitung in *Vorbereitende Techniken*, *Entkeimung*, *Aufbereitung* sowie – im abschließenden Kapitel behandelt – die *Konservierung*.

Generell gilt, dass Partikel vor gelösten Stoffen aus dem Wasser entfernt werden. Chemische Verunreinigungen können (wenn überhaupt) nur durch →Kohlefilterung, →Fällung, →Adsorption oder Destillation bzw. Umkehrosmose vollständig beseitigt werden. Weil viele der Aufbereitungsmethoden durch im Wasser suspendierte Teilchen gestört oder das Reinigungsmedium schnell abgesättigt oder verstopft werden kann, wird immer möglichst klares Wasser in die Entkeimung und Aufbereitung weitergeführt. Nach Möglichkeit wird natürlich schon *klares* Rohwasser gesammelt.

Es gibt zwei Arten der Entkeimung: »sichere« und »unsichere« Methoden. Natürlich könnte man argumentieren, dass generell auf unsichere Prozesse verzichtet werden sollte. Das ist in der Praxis aber leider oft nicht möglich; in vielen Situationen mit eingeschränkten Ressourcen und Arbeitsmaterialien ist es schlicht nicht möglich, Wasser zu »100 %« trinkbar zu machen.

Wenn keine Wasserreinigungstabletten oder Wasserfilter vorhanden sind oder kein Feuer entzündet werden kann, sind die Möglichkeiten schon stark eingeschränkt. Auch der Zeitraum zwischen erstem Wasserbedarf und dem Entzünden eines Feuers (*S. 74*) (was im Notfall auch mal 2 Tage dauern kann) bzw. dem Sammeln benötigter Materialien für die Wasseraufbereitung wird durch »unsichere« oder ineffiziente Reinigungsmethoden überbrückt.

Wie in den einleitenden Kapiteln beschrieben, zählt im Notfall buchstäblich jeder Tropfen sauberen Trinkwassers. Da wir ständig Wasser zu uns nehmen müssen (irgendwann wird der Durst unerträglich, es ist nur eine Frage der Zeit, bis verkeimtes Wasser getrunken wird), ist es also immer sinnvoll, auch »unsichere« Aufbereitungsmethoden – korrekter »Keimreduktionsmethoden« – zu kennen.

Unsichere Methoden reduzieren die Menge der im Wasser vorhandenen Bakterien und Einzeller bestenfalls so weit, dass eine Trinkwasserkrankheit subklinisch bzw. symptomfrei abläuft. Manche Aufbereitungsmethoden sind außerdem nicht in der Lage, Krankheitserreger zu filtern, die kleiner als einzellige Parasiten oder bakterielle Konglomerate sind.

Je nach Qualität des Rohwassers ist es übrigens nicht immer notwendig, den »Rundumschlag« anzuwenden. Das Wasser vieler Gewässer ist sauber genug, um ungereinigt getrunken zu werden. Hier kann über die Keimreduktion das letzte Risiko ausgeschlossen werden. Bei ernsthaft verschmutztem bzw. *sicher* mit Krankheitserregern belastetem Wasser sollten unsichere Methoden nur im äußersten Notfall, also in der akuten →Wasserkrise, angewandt werden.

Mit »sicheren Aufbereitungsmethoden« können Sie dagegen aus praktisch jeder Kloake trinkbares Wasser machen. Jedoch gibt es auch hier Einschränkungen, da Effizienz, Aufwand, Energiebedarf oder Ausbeute sicherer Aufbereitungsmethoden je nach Grad der Verunreinigung stark variieren können. Vorbereitende Schritte können hier die Trinkwassererzeugung optimieren.

PIKTOGRAMME

Ausbeute:

💧 Geringe Mengen – kann in der Wasserkrise das Verdursten über eine Zeitlang hinauszögern.

💧💧 Mittlere Ausbeute – ausreichend, um den Tagesbedarf bei reduziertem Verbrauch zu decken.

💧💧💧 Hohe Ausbeute – deckt mindestens den Tagesbedarf eines Menschen bei normaler Tagesleistung.

Reinigungseffizienz:

Rot: Rohwasser – keine Aufbereitungstechnik, sondern *vorbereitende* Tätigkeiten.

Gelb (mit Zahl; bspw. 3): Keimreduktionstechnik – durch die Behandlung wird die Keimzahl um etwa drei Größenordnungen reduziert. Bsp.: **2** = 1:100 bzw. **3** = 1:1000. Wiederholung des Vorgangs bzw. Kombination mit anderen Keimreduktionstechniken erhöht zusätzlich die Sicherheit.

Grün: Sichere Aufbereitungsmethode. Entfernt praktisch alle gefährlichen Keime.

Vorbereitende Techniken

Sedimentieren

💧💧💧 1

Beim Entnehmen von Rohwasser aus Seen oder Tümpeln entstehen Verwirbelungen und Strömungen im Wasser. Außerdem werden in fließenden Gewässern große Teile des →Detritus durch die Strömung ständig vom Grund in das Wasser aufgeschwemmt. Deshalb ist im Sammelgefäß die →Trübung durch Schwebestoffe oft stärker als im Gewässer.

Lässt man das Gefäß eine Zeitlang im Schatten stehen, sinken die schweren Teilchen auf den Boden, leichteres Material wie schwimmende Einzeller und Algen sammeln sich an der Oberfläche. Aktiv schwimmende Lebewesen versammeln sich oft entweder auf der lichtzugewandten Seite oder in dunkleren Bereichen des Gefäßes. Beim Ruhen während des Sedimentierens haben außerdem eventuell vorhandene →Phagen die Möglichkeit, die Keimzahl zu reduzieren bzw. aggressive Keime zu schwächen. Nach dem Sedimentieren wird das Wasser vorsichtig →dekantiert.

Frisch aus einem Fluss gewonnenes Wasser lässt man eine halbe Stunde ruhen, um die vermischten Wasserbestandteile zu trennen.

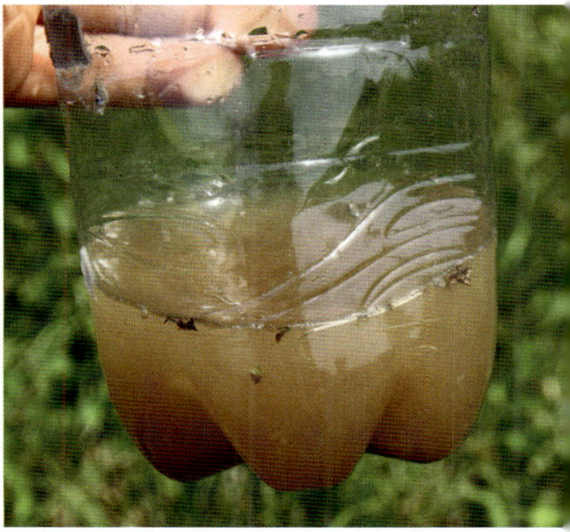

Hitzefällung

🌢🌢🌢 2 Die Löslichkeit von Gasen im Wasser verhält sich umgekehrt zur Löslichkeit von Feststoffen. Während sich Zucker und Kochsalz in warmem Wasser besser lösen, wird die Konzentration von Sauerstoff, Kohlendioxid und anderen gasförmigen Substanzen geringer. Beim Verlust von Kohlenstoffdioxid (»Kohlensäure«) wird das Wasser etwas »weniger sauer«, wodurch auch die Löslichkeit anderer Stoffe im Wasser abnimmt.

Beim Erhitzen von »hartem Wasser« scheidet sich sogenannter Kesselstein ab. Die Karbonatverbindung ist in praktisch jedem natürlichen Wasser vorhanden. Während des Kristallisationsvorgangs werden unterschiedliche Mengen im Wasser vorhandener Metalle in der Festsubstanz eingeschlossen. Durch die Hitzefällung lässt sich also einerseits eine gewisse Menge von gelösten Metallen aus dem Wasser entfernen, andererseits kann an der Farbe des Kesselsteins auch erkannt werden, ob eine starke Verunreinigung durch Chemikalien vorhanden ist.

Die Hitzefällung wird auch bei stark durch →Algen getrübtem Wasser eingesetzt. Oft ist die Zelldichte so hoch, dass Wasserfilter nach wenigen Litern verstopfen. Algen, Bakterien und einzellige Lebewesen sterben beim Erhitzen ab und sinken während des Abkühlens auf den Grund. Bei gegebenenfalls gefährlichen Algenkonzentrationen ist die Hitzefällung eine Möglichkeit, die in den Zellen eingeschlossenen Gifte abzutrennen. Wichtig ist bei starker Algenbelastung, dass das Wasser zwar heiß wird, aber *nicht kochen* darf, da sonst Zellen zerstört und die Gifte in das Wasser abgegeben werden. Sind sie erst einmal im Wasser gelöst, können sie nur noch schwer vollständig entfernt werden. Manchmal bildet sich nach dem Erhitzen ein dichter und fester Schleimfilm an der Oberfläche, der abgeschöpft werden kann. Das Erhitzen kann auch in einem dunklen Behältnis in der Sonne etc. bei Temperaturen von 60–80 °C durchgeführt werden. Der klare Überstand wird nach dem Hitzefällen vorsichtig →dekantiert.

Sauerstofffällung

🌢🌢🌢 Rohwasser aus sauerstoffarmen Quellen (verschmutzten Sickerquellen, Grubenwasser etc.) kann durch eine Sauerstoff- oder Luftfällung auf das Vorhandensein von gelösten Stoffen und Schwermetallen überprüft und ein Teil von diesen abgetrennt werden. Das Verfahren ähnelt in seinem Ergebnis der Hitzefällung. Im Gegensatz zu jener reicht es jedoch, wenn Rohwasser in eine Flasche eingefüllt und nach dem Verschließen ordentlich geschüttelt wird. Dabei muss darauf geachtet werden, dass noch genügend Luft im Gefäß verbleibt.

Beim Schütteln wird Sauerstoff im Wasser gelöst, der Verbindungen, z. B. aus Eisen oder Mangan (im Wasser als Hydrogenkarbonat gelöst), zu festen Partikeln (Oxidhydrat) oxidiert. Diese lassen sich →sedimentieren und →dekantieren. Das Schütteln entfernt auch teilweise die gelöste Kohlensäure aus dem Wasser, wodurch wie bei der Hitzefällung »Kesselstein« entsteht. Die Mengen von Kesselstein sind bei der Sauerstofffällung jedoch deutlich geringer als bei der Hitzefällung.

Sauerstofffällung in einer Flasche ist in ihrer Effizienz nicht ausreichend, um schwer verunreinigte Gewässer aufzubereiten. Es wird oft nur ein Bruchteil der im Wasser vorhandenen Stoffe durch das Ausflocken entfernt. Darum sollte diese Methode bei deutlicher Trübung nach dem Schütteln so lange angewandt werden, bis keine Kristalle mehr entstehen. Vor jedem Schütteln sollte die Luftschicht über dem Wasser ausgetauscht werden. Dies kann durch einfaches Umkippen in ein anderes Gefäß oder bei flexiblen Kunststoffflaschen durch mehrfaches Zusammendrücken erfolgen.

Die Sauerstofffällung ist außerdem geeignet, um bei teefarbigem Wasser zu überprüfen, ob es sich um Eisenverbindungen oder Gerbstoffe handelt.

Chemische Flockung

🌢🌢🌢 1 In der großtechnischen Trinkwasseraufbereitung spielen Flockungs- bzw. Fällungsmittel eine erheblich größere Rolle als in der improvisierten

Trinkwasseraufbereitung. Ziel der chemischen Flockung ist es, gelöste Stoffe so miteinander zu verbinden, dass sie größere Kristalle bilden. Ebenso wird durch »Zusammenlegen« sehr kleiner suspendierter Trübstoffe sowie von Keimen eine Partikelgröße erreicht, die absinkt.

Wenn dies korrekt gemacht wird, können auf diese Weise Stoffe quantitativ, also vollständig entfernt werden. Allerdings muss die Lösung hierfür »eingestellt« werden, d.h. pH, Temperatur und das Vorhandensein von Flockungshilfstoffen müssen genau stimmen.

Vor allem im »Durchflussverfahren« ist das nicht so einfach möglich. Deshalb sollten Stoffe wie EDTA, die stabile Chelate bilden, nicht unbedingt verwendet werden: Überschuss der Mittel im Trinkwasser können zu Problemen im Mineralienhaushalt des Körpers führen.

Unproblematischer im Bezug auf vorhandene Wassereigenschaften sind Flockungsmittel wie Aluminiumsulfat oder Aluminiumalaun (letzteres haben viele Reisende als »Rasierstift« oder »Kristall-Deostift« dabei, um Blutungen durch kleine Schnitte oder Blutegel zu stoppen), die allerdings auch nicht dauerhaft und in zu hoher Dosis eingesetzt werden sollten, wenn sie nicht wieder vollständig abgetrennt werden können.

Um Überdosierung zu vermeiden, sollte bei diesen chemischen Stoffen »titriert« werden. Hierzu wird idealerweise ein großes Gefäß verwendet, in das unter langsamem Rühren tropfenweise Flockungsmittel zugegeben wird. Dabei bilden sich milchig trübe Schlieren, die den Beginn der Kristallisation darstellen. Flockungsmittel wird solange zugegeben, bis sich keine neue Schlieren mehr bilden. Ist das Wasser schon so milchig, dass nicht mehr erkannt werden kann, ob hinzugefügtes Flockungsmittel noch Stoffe zum Binden hat, wird die Titration gestoppt, und die Flüssigkeit wird →sedimentiert und →dekantiert. Das geklärte Wasser wird dann nochmals mit einzelnen Tropfen versehen. Bilden sich keine neuen Schlieren, wird das Wasser der →Entkeimung zugeführt.

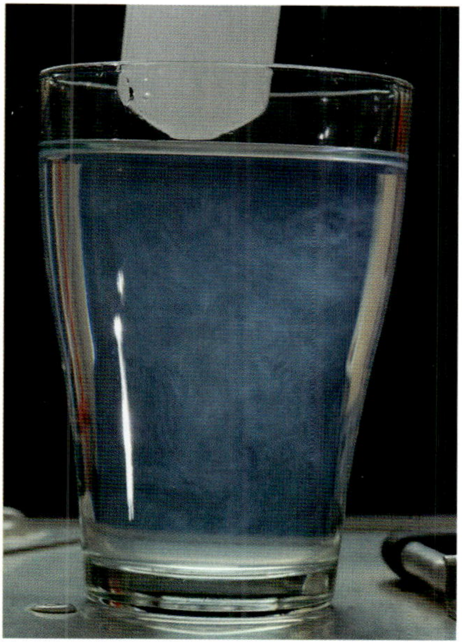

Gelöste Mineralien flocken, wenn geringe Mengen gelöstes Aluminiumalaun hinzugegeben werden. Sedimentieren die Kristalle oder werden sie abgefiltert, ist der größte Teil des Alauns wieder entfernt.

Dekantieren

Vielleicht kennen Sie das Dekantieren von altem Wein. Dabei wird das Wort oft fälschlicherweise für das »Atmenlassen« des Weins verwendet. Tatsächlich ist Dekantieren das vorsichtige Kippen des Gefäßes, um sedimentierte Bestandteile (z.B. Weinstein, in unserem Fall eher →Detritus und Sand) abzutrennen. Wenn das Gefäß mit Rohwasser nach dem →Sedimentieren bzw. Ausflocken vorsichtig schräg gehalten wird, können an der Oberfläche treibende Stoffe zuerst weggeschüttet werden. Ist die Oberflächenschicht verworfen, wird die klare Mittelschicht aufgefangen. Man beendet das Dekantieren, wenn noch ein großzügiger Rest Wasser über dem am Boden liegenden Sedimentfilm vorhanden ist.

Wichtig ist, darauf zu achten, das Gefäß durchgängig schräg zu halten. Wird es während des Dekantierens aufgerichtet oder

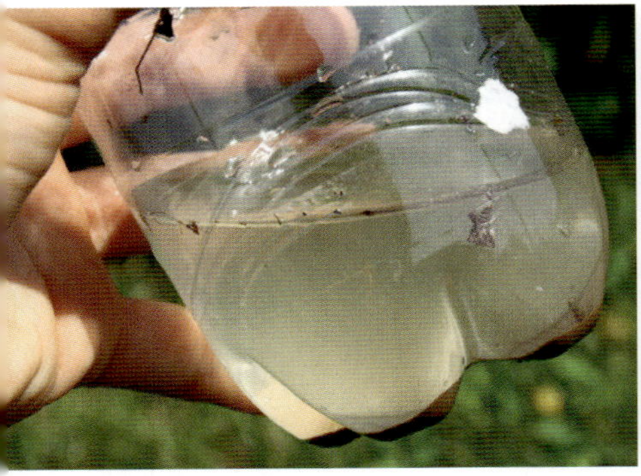

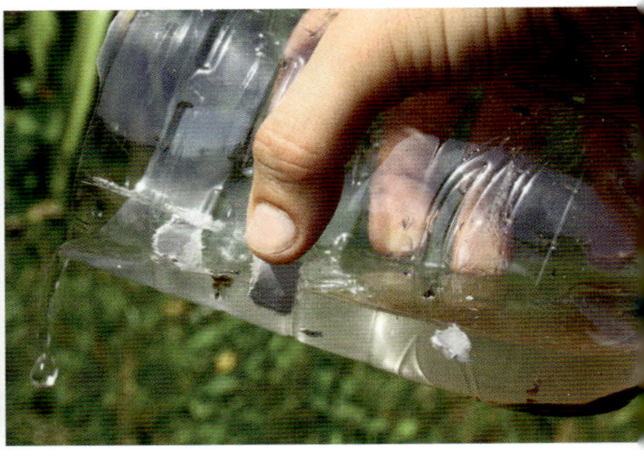

Nach dem Sedimentieren oder Fällen schwimmen die leichten Bestandteile auf der Wasseroberfläche, schweres Sediment und abgestorbene Zellen liegen am Boden. Durch vorsichtiges Abschütten lässt sich die klare Schicht dekantieren.

gestoßen, entsteht eine Strömung, die den Bodensatz wieder aufwirbelt.

Dekantieren lässt sich übrigens besonders gut mit gewellten bzw. strukturierten PET-Wasserflaschen. Sie können jedoch auch mit jedem anderen (nach Möglichkeit transparenten) Gefäß die verschiedenen Wasserschichten abtrennen.

Vorfiltern

Generell gilt, dass Rohwasser vor der eigentlichen Aufbereitung so lange vorgefiltert werden sollte, bis keine deutliche →Trübung mehr sichtbar ist und vor allem auch alle größeren Partikel abgeschieden worden sind. Ein erster Schritt ist das →Dekantieren, um Blätter, Detritus und ggf. tote oder immobile Einzeller zu entfernen.

Wenn dabei fein suspendierte Teilchen wie Lehm nicht immer vollständig aus dem Wasser verschwinden, sollte mit einem improvisierten Vorfilter nachgearbeitet werden. Hierfür eignen sich alle dicht gewebten Stoffe, gepresster Verbandsmull, Tampons, Küchenschwämme, gepresste Flughaare von Rohrkolbensamen, Disteln, feines Heu usw. Sind solche Fasern nicht verfügbar, lässt sich mit feinem Kies bei ausreichender Schichtdicke ein ähnlicher Vorfiltereffekt erzeugen. Dabei muss darauf geachtet werden, dass dieser vorgewaschen wird, um sehr feine Partikel zu entfernen, die wiederum eine Trübung erzeugen würden. Dazu kann trockener Kies auch in einem Teller oder einer Schale immer wieder schräg in die Luft geworfen und aufgefangen werden.

Beim Bau eines Vorfilters sind Ihrer Phantasie praktisch keine Grenzen gesetzt. Ob Sie die Filtermaterialien durch einen gestopften Blatt- oder Rindentrichter laufen lassen, ob Sie einen Flaschenhals oder sonstige improvisierte Gefäße verwenden, ist egal, solange das Wasser nach dem Vorfiltern eine deutlich geringere Trübung besitzt – und wie bei allen Filtermethoden

Ein einfacher Vorfilter aus Pflanzenfasern kann einen großen Teil der Trübstoffe und größere Materialien entfernen.

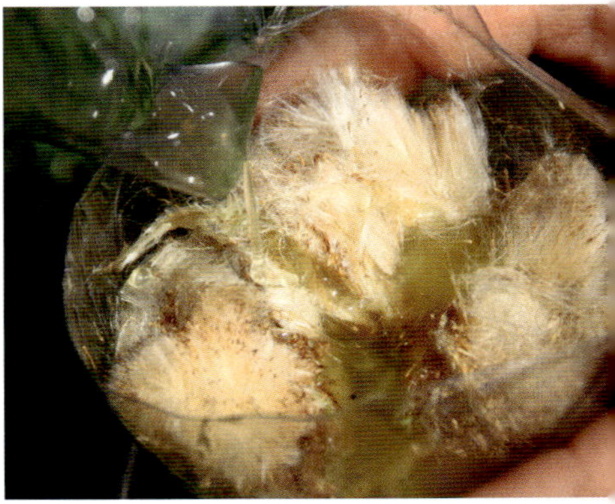

kein →Bypass entsteht. Oft haben Trekkingfilter solche Vorfilterstufen als Siebe oder Netze im Ansaugschlauch. Diese sind jedoch oft zu weitmaschig, so dass den Filter verstopfende Partikel hindurchgelangen können.

Filtervlies

Während das grobe Abtrennen von Fadenalgen und groben Schwebestoffen mit Zellstofftüchern und Kleidungsstücken noch funktioniert, ist es schon erheblich schwieriger, auch feine Schwebestoffe zu entfernen, um beispielsweise von über 200 NTU auf eine Trübung von unter 50 NTU zu kommen. Dies kann notwendig sein, wenn stark eutrophiertes Wasser der →SODIS zugeführt werden soll, eine Belastung mit toxinproduzierenden Blaualgen vermutet wird oder Rohwasser während einer Reise mit →chemischen Mitteln oder einem →Hohlfaserfilter gereinigt wird, ohne dass jedes Mal eine Sandfilterstufe bzw. ein Tropfwasserfilter aufgebaut werden kann.

Insbesondere bei Trekkingreisen mit leichtem Gewicht ist es oft sinnvoll, ein feines Filtervlies mitzuführen, mit dem das Wasser relativ schnell geklärt werden kann.

Beispielsweise gibt es Filtertaschen für die Vorfilterung in Reinstwasseranlagen mit einer Porenbreite von etwa 5 µm, die nur wenige Euro das Stück kosten. Diese Taschen erinnern an Teefilter zum Selbstbefüllen, sind aber erheblich feiner. Für größere Wassermengen eignen sich Nadelfilztaschen, die bis zu einer Filterstärke von minimal 25 µm angeboten werden.

Vliesfilter sehen so aus wie Teefilter, sind aber erheblich dichter. Mit ihnen lassen sich Schwebstoffe entfernen, die bei der Aufbereitung stören würden.

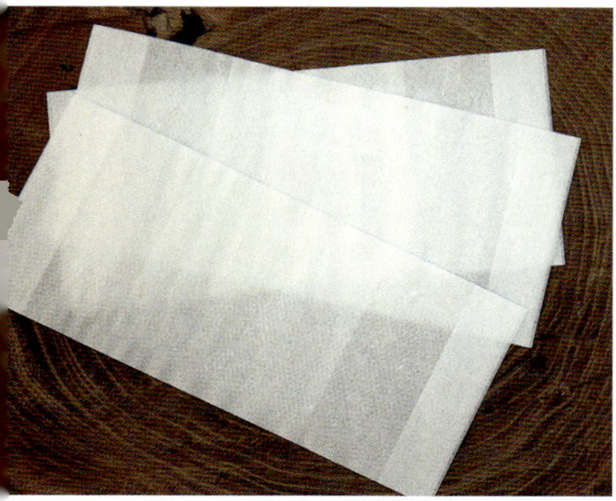

Entkeimung

Tropffilter

Das Filtern mikroskopisch kleiner Teilchen aus dem Wasser ist anspruchsvoller, als man glauben mag. Bakterien, Algen und Einzeller suchen sich kleinste Lücken, durch die sie schlüpfen können. Auch Wasser sucht sich immer den Weg des geringsten Widerstandes, weshalb ein kleiner Fehler beim Bau eines Wasserfilters ausreicht, um ihn funktionslos bzw. unsicher zu machen.

Kommerzielle Filter bestehen aus einem Keramik-, Kunststoff- oder Glasfaserelement, das kompakt gebacken oder gepresst eine poröse Wand mit exakt definierter Durchgangsgröße besitzt. Oft handelt es sich dabei um Porengrößen von rund 0,5 µm. Diese winzigen Löcher halten alle Einzeller und viele gefährliche Bakterien zurück und lassen meist nur die viel kleineren Viren, Wasser und darin gelöste Stoffe hindurch. Ein solch engmaschiges Konstrukt mit natürlichen Materialien zu erzeugen ist schwierig, jedoch nicht unmöglich. Mit Hilfe improvisierter Filterstufen lässt sich durchaus auch eine sichere Aufbereitung durchführen.

Beim Filterbau gibt es mehrere Dinge zu beachten. Zuallererst gilt, dass die hier aufgeführten und überprüften Methoden nur dann wie beschrieben funktionieren, wenn sie mit geeignetem Material und mit höchster Sorgfalt gefertigt worden sind. Werden andere Materialien verwendet, kann es zu einem anderen Ergebnis kommen.

Das Wichtigste ist, dass beim Filter kein Bypass entsteht. In einem geschlossenen Gefäß heißt das, dass einzelne Filterschichten sorgfältig verdichtet werden und eine ausreichende Schichtdicke haben müssen.

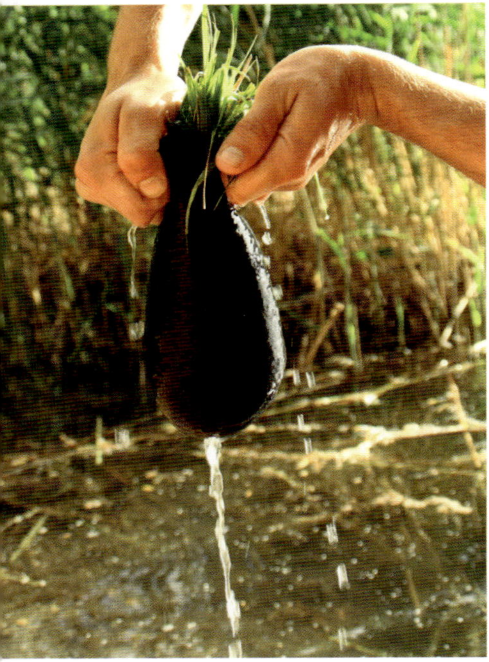

Häufig empfohlene Technik, die man besser nicht anwenden sollte. Das Filtern durch Gewebe belässt einen Bypass. Faktisch fließt mehr Wasser am Filter vorbei als durch ihn hindurch.

Ein einzelner Tropfen, der am Filtermedium vorbeigelangt, kann Millionen von Keimen in das aufbereitete Wasser transportieren. Zum Verhindern eines Bypass gilt auch etwas, das eigentlich der gesunde Menschenverstand vorgeben sollte: Werden aufgehängte Dreieckstücher, Socken und Ähnliches als Filtergehäuse verwendet, läuft die am Filtermaterial gestaute Dreckbrühe an den Filtermedien vorbei ins Sammelgefäß. Auch wenn dabei ein paar gereinigte Tropfen anfallen sollten, werden diese durch den vorbeilaufenden Hauptanteil des Rohwassers wieder verunreinigt. Dennoch liest man diese Anleitungen in diversen militärischen und sonstigen Survivalbüchern. Dadurch hat die improvisierte Wasseraufbereitung einen mehr als schlechten Ruf.

Wer aus heimischen Bächen durch einen Strumpf gefiltertes Wasser trinkt und daran nicht erkrankt, hat damit kein Kunststück vollbracht – hiesige Gewässer haben praktisch Trinkwasserqualität. Wenn Sie das Gleiche jedoch mit Wasser aus dem Unterlauf des Ganges oder Nil machen, sieht die Sache schon etwas anders aus.

Tropffilter sind meist dann dicht genug gebaut, wenn ohne zusätzlichen Druck etwa alle 5 bis 10 Sekunden ein Tropfen aus dem Filter läuft. Fließt das Wasser regelrecht hindurch, ist die Filterwirkung mit Sicherheit zu gering.

Filtergehäuse

Ein improvisierter Filter benötigt, wie angemerkt, ein absolut wasserdichtes Gehäuse. Geeignete natürliche Materialien sind mit Harz verklebte Röhren aus Borke, Schilf oder Bambus, ausgehöhlte Holzstücke usw. Gewickelte Blätter haben dagegen meist keine ausreichende Festigkeit und Stabilität, weshalb diese ausschließlich beim Vorfiltern Verwendung finden.

Neben den natürlichen Materialien können aufgeschnittene Wasserflaschen, Plastiktüten, Kondome, Rettungsdecken Schlauchreste etc. verwendet werden. Während feste Röhren mit verschlossenem Boden als Schichtfilter eingesetzt werden, müssen in weichen Gefäßen wie Tüten oder Folien passende →Filterkerzen eingesetzt werden. Je nach verwendetem Filtermedium kann hier eine sichere Aufbereitung erzielt werden, während Sedimentfilter aufgrund der relativ hohen Körnung hauptsächlich der Keimreduktion dienen.

Sedimentfilter

4 Vorbereitend zum Bau eines Schicht- oder Sedimentfilters sollte das Filtergehäuse auf einer Seite mit einer Aufhängevorrichtung versehen werden; die andere muss bis auf ein zentrales, maximal einen Millimeter großes Loch *dicht* verstopft worden sein.

Das Filtergehäuse wird mit verschiedenen Schichten von möglichst sauberem Sand bzw. Kies befüllt. Bodenbakterien bzw. Keime, die im trockenen Sand vorhanden sind, spielen für uns im Magen keine bedeutende Rolle als Krankheitserreger.

Wenn Sand und Kies aus dem Gewässer verwendet werden müssen, können diese über die →*»Sodis« für Filterstoffe* keimfrei gemacht werden.

Gefüllt werden Sedimentfilter von unten nach oben, wobei unten die feinen Filterschichten liegen, weiter oben die groben. Oft wird direkt in einem Filter auch die Aufbereitung mit Hilfe von →Holzkohle erzielt. In diesem Fall wird vor dem Einfüllen von Sand bzw. Kies eine dicke Schicht Kohle eingefüllt.

Vor dem Einsetzen des Filtermaterials wird zuunterst eine dichte Faserschicht (hiermit ist im Folgenden generell eine dichte und den Durchmesser ausfüllende Schicht gemeint, wie sie auch beim Vorfiltern verwendet wird) ausgelegt, auf die, sofern vorhanden, eine mehrere Zentimeter dicke Schicht aus fein gestoßener Holzkohle gelegt wird. Der Filter wird gerade aufgestellt (und darf ab nun auch nicht mehr gelegt oder erschüttert werden). Mit Hilfe eines abgerundeten Holzstabs wird die Kohleschicht nun gleichmäßig verteilt, gestampft und verdichtet. Eine weitere Faserschicht wird aufgelegt. Auf diese kommen nun die Filterschichten aus:

1. möglichst feinem Sand
2. Sand mit feinem Kies gemischt
3. feinem Kies
4. feinem Kies mit grobem Kies.

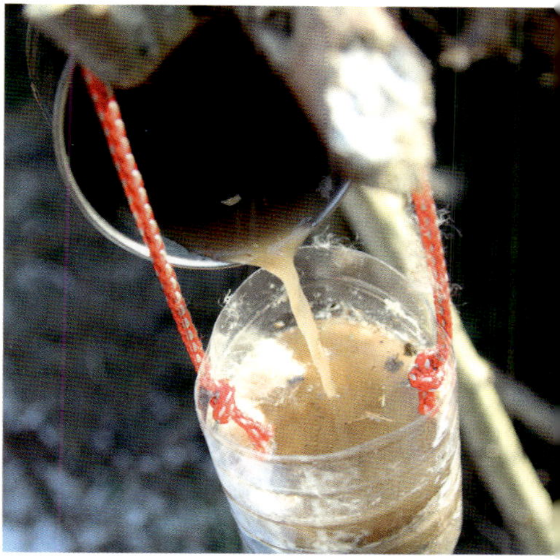

Eine dünne Suspension von Lehm und Wasser verdichtet den Sedimentfilter und kann zur Kontrolle auf Bestehen eines Bypass verwendet werden.

Die Schichten sind jeweils mehrere Zentimeter dick, verdichtet (dabei nicht geschüttelt!) und mit jeweils einer Faserschicht von der benachbarten Filterstufe abgetrennt.

Zuoberst kann ein Knäuel von groben Fasern aufgebracht werden, das bei nicht vorgefiltertem Wasser die groben Bestandteile zurückhält. Außerdem verhindert diese Schicht, dass beim Einfüllen von Rohwasser die Sedimentschichten aufgewirbelt und untereinander vermischt werden.

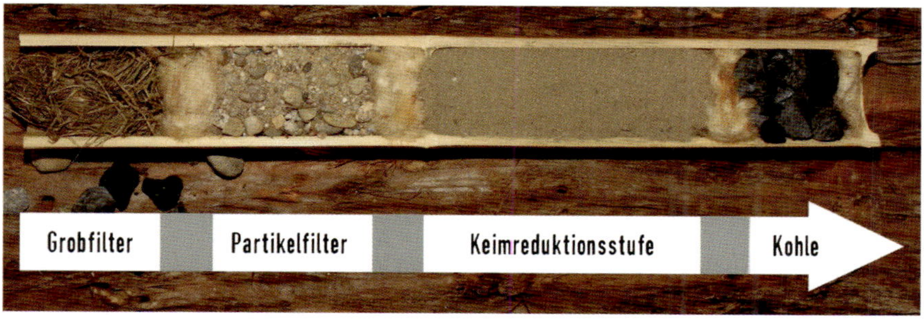

Die verschiedenen Schichten des Sedimentfilters müssen sauber eingelegt und verdichtet werden. Die Keimreduktionsstufe aus feinem Sand ist für die Aufbereitung ausschlaggebend. Sie wird so groß wie möglich angelegt.

Vor dem eigentlichen Filtervorgang sollte der Filter einmal »durchlaufen«, ohne dass das Wasser aufgefangen wird. Dabei werden feine Staubteilchen entfernt, und die Schichten setzen sich noch etwas ab.

Dieser Spülvorgang wird am besten mit Wasser durchgeführt, das mit einer geringen Menge von Lehm oder Erde versetzt und sedimentiert worden ist. Die Partikel, die als Trübung im Überstand verbleiben, sind rund unter einem µm im Durchmesser und damit im Größenbereich von Bakterien. Wenn das trübe Wasser in den Filter dekantiert wird, setzten sich diese Partikel in verbliebene Lücken, und wenn das Filtrat erheblich klarer ist als das Spülwasser, haben Sie gleich eine Funktionskontrolle des Filters.

Während des Filtervorgangs, der je Liter einige Stunden dauert, sollte ständig Wasser nachgefüllt werden, da sich der Druck mit der Zeit verringert. Während des Nachfüllens sollte das Auffanggefäß entfernt werden. Falls etwas Rohwasser danebengeht, muss das aufbereitete und nun kontaminierte Wasser neu gefiltert werden.

Tonbrandfilter

Vielleicht waren Sie schon mal in Ägypten oder Marokko und haben im Schatten aufgehängte wassergefüllte Tongefäße gesehen, unter denen ein Trinkgefäß steht. Diese Krüge bestehen nicht aus heiß gebrannter (und gesinterter) Keramik, sondern aus bei relativ niedrigen Temperaturen gebranntem Lehm. Diese sogenannte Irdenware ist relativ instabil und wasserdurchlässig. Über mehrere Stunden kann eingefülltes Wasser durch die Gefäßwand nach außen dringen. Dabei wird es gefiltert und durch Verdunstung gekühlt.

Wir verwenden zur Wasseraufbereitung ein ähnliches Prinzip. Einen Ton- oder Lehmbrandfilter (auch Lehmtopffilter) können Sie sich von Form und Größe her wie einen großen Trinkbecher vorstellen. Zur Herstellung wird möglichst feiner Lehm oder Ton verwendet. Mit etwas Wasser wird er zu einer elastischen Masse geformt und verdichtet. Nun wird der Klumpen mit organischem Material vermengt, gut geknetet und verdichtet. Es eignen sich kleine Grassamen, feine morsche Äste, Holzmehl, Stroh, Tierdung usw. Der Zuschlag sollte bei etwa einem Drittel des Lehmvolumens liegen. Aus dem Gemisch wird ein Becher geformt, der einige Zeit im Schatten getrocknet werden sollte.

Gebrannt werden die Filter in einem kleinen Feuer, wobei Sie den Becher nicht sofort in die direkte Glut stellen sollten, sondern langsam näher an das Feuer heranschieben und dabei drehen, damit das letzte vorhandene Wasser verdampfen kann. Wenn der Lehm nach dem Trocknen am Feuer überall dieselbe helle Farbe hat, wird er mit Glut bedeckt. Die Temperatur wird etwa für eine halbe Stunde gehalten.

Die organischen Bestandteile verkohlen beim Brennen und erzeugen unsichtbare Haarrisse und Poren in der Becherwand. Besonders bei »fettem Ton« kann es ohne den Zuschlag geschehen, dass das Material zu dicht wird und der Wasserdruck zum Durchdringen der Gefäßwand nicht ausreicht. Am besten bereiten Sie gleichzeitig einige dieser Gefäße vor, da sie beim Erhitzen gerne springen.

Der Vorteil solcher Brandfilter ist, dass damit schnell und bei Bedarf Wasser trink-

Durch die große Filteroberfläche und kleine Poren wird Wasser schnell und sicher gereinigt.

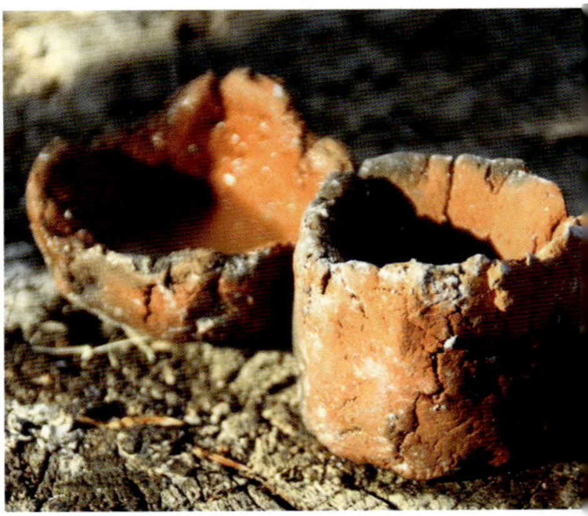

bar gemacht werden kann. Wenn Sie beispielsweise unterwegs nicht genügend Zeit haben, um Wasser abzukochen, kann mit einem solchen Becher innerhalb weniger Minuten ein Schluck Wasser geschöpft und aufbereitet werden.

Außerdem bietet es sich an, mehrere solcher Filtertöpfchen direkt an Gewässerufern bis zum Rand im Morast zu versenken. Das Wasser sickert langsam nach innen und kann regelmäßig abgesaugt werden (die Filter sollten natürlich jeweils immer nur in »eine Richtung« verwendet werden). Ist das Filtermedium irgenwann verstopft, wird das Gefäß einfach mit etwas Sand poliert, wodurch die Poren wieder freigelegt werden.

Kerzenfilter

In eine Tüte kann natürlich kein Schichtfilter eingefüllt werden; hier wird etwas anders verfahren. Die einzelnen Filterstufen liegen räumlich getrennt vor. Hierfür können unterschiedliche Filterkerzen hergestellt werden. Die gängigsten Methoden sind Holzfilter sowie Lehmbrandfilter mit einer nachgeschalteten Kohlefilterung. Jeder Filter kann mit mehreren (gleichartigen) Filterkerzen bestückt werden. Hierdurch läuft das Wasser parallel und damit etwas effizienter durch das Filtermedium. Auch hier wird zuerst mit grobem, dann feinem Filtermedium gereinigt. Vor der ersten Filterstufe muss unbedingt vorgefiltert werden, da die Filteroberfläche bei den improvisierten Filterkerzen relativ klein ist und schnell verstopft.

Holzfilterkerzen

1 Holz, genauer das »Xylem«, enthält feinste Kanäle, sogenannte Leitbündel, mit einem Durchmesser von ca. 5 bis 10 µm. Da diese Kanäle teilweise verästelt, durch kleinste Poren miteinander verbunden oder an den »Nahtstellen« verengt sind, liegt die effiziente Porengröße bei Laubgewächsen meist unter 5 µm, bei Nadelgewächsen bei rund 0,2 µm. An diesen Engstellen werden praktisch alle tierischen Zellen oder →einzelligen Erreger

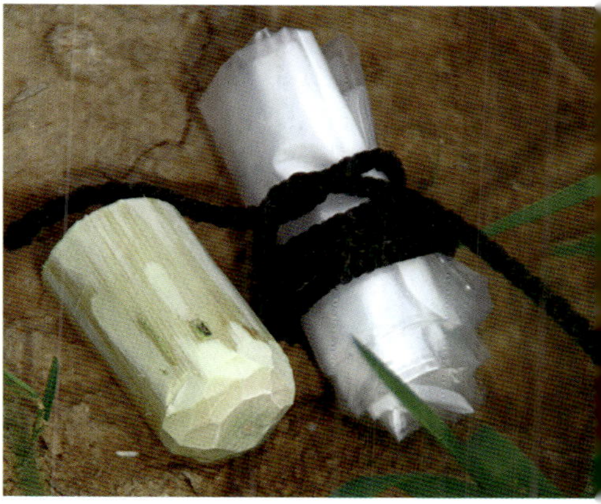

Eine Tüte, etwas Leine – mehr brauchen Sie nicht, um einen Kerzenfilter herzustellen, der bei richtig gewähltem Holz eine verblüffend gute Reinigungswirkung besitzt.

sowie viele Bakterien und deren Konglomerate zurückgehalten.

Zu beachten ist Folgendes: Wählen Sie Holz von Laubbäumen, ist die Ausbeute höher, es werden jedoch nicht alle einzelnen Bakterien entfernt. Verwenden Sie Nadelholz, ist die Durchflussrate geringer, es werden jedoch sogar größere Viren zurückgehalten. Es sollten keine Schling- oder Kletterpflanzen verwendet werden. Diese besitzen in aller Regel deutlich größere Leitbündel (bis zu einem mm Durchmesser). Das ungiftige Holz sollte außerdem nicht gesprungen sein und darf keine leeren Markkanäle besitzen.

Eine Holzfilterkerze besteht aus einem rund daumendicken und -langen Aststück. Es wird geschält und auf einer Seite abgerundet. Hierdurch wird die Oberfläche vergrößert – und das Verstopfen hinausgezögert.

Tonfilterkerzen

Wie bei einen →Tonbrandfilter lässt sich aus Lehm bzw. Ton ein effizientes und dichtes Filtermedium herstellen. Auf Filterkerzen wird vor allem dann zurückgegriffen, wenn die Lehmqualität zum Formen von Bechern nicht ausreicht.

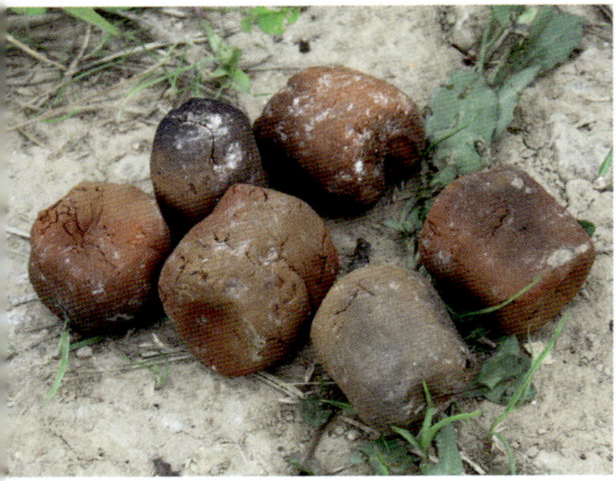

Filterkerzen aus Lehm müssen nach dem Brennen auf Schäden überprüft werden. Sie lassen sich einfach in großer Anzahl herstellen.

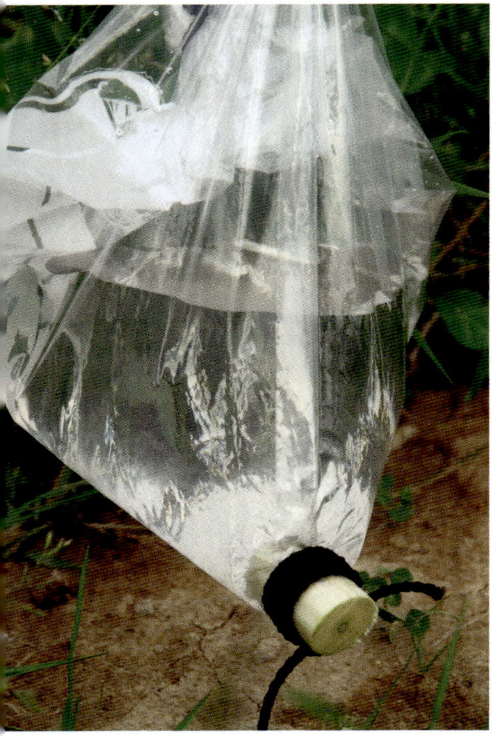

Die Filterkerzen müssen fest eingebunden werden – es darf kein Wasser am Filter vorbei in das Sammelgefäß gelangen.

Ähnlich wie bei der Herstellung von Lehmtopffiltern wird feines tonhaltiges Sediment angefeuchtet, bis sich eine knetbare Masse gebildet hat, und dann mit organischem Material versetzt. Nun wird jedoch ein länglicher Strang geformt und in einzelne Stücke zerteilt. Diese Tonkerzen werden getrocknet und gebrannt *(siehe Seite 110 → Tonbrandfilter)*.

Wenn die Filterkerzen ausgekühlt sind, muss jede einzelne (vor allem bei brüchigem Lehm) auf Sprünge überprüft werden. Die Filterkerzen haben einen durchschnittlichen Porendurchmesser von unter einem µm und können wie die Lehmtopffilter als sichere Aufbereitungsmethode eingesetzt werden.

Wermutstropfen dieser guten Filterleistung ist, dass Wasser durch Filterkerzen recht langsam hindurchsickert (je Liter zwischen einer und 7 Stunden). Mit einer geschlossenen Tüte kann jedoch etwas Druck aufgebaut werden, was den Prozess deutlich beschleunigt.

Sind Lehm oder Ton nicht verfügbar, kann auch mit vielen Steinen gefiltert werden. Geeignet sind beispielsweise Sandsteine. Getestet werden Steine, indem die Oberfläche bzw. möglichst eine Bruchkante mit einem Tropfen Wasser benetzt wird. Wird der Tropfen angesaugt und verteilt sich in der Oberfläche, kann mit diesem Stein meist gefiltert werden. Aufgrund der großen Unterschiede im Gestein kann jedoch keine realistische Prognose über Effizienz und Porengröße gemacht werden.

Kohlekerzen

♦♦♦ 1 Nach dem Filtern durch die Filterstufen kann zum Verbessern des Geschmacks bzw. zum Entfernen organischer Stoffe eine Holzkohlekerze eingesetzt werden.

Hierzu können einfach aus dem Lagerfeuer entnommene zylindrische Glutstückchen (keine Flamme, kein Rauch) abgeschreckt werden. Sie werden wie Holzfilterkerzen eingebunden.

Saugfilter

4 Die Wasseraufbereitung mit Hilfe eines Saugfilters überschneidet sich teilweise mit der Wassergewinnung über einen →Sicker- bzw. →Saugbrunnen *(Seite 43)*. Bei einem Saugfilter steht jedoch nicht die Wassergewinnung, sondern die Reinigung bzw. Entkeimung im Vordergrund. Besonders bei möglicherweise belasteten Gewässern, die regelmäßig über die Ufer treten und so die Umgebung kontaminieren, ist der Saugfilter eine gute Möglichkeit, ohne Feuer sowie Gefäße an einigermaßen sicheres Trinkwasser zu kommen. Der Grundaufbau des Saugfilters entspricht also einem Saugbrunnen – einer Grube in möglichst feuchtem Untergrund.

Im Gegensatz zum Saugbrunnen wird der Saugfilter je nach Verfügbarkeit mit Gewebe oder Fasern ausgekleidet und bis 10 Zentimeter unter dem Rand mit möglichst feinem Sand gefüllt. In die Mitte wird ein Schlauch bzw. Rohr gesteckt, welches mit einigen Stückchen Holzkohle oder Fasern am unteren Ende so verstopft wurde, dass noch Luft hindurchgesaugt werden kann. Um das Saugrohr wird der Inhalt der Grube dicht mit feuchter Erde verdichtet und versiegelt.

Wenn nun am Röhrchen gesaugt wird, sickert das Wasser langsam durch den Boden und wird wie beim Saug- bzw. Sickerbrunnen durch die Bodenschichten vorgereinigt und am feinen Sand nochmals gefiltert.

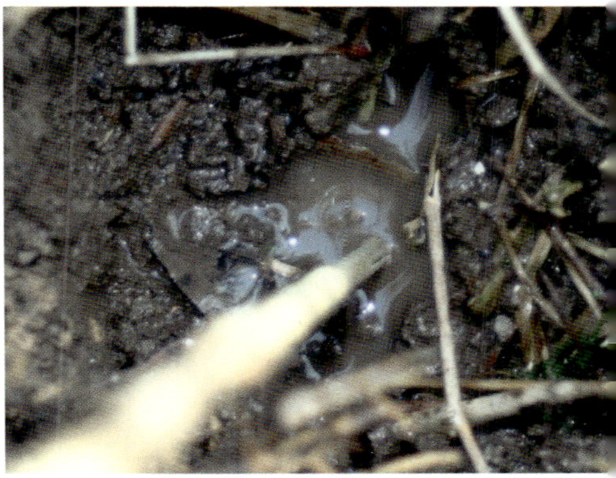

Mit einem Saugfilter lässt sich Wasser aus feuchten Sedimentschichten herauslösen und reinigen, wenn es zu stark verunreinigt ist. Er kombiniert damit den Saugbrunnen mit einer Reinigung.

Trekkingfilter

Wenn man sich gezielt mit der Wasseraufbereitung auf Reisen beschäftigt, kommt man an Trekking-Wasserfiltern kaum vorbei. Diese technischen Hilfsmittel sind aufgrund ihrer geringen Abmessungen auf Touren in abgelegene Regionen oft im Rucksack. Sofern sie richtig eingesetzt werden, können Wasserfilter viele Rohwasserquellen trinkbar machen.

Im Aufbau ähnelt ein einfacher Trekkingfilter einer Luftpumpe. Mit einem Kolben wird Wasser oft direkt aus der natürlichen Quelle angesaugt und mit Druck durch eine im Gerät befindliche Filterkerze gepresst. Jene ist meistens als austauschbare Kartusche angelegt. Das Filtermedium besteht aus einem porösen Material wie Glasfaser oder Keramik, das mit vielen Millionen feinster Poren durchsetzt ist. Die Außenseite der Filterkerze wird beim Filtervorgang mit Rohwasser umspült, das durch den Filter gepresst und dabei von feinen Schwebeteilchen (darunter auch Bakterien und einzellige Erreger) befreit wird.

Die Filterkartuschen sind in der Regel mit einer nachgeschalteten →Aktivkohlestufe ausgestattet, die einen Teil der Geschmacksstoffe und eventuell vorhandene organische Gifte entfernt.

Während des Pumpvorgangs verbleiben im Wasser suspendierte Partikel an der Außenseite des Filters und verschließen diesen mit der Zeit. Durch die relativ geringe Filterfläche kann das bei schlechter Wasserqualität recht schnell geschehen. Als auf einer Reise durch den Australischen Busch (wieder einmal) das Wasser knapp wurde, war ich gezwungen, aus einer fast eingetrockneten, tiefgrünen und mit Tierdung verunreinigten Pfütze Wasser zu entnehmen. Obwohl der Wasserfilter mit einem zusätzlichen Vorfilter ausgerüstet war, konnte je Filtervorgang nur etwa 0,1 Liter Wasser entnommen werden, bevor die Filterkerze verstopft war. Die von den Her-

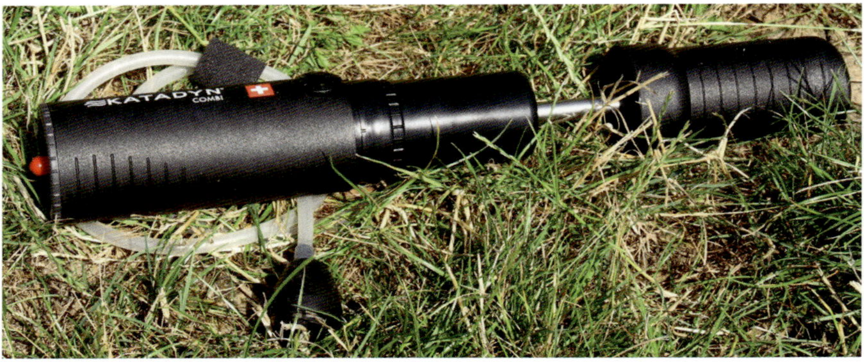

Ein handelsüblicher Trekkingfilter. Auch wenn diese Geräte aus praktisch allen Rohwasserquellen sicheres Trinkwasser herstellen können, sollte sehr schmutziges Wasser vorbereitet werden.

stellern jeweils angegebenen Einzel- und Gesamtkapazitäten beziehen sich in aller Regel auf fast sauberes Wasser.

Vor allem, wenn nur sehr wenig Trinkwasser aus stark verschmutztem Rohwasser gewonnen wird, neigen viele Benutzer dazu, bei steigendem Filterdruck noch ein Quäntchen mehr Rohwasser vor dem Reinigungsvorgang durch den Filter zu pressen. Da die allermeisten Filter kein Überdruckventil besitzen und der erzeugte Druck sehr hoch werden kann, können Krankheitserreger an Dichtungen vorbei in das Trinkwasser gepresst werden (→Bypass), und es kann zu feinen, nicht sichtbaren Beschädigungen des Filtermediums kommen.

Um dies zu vermeiden, muss der Filter rechtzeitig gereinigt werden, sobald der Pumpdruck merklich ansteigt. Hierzu wird er (möglichst in sauberem) Wasser geschrubbt. Dabei wird mit den Verunreinigungen auch eine dünne Schicht des Filters abgetragen.

Problematisch wird es jedoch, wenn nur geringe Mengen Trinkwasser erzeugt wurden oder verfügbar sind. Man reinigt die Filterkerze dann logischerweise im Rohwasser. Im ausgebauten Zustand kann es jedoch je nach verwendetem Modell dazu kommen, dass der Ausfluss des Filters mit kontaminiertem Wasser in Kontakt kommt. Bei stark pathogenen Erregern (beispielsweise →Kryptosporidien) kann diese Verunreinigung für eine starke Durchfallerkrankung ausreichen. Es ist beim Reinigungsvorgang also penibel darauf zu achten, dass kein einziger Tropfen des Schmutzwassers mit der Trinkwasserseite in Kontakt kommt.

Einige Filtermodelle sind sogar so aufgebaut, dass beim Entfernen der Filterkerze das noch im Gehäuse befindliche und hoch konzentrierte Schmutzwasser über die Trinkwasserseite abfließt. Geschieht dies, muss der Filter nach dem Zusammenbau einige Pumpstöße lang mit Wasser gespült werden.

Reduziert werden können die Reinigungsintervalle durch vorbereitende Techniken *(siehe S. 85)*. Auch das Entnehmen des Wassers aus einem Sickerbrunnen abseits der verunreinigten Wasserquelle kann die Filterkapazitäten merklich steigern.

Wichtig ist bei Trekkingfiltern die richtige Lagerung. Bleibt bei einer Reise durch den Dschungel der Filter einige Tage unbenutzt im Rucksack, gedeihen auf ihm alle nur erdenklichen Keime, die bei den letzten Filtervorgängen im Filter verblieben sind.

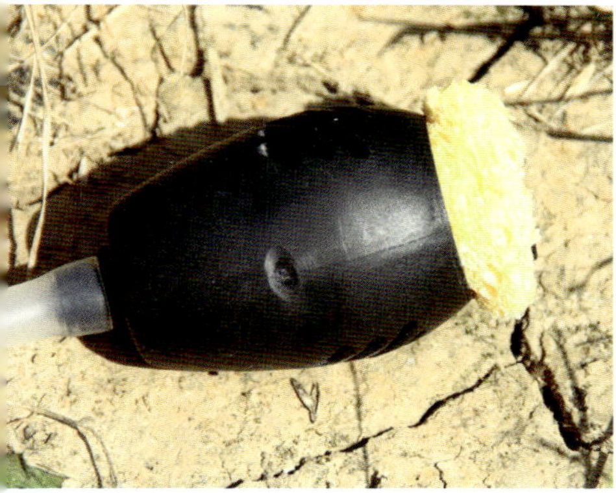

Das Ansaugsieb von Trekkingfiltern kann mit einem Schwämmchen oder etwas Watte verdichtet und damit die Reinigungszyklen der Filterkerzen reduziert werden.

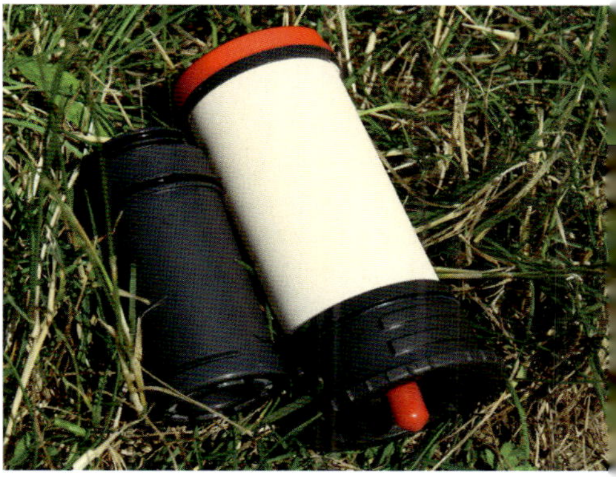

Gute Trekkingfilter haben getrennte Filter- (rechts) und Aktivkohlestufen (links). Meist ist die Aktivkohle lange abgesättigt, bevor die Filterkerze verbraucht ist.

Auch Schimmel macht sich im Filter breit und wächst mit der Zeit durch die Filtermatrix. Um das zu verhindern, sollte der Filter bei jeder vorhandenen Möglichkeit getrocknet und regelmäßig ausgekocht werden.

Was feuchte Wasserfilter schnell zerstört, sind Temperaturen unter dem Gefrierpunkt. Wasser dehnt sich aufgrund seiner →Anomalie aus. Durch den Druck der Eiskristalle wird die Filterkerze bestenfalls gesprengt. Problematischer ist es jedoch, wenn nur Haarrisse entstehen, die nicht erkannt werden. Der Filter – zumindest die feuchte Filterkerze – ist unterwegs also so zu lagern, dass sie nicht einfrieren kann. Wenn es keine andere Möglichkeit gibt, sollte der Trinkwasserfilter mit etwas Salzwasser befüllt und nach einigen Minuten leergepumpt werden.

Die Kapazität des Filters wird, wie schon beschrieben, durch die tatsächliche Verschmutzung des Wassers begrenzt. Nach hinreichender Erfahrung mit verschiedenen Modellen ist jedoch generell davon auszugehen, dass die Angaben der Hersteller mit teilweise über 5000 Litern für den Einsatz bei starker Verschmutzung deutlich zu hoch gegriffen sind.

Beim Einsatz von Trekkingfiltern sollte die →Trübung eine »leichte Trübung« (ca. 50 NTU) nicht übersteigen. Schon bei einer »mäßigen Trübung« (100–200 NTU) kann ein Wasserfilter innerhalb von weniger als 2 Litern verstopfen. Weil die Vorfilter der gängigen Trekkingfilter meist zu große Durchgänge besitzen, sollte Wasser für den Trekkingfilter ab einer »leichten Trübung« unbedingt geklärt werden.

Wer weiß, dass er auf einer Reise mit trübem Wasser zu rechnen hat, kann außerdem die Leistung des Grobfilters mit einem eingepressten Stück Spülschwamm oder Mikrofasertuch verbessern. Während die Reinigung des Vorfilters problemlos ist, besteht bei der Reinigung von Trekkingfiltern immer die Gefahr des Bypass oder der Kontamination.

Nach einer bestimmten Anzahl von Reinigungszyklen ist die Filterkerze entweder endgültig verstopft oder so stark abgenutzt (oft sind dem Filter Messlehren beigelegt, um diesen Zeitpunkt zu erkennen), dass sie nicht mehr ausreichend Reserven für sicher aufbereitetes Wasser hat.

Trekkingfilter sind oft mit einer →Kohlefilterstufe kombiniert, was bei der »Lebensdauer« der Filterkerze unbedingt beachtet werden muss.

Hohlfaserfilter

In den letzten Jahren wurde von einem amerikanischen Hersteller eine scheinbare Revolution auf den Markt gedrückt. Mit Hilfe von Markenbotschaftern, Social-Media und Umsatzbeteiligung stark beworben wurden kleine Hohlfaserfilter verschiedener Größen, die als kleine Wunderfilter dargestellt wurden.

Sie seien leicht, vergleichsweise günstig, filterten mit 0,1 µ Porenbreite nicht nur Bakterien, sondern auch Viren (so zumindest die Kommunikation zu Beginn, *siehe hierzu Seite 81 oben*), und mit ihnen ließen sich viele tausende Liter Wasser aufbereiten. Wenn sie mal verstopft seien, könne man sie einfach durch Rückspülen mit einer Spritze oder durch Auswaschen im Wasser reinigen.

Die Technik hierzu stammt aus der Medizin – hunderte in Kunststoff eingegossene Hohlfasern ermöglichen das parallele Filtern von Wasser. Allerdings gibt es bei professioneller Nutzung und im Realeinsatz mit ernsthaft verunreinigtem Wasser ganz erhebliche Probleme. Durch die kleine Filterfläche verstopfen die Hohlfasern bei nur 50–100 NTU innerhalb weniger Zentiliter.

Die Durchflussgeschwindigkeit ist außerdem sehr langsam, da diese Filter kein Pumpgehäuse besitzen. Das Wasser muss also mit vorbereitenden Techniken oder einem zusätzlichen Vorfilter möglichst gut geklärt werden.

Ebenso schwierig verhält es sich mit der Reinigung der Filter. Das Rückspülen ist nämlich alles andere als einfach oder vollständig. Kolloide verschiedener Größen verklemmen sich in den Poren und lassen sich nicht mehr entfernen, wodurch die Durchflussgeschwindigkeit mit der Zeit immer geringer wird. Die Filter lassen sich kaum anständig trocknen. Sie müssen zum Einlagern mit chemischen Mitteln desinfiziert werden, wobei keine zu hoch dosierten oder aggressiven Mittel wie Chlordioxid verwendet werden dürfen, da hierdurch die Membran geschädigt werden kann. Allerdings ist das Desinfizieren von den Herstellern meist gar nicht vorgesehen, weshalb die Filter »sachgerecht« im Rucksack gelagert zu regelrechten »Bioreaktoren« werden.

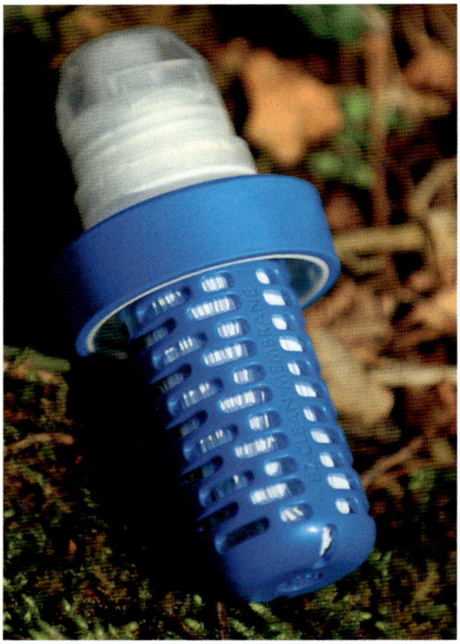

Auch europäische Firmen bieten mittlerweile einfache Hohlfaserfilter an. Sie sind aber eher ein Gimmick für sehr klares Wasser als eine zuverlässige Wasseraufbereitungsmöglichkeit.

Ein weiteres Problem gibt es mit den Hohlfasern selbst. Diese brechen nämlich manchmal bei Nutzung und Reinigung, wodurch ein Bypass entsteht, durch den das Rohwasser fließt. Diese Schäden sind im Gegensatz zu gebrochenen Filterkerzen nicht sichtbar.

Es gibt viele Berichte von Anwendern dieser Filter, die nach Nutzung mit einer durch Trinkwasser verursachten Erkrankung zu kämpfen hatten. Hohlfaserfilter, die mittlerweile von verschiedenen Herstellern angeboten werden, sind ebenso wie →Minisart-Filter als Backup für einen ungeplanten Notfall geeignet, um eine begrenzte Menge Trinkwasser aufzubereiten.

Sie werden allerdings oft als bessere Alternative für professionelle Trekkingfilter beworben – und das sind sie auf keinen Fall.

Minisart-Filter

Für eine kleine Notfallausrüstung, die immer am Körper getragen wird, eignen sich neben →Wasseraufbereitungstabletten auch Laborfilter, sogenannte Minisart-Filter. Diese kleinen Filterkapseln gibt es in verschiedenen Durchmessern mit unterschiedlicher Porengröße (typischerweise 0,1 µm bis 0,45 µm). Benutzt werden solche Filter im Labor zum Sterilfiltrieren von hitzeempfindlichen Lösungen.

Der große Vorteil dieser Filter ist neben geringer Größe und Gewicht, dass die Porengröße genau eingehalten wird und sie wirklich keinerlei größere Partikel hindurchlassen. Durch die kleine Filteroberfläche ist jedoch die Filterkapazität dieser Einmalfilter relativ gering. Es sollte deshalb nur vorbereitetes Wasser ohne sichtbare Trübung gefiltert werden. Bei klarem Seewasser konnte beispielsweise ein 0,3-µm-Filter mit rund 3 Zentimetern Durchmesser mehr als 5 Liter Wasser filtern. Bei leicht getrübtem Wasser kann die Kapazität jedoch schon stark reduziert sein – bis auf weniger als 100 ml.

Interessant sind diese Filter dennoch, da sie im Gegensatz zu Trekkingfiltern mit ihren relativ großen Toleranzen keinerlei Möglichkeit zum Bypass bieten und Wasser zur Wundreinigung oder Augenspülung steril gemacht werden kann. Zum Benutzen des Filters wird zwingend eine kleine Spritze benötigt, mit der das Wasser durch den Filter *gepresst* wird. Wird der Filtervorgang schwerer, kann die Kapazität nochmals etwas erhöht werden, indem eine geringe Menge Wasser wieder aus dem Filter *gezogen* und verworfen wird.

Kohlefilter

Vielleicht kennen Sie von Ihrem Aquariumfilter oder aus Ihrem Medizinschrank die als Kompretten, Granulat oder Zylinder vorliegende Aktivkohle. Kohlenstoff, der Hauptbestandteil von Aktivkohle, besitzt eine chemische Eigenschaft, die es in unserer kohlenstoffbasierten Welt nur bei diesem Element gibt: Er kann sich buchstäblich mit fast allen Stoffen verbinden. Aus diesem Grund kennt die »Organische Chemie«, die Chemie des Kohlenstoffs, unendlich viele unterschiedliche Substanzen, während es in der »Anorganische Chemie« eine rechnerisch begrenzte Anzahl zusammengesetzter Stoffe gibt.

Im Wasser oder in der Luft vorhandene organische Stoffe wie bakterielle Gifte, Farbstoffe, Gerbstoffe usw. sind aus einem Kohlenstoffgerüst aufgebaut und können einfach in Aktivkohle gebunden werden. Außerdem bleiben viele bakterielle Erre-

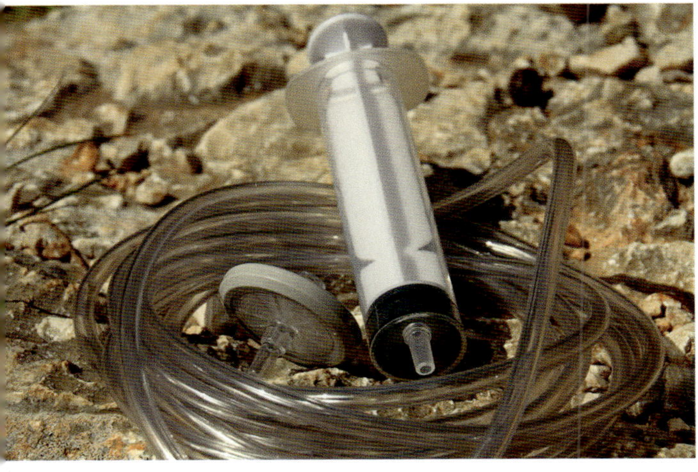

Spritzenfilter sind winzig und leicht. Sie können im Notfall je nach Filterstärke und Eigenschaft des Rohwassers von wenigen Millilitern bis zu mehreren Litern praktisch steriles Wasser liefern.

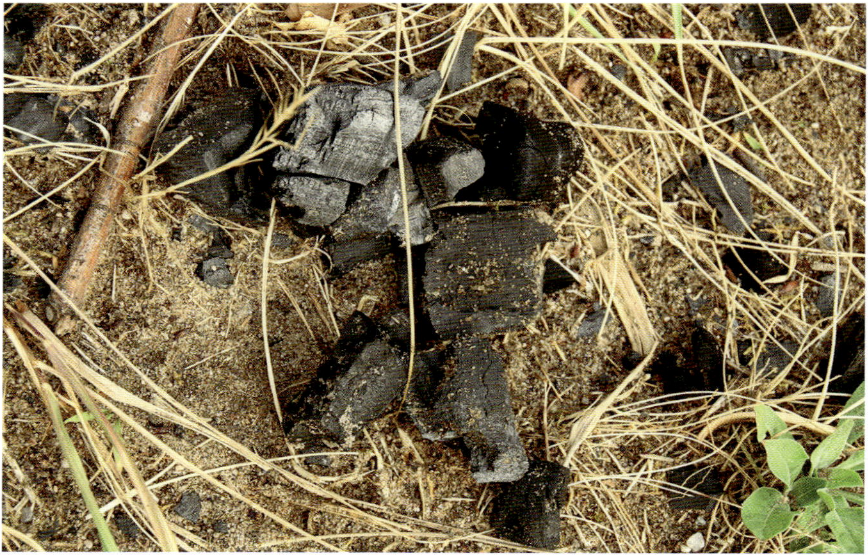

Einfache, mit Wasser abgelöschte Holzkohle hat zwar nicht die riesige Adsorptionsfläche von Aktivkohle, sie reicht dennoch für die Mengen von Giftstoffen aus, die in natürlichen Gewässern zu erwarten sind.

ger und Viren an der Oberfläche von Kohle »hängen«, indem die Hüllproteine und Zucker eine Verbindung mit dem Kohlenstoff eingehen. Gelöste Salze und Metalle werden dagegen nur in geringen Mengen durch eine Kohlefilterung zurückgehalten.

Während man sich bei kommerziellen Wasserfiltern, in der Medizin und bei der chemischen Entgiftung auf die aufwändig hergestellte Aktivkohle verlässt, muss man im Notfall auf normale Holzkohle zurückgreifen. Auch wenn die Wirkung von Kohlenstoff als Filtermedium unbestritten ist, wird immer wieder die Wirkung »normaler Holzkohle« diskutiert. Aktivierte Kohle besitzt eine reaktive »innere Oberfläche« von rund 1000 m^2 je Gramm. Auch wenn man es ihr nicht zutrauen würde, hat normale Holzkohle, die bestenfalls in Wasser abgelöscht wurde, eine Oberfläche von bis zu 100 m^2 je Gramm. Dies ist natürlich deutlich weniger als Aktivkohle, dennoch in den allermeisten Fällen absolut ausreichend. Aus Trinkwasser müssen meist keine großen Mengen von Giftstoffen entfernt werden (das ist mit improvisierten Methoden sowieso kaum möglich), sondern Spuren von störenden oder gefährlichen Stoffen wie gelöster Detritus, Pestizidrückstände, →Chlor und Gerbsäuren, die entweder gesundheitsschädlich sind oder unangenehmen Geruch, Geschmack bzw. Färbung verursachen. Hier handelt es sich meist um so geringe Mengen, dass normale Holzkohle genügend davon aufnehmen kann.

Wenn bakterielle Gifte bzw. Algentoxine im Wasser vermutet werden und keine andere Wasserquelle verfügbar ist, kann das *mehrfache* Kohlefiltern die Sicherheit deutlich erhöhen. Als alleinige *sichere* Reinigungsmethode schließt sich jedoch Kohlenstoff aus. Weder Holz- noch Aktivkohle entfernen genügend Keime. →Stickstoffverbindungen wie Nitrit oder Nitrat lassen sich mit diesen Filtern kaum entfernen.

Durch Kohle können Sie filtern, indem Sie entweder eine dichte Schicht in einen Sedimentfilter oder in ein dichtes Gefäß einbringen und wie mit einem →Tropffilter reinigen. Zum Aufreinigen gerbsäurehaltigen Wassers oder zum Entfernen von Chlorgeschmack nach der chemischen Desinfektion können Sie auch eine Handvoll kleingestoßener Kohle in eine Flasche mit Wasser geben und einige Minuten schütteln.

Danach wird das Wasser →sedimentiert und →dekantiert. Wenn das Kohlefiltrieren als letzte Reinigungsstufe verwendet wird, ist es nicht schädlich, wenn noch etwas Holzkohlestaub im Trinkwasser verbleiben sollte.

Eines müssen Sie generell beim Benutzen von Kohlefilterstufen (auch in Trekkingfiltern) unbedingt beachten. Während im Wasser meist nur sehr geringe Mengen gefährlicher organischer Substanzen gelöst sind, sammeln sich diese mit der Zeit im Kohlefilter und werden dort konzentriert, bis der Filter abgesättigt ist.

Filtern Sie beispielsweise mit einer länger gebrauchten Kohlefilterstufe stark gerbsäurehaltiges Wasser, können Tannine die in der Aktivkohle »gespeicherten« Giftstoffe verdrängen, wodurch das Trinkwasser mit einer hohen Menge verschiedenster Gifte belastet wird. Während diese in der natürlichen Konzentration kaum zu Problemen führen, kann die Benutzung eines überladenen Kohlefilters zu akuten Vergiftungen führen.

Aus diesem Grund und wegen einer möglichen Verkeimung der Kohlepartikel sollten improvisierte Kohlefilter nicht länger als drei oder vier Tage verwendet werden. Da das Ausgangsmaterial einfach herzustellen ist, macht es Sinn, täglich neu einen Kohlefilter zu fertigen.

→Trekkingfilterkerzen mit Aktivkohlestufe sollten nach Herstellerangaben gewechselt werden. Am besten besorgen Sie sich einen Filter, bei dem die Aktivkohle getrennt von der Kerze gewechselt werden kann.

Abkochen

Ich kenne kaum einen Aspekt der Trinkwasseraufbereitung, der in der Diskussion zwischen Laien so vielen Spekulationen unterworfen ist wie das einfache Abkochen von Trinkwasser. Diverse unbestätigte Aussagen, die seit vielen Jahren immer wieder voneinander abgeschrieben werden, werden mit biologischen und chemischen Fachinformationen vermengt und führen zu einer sehr verworrenen Informationslage.

Hier möchte ich kurz und bündig die wichtigen biologischen und physikalischen Fakten zum Thema Abkochen aufführen:

1. Normales Trinkwasser ist *nie* →steril und muss auch nicht steril sein. Trinkwasser wird »desinfiziert«, also von Krankheitserregern befreit. Es gibt viele (nichtpathogene) Keime bzw. Überdauerungsstadien, die das kurze Abkochen genauso überleben wie das *halbstündige* Sieden.

2. Humanpathogene Erreger gehören fast *ausschließlich* zu den mesophilen Keimen (Temperaturoptimum etwa Körpertemperatur). Mesophile Keime sind auf natürlich in Säugetieren und bei der Weiterverbreitung (beispielsweise durch die Luft) vorkommende Temperaturen angepasst. Sie überleben Frost, sterben jedoch teilweise schon bei Temperaturen über 42 °C (Fieber).

3. Es werden weltweit potentiell hochinfektiöse Lebensmittel (Milch, Schweinefleisch, Naturdarm, kopfgedüngtes Gemüse etc.) nach Erhitzung verzehrt. Verkeimte Lebensmittel enthalten in aller Regel das *Vielfache* der möglichen Erregerkonzentration von Rohwasser.

4. Ziel ist bei der sicheren Zubereitung von Lebensmitteln ca. 75–85 °C Kerntemperatur. Die Kerntemperatur von mikroskopisch kleinen Keimen wird innerhalb von Sekundenbruchteilen erreicht, weshalb beispielsweise Rohmilch (Kryptosporidien, EHEC etc.) nur ca. 30 Sekunden bei 75 °C pasteurisiert wird.

5. Je 300 Höhenmeter nimmt der Siedepunkt von Wasser um etwa 1 °C ab. 85 °C Siedetemperatur werden in ca. 4500 Metern über Meeresspiegel erreicht – in dieser Höhe lässt sich praktisch weltweit sauberer Schnee bzw. Schmelzwasser sammeln.

Das kurze Aufkochen von Wasser – auch wenn es verkeimt ist – kann immer als sichere Zubereitungsmethode angesehen werden. Schon durch das Erhitzen auf 85 °C werden praktisch alle lebenden Zellen zerstört. Besonders die ansonsten robusten einzelligen Parasiten sind sehr empfindlich gegenüber Hitze. Die gewöhnliche technische Desinfektion (nicht Sterilisation) von Abfüllanlagen erfolgt bei 70 °C. Hitzeresistente Bakterien und Sporen überleben auch das Abkochen für eine Stunde.

Bis jetzt wurde in Diskussionen zur Kochdauer von den »Langzeitkochverfechtern« immer nur die vage Andeutung vorgebracht, *dass* es Keime gibt, die diese

HINWEIS:

Sterilisieren
Das Abtöten *aller* Mikroorganismen (egal, ob Krankheitserreger oder nicht) einschließlich aller Überdauerungsstadien. Sterile Lösungen werden beispielsweise für Wundspülungen und Infusionen verwendet. Auch das beste Trinkwasser ist nie steril.

Desinfizieren
Das Abtöten der *aktiven* krankheitserregenden Keime bzw. ihr Überführen in eine *nicht infektiöse* Form. Für Trinkwasser im Speziellen: Das Abtöten aller Keime, die den Menschen über das Verdauungssystem angreifen können. Die überragende Mehrzahl aller Bakterien und Mikroorganismen ist über den Magen-Darm-Trakt nicht infektionsfähig und muss deshalb nicht entfernt werden (beispielsweise Chlostridien, die in Wunden gefährlich sind – im Darm dagegen überhaupt nicht).

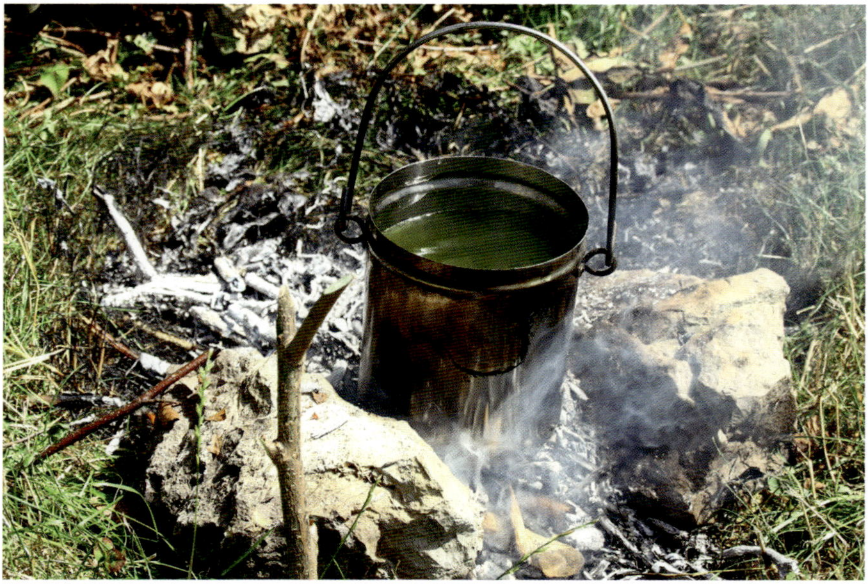

Wenn ein Liter Wasser in gemäßigten Höhen bis zum Sieden erhitzt und danach wieder abgekühlt wird, war es weit über 10 Minuten über 80 Grad heiß.

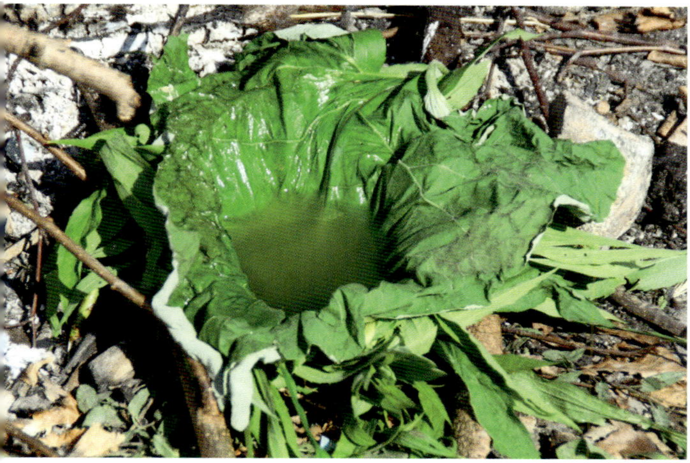

Wasser in einem improvisierten Gefäß beim Abkochen mit heißen Steinen (*S. 148*). Selbst mit viel Übung werden Sie mit einem solchen System Wasser nicht 10 Minuten lang kochen lassen können – es ist Verschwendung von Zeit, Energie und Ressourcen.

Behandlung überleben. Um *welchen* pathogenen und in der vorhandenen Menge infektionsfähigen Keim es sich dabei handeln soll, wurde jedoch bis heute nicht erklärt.

Durch die Hitzebehandlung soll Trinkwasser so aufbereitet werden, dass es bei »normalen Menschen« keine Erkrankung zur Folge hat – es muss keine sterile Infusionslösung hergestellt werden. Das Kochen von Wasser über einen langen Zeitraum benötigt eine Menge Energie und Wasser (das über den Dampf verloren geht). Erhitzen bis zum Siedepunkt reicht völlig aus. Besonders, wenn Sie mit improvisierten Methoden Wasser aufbereiten, ist das durchgehende Kochen über mehr als eine Minute kaum machbar. Beachtet werden muss einzig, dass durch Algen und Schwebstoffe »stark getrübtes Wasser« vor dem Sieden durch →Hitzefällung und →Dekantieren geklärt werden sollte.

Solarhitze

Sicherlich haben Sie im Sommer schon einmal abends die Pflanzen gegossen und dabei nicht daran gedacht, dass der gefüllte Schlauch den gesamten Tag über in der prallen Sonne lag. Das Ergebnis kann dabei durchaus blanchiertes Gemüse sein: Die Sonnenenergie, die an Sommertagen den Boden erreicht, liegt bei etwa 1000 Watt je Quadratmeter. Selbst wenn nur wenig davon von einem hellen Schlauch aufgenommen wird, erhitzen sich dieser und das darin enthaltene Wasser stark. Dieser Effekt wird weltweit in sonnenreichen Regionen genutzt, um Brauchwasser zu erhitzen. In den schwarzen Sonnenkollektoren kann dabei Hitze von mehreren hundert Grad entstehen.

Bei einfachen Wärmekollektoren, die einen direkt angeschlossenen Wasserspeicher passiv als Thermosiphon durchströmen, entsteht durch Temperaturunterschiede eine Wasserströmung. Das darin gespeicherte Wasser wird bis kurz unter den Siedepunkt erhitzt und gilt damit als abgekocht. In warmen Regionen lässt sich nach demselben Prinzip eine improvisierte Kleinanlage betreiben, wobei aus Konstruktionsgründen auf einen Rückfluss des erhitzten Wassers verzichtet wird.

Mit Hilfe eines einfachen schwarzen oder schwarz gefärbten (z.b. Ruß) dünnen Kunststoffschlauchs und einer Kunststoffflasche kann ein Sonnenkollektor erzeugt werden, der das Wasser während des Durchströmens auf rund 90 °Celsius

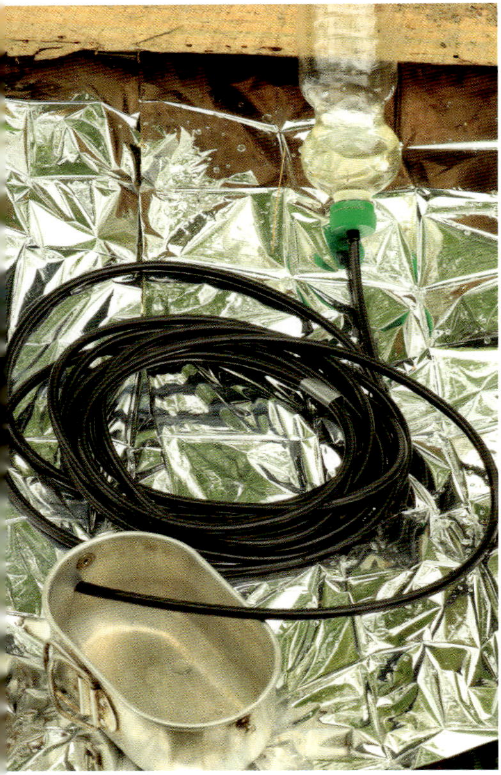

Ein einfacher Durchlauferhitzer aus 5 Metern dünnem schwarzem Schlauch und Reflektor. Die Wassertemperatur steigt darin bis auf ca. 80 °Celsius.

erhitzt. Da dies auch in sehr sonnigen Regionen nicht so schnell geht, wird die Durchflussgeschwindigkeit auf wenige Tropfen je Minute reduziert. Das Wasser tropft dabei sehr heiß in die Vorlage und kann nach dem Abkühlen getrunken werden.

Da die Verweildauer im Schlauch bei mehr als 10 Minuten liegt, ist die Keimreduktion auch bei Temperaturen von rund 60 °Celsius recht hoch. Auf diese Weise lässt sich im »Durchlaufprozess« der gesamte Tagesbedarf einer Person decken. Zu beachten ist jedoch, dass die Hitzeaufnahme des Wassers von dunkler Schlauchfarbe, einem geringen Durchmesser und wolkenlosem Himmel abhängig ist. Der Schlauch sollte spürbar »sehr heiß« sein, wenn man das Wasser bedenkenlos konsumieren will.

UV-Strahlung

Viele Keime und manche einzelligen Lebewesen können Temperaturen von weit unter dem Gefrierpunkt bis deutlich über die Siedetemperatur von Wasser überleben (auch wenn letztere keine Rolle als Erreger von Trinkwasserkrankheiten spielen). Andere überdauern mehr als hundert Jahre eingetrocknet und sind nach dem Wiedererwachen immer noch infektiös (beispielsweise die Sporen des Milzbranderregers *»Bacillus anthracis«*, die beim Ausheben alter Lohgruben eine Gefahr darstellen). Doch eines halten nur wenige Keime aus: direktes Sonnenlicht.

Tatsächlich ist die Erde einem ständigen Bombardement von »Sonnenteilchen«, also elektromagnetischer Strahlung, ausgesetzt. Viele der hochenergetischen Partikel sind mühelos in der Lage, Zellen zu durchdringen und darin schwere Schäden an der Erbsubstanz in Form von »Doppelstrangbrüchen« anzurichten. Das Magnetfeld und die Ozonschicht der Erde schirmen einen Teil dieser Strahlung ab. Dennoch herrscht ein buchstäblich tödlicher Lichtsturm auf der Erdoberfläche.

Nur Lebewesen, die durch das Licht erzeugte Schäden reparieren oder sich durch Pigmentierung bzw. »Verstecken« vor der Sonne schützen, können überleben. Aus diesem Grund sind die allermeisten trockenen Oberflächen, die der direkten Sonne ausgesetzt sind, praktisch steril. Auch wir bemerken diese tödliche Gefahr nach kurzer Zeit in der direkten Sonne – unabhängig von der Außentemperatur kann man sich auch beim Frühjahrssonnenbad einen Sonnenbrand holen.

Hauptverantwortlich für die schädliche Wirkung der Sonne ist der ultraviolette Bestandteil des Lichts. Man kann sich diese (unsichtbare) Strahlung so ähnlich wie Röntgenstrahlung vorstellen.

Ebenso wie radioaktive Strahlung wird auch UV-Licht im Laborbetrieb, bei technischer Verarbeitung sowie für die Wasseraufbereitung zum Abtöten von Keimen eingesetzt. Hier findet jedoch nicht das aus der Diskothek bekannte »Schwarzlicht« Verwendung, sondern sogenannte »harte« UV-Strahlung, die bei Hautexposition zu schweren Verbrennungen führt.

Elektrische UV-Strahlung

Es gibt Desinfektionslampen für Labor- und Lebensmittelbetriebe, deren Wirkung überraschend stark ist. Bestrahlt man mit diesem Licht kurze Zeit eine mit Bakterien kontaminierte Lösung oder Oberfläche, enthält diese danach kaum noch lebende Zellen. Derartige Lampen gibt es mit 12V- oder 230V- bzw. 110V-Anschluss zur Wasseraufbereitung im Fahrzeug, in der Wohnung oder in Kombination mit einem →Kleinwasserwerk in Krisengebieten. Diese technischen Einheiten sind zuverlässig, jedoch groß und eignen sich deshalb nicht zur Aufbereitung auf Trekkingtouren und Expeditionen.

Die eigens für den mobilen Einsatz entwickelten »Sterilisationsstifte« dagegen sind handlich und mit einem Gewicht bis etwa 200 Gramm gut zu transportieren. Der Gewichtsvorteil gegenüber einem kleinen →Trekkingfilter wird jedoch durch die große Menge der Batterien aufgezehrt, die das Gerät benötigt.

Diese »Pens« werden in ein Gefäß mit verunreinigtem Wasser gehängt und eingeschaltet. Die abgegebene UV-C-Strahlung ist zwar sehr aggressiv, jedoch kann sie das verwendete Kunststoffgefäß nicht verlassen. Um Mikroorganismen zu töten reicht die Strahlungsintensität allemal aus. Licht kann aber keine optisch dichten Medien durchdringen und wird von farbigen Partikeln wie Chlorophyll absorbiert. Aufgrund der kurzen Behandlung von unter einer Minute muss das Wasser für eine sichere Anwendung möglichst von allen Schwebeteilchen befreit werden, darf also keine »sichtbare Trübung« besitzen.

Durch einen Sensor an den Geräten wird sichergestellt, dass sie nur eingetaucht in Wasser eingeschaltet werden können, um Verbrennungen der Haut oder Schäden an den Augen vorzubeugen.

So einfach die Technik scheint, hat sie doch einen bedeutenden Nachteil: Es gibt Dutzende Berichte über die mangelnde Zuverlässigkeit dieser »Sterilisations-Pens«. Insbesondere in Entwicklungsländern, wo Wasserentkeimung wichtig ist, versagen die Geräte über kurz oder lang ihren Dienst, da es vor Ort nicht die benötigten Hochleistungsbatterien gibt.

Mittlerweile gibt es Modelle, die mit handelsüblichen Batterien betrieben werden. Eine weitere Neuerung auf dem Markt sind kleine Modelle, die einen integrierten Lithiumakku enthalten und mit Hilfe eines USB-Anschlusses – und so auch auf längeren Reisen an einem mobilen Solar-Panel oder dem KFZ-Anzünder – geladen werden können.

Allerdings ist auch bei diesen Geräten technisch bedingt die Gasentladungsröhre sowie ein Lampengehäuse aus Glas, was eine erhebliche Schwachstelle darstellt. Zwar scheint es heute nicht mehr so viele Defekte und Ausfälle an den Geräten zu geben wie vor einigen Jahren, dennoch würde ich persönlich sie nicht als einzige Wasseraufbereitungsmöglichkeit auf Fernreisen oder Expeditionen mitnehmen.

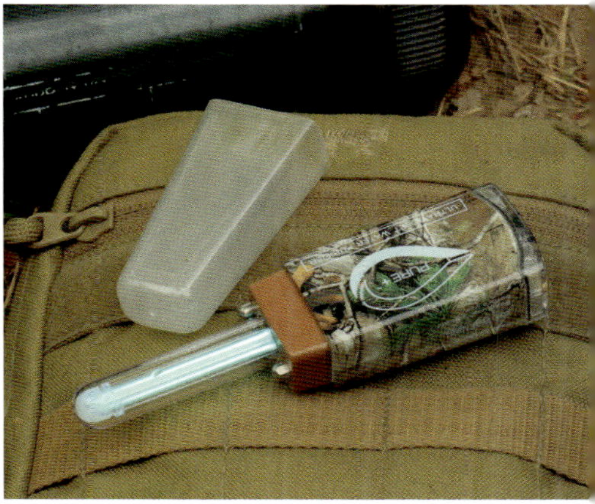

Batteriebetriebene UV-Generatoren funktionieren. Allerdings sind empfindliche elektrische Geräte auf Expeditionen immer ein Risiko.

SODIS

Anders sieht die Zuverlässigkeit einer anderen UV-Quelle aus. Die Sonne scheint nämlich unabhängig davon, ob es vor Ort Batterien gibt oder nicht. Besser noch: Die unsichtbare UV-Strahlung erreicht die Erde selbst dann, wenn die Sonne ganz oder teilweise von Wolken bedeckt ist.

In den 1980er Jahren haben Forscher der »American University of Beirut« die praktische Anwendung der **So**lar Water **Dis**infection (SODIS) entwickelt, die einfach, sicher und zuverlässig wirkt. SODIS ist die ideale Technik, um kontaminiertes Rohwasser in großen Mengen in sicheres Trinkwasser umzuwandeln. Alles, was hierzu benötigt wird, sind Gefäße aus klarem Glas (Weißglas), transparentem PET oder vergleichbaren Materialien. Wichtig ist, dass diese Gefäße das bei dieser Technik genutzte UV-A-Licht der Sonne durchlassen. Deshalb darf das Glas oder Kunststoff nicht eingefärbt, verkratzt bzw. eingetrübt sein. Außerdem muss darauf geachtet werden, dass es sich bei den verwendeten Kunststoffgefäßen nicht um solche aus PVC handelt. Auch Recyclingglas besteht teilweise aus Fensterglasresten, die nicht für die SODIS geeignet sind, da Fensterglas die UV-Strahlung nicht durchlässt.

Am sichersten funktionieren alle Gefäße aus Kunststoff, die typischerweise auch als Getränkeflaschen verwendet wurden und heute leider (in manchen Fällen auch »glücklicherweise«) an jedem Straßengraben oder Strand gefunden werden können. Auch klare Trinkwasserblasen können verwendet werden. Das dafür oft verwendete Material schirmt zwar etwas Licht aus dem UV-Spektrum ab, doch durch die flache Bauweise reicht die Durchgängigkeit in aller Regel zur sicheren Wasserentkeimung aus.

Um per SODIS Wasser zu entkeimen, sollte die Flasche möglichst nicht ganz gefüllt werden. Je größer das Volumen ist, desto tiefer muss das Licht eindringen und desto weniger Schwebestoffe dürfen noch vorhanden sein. Am besten wird eine 1,5-Liter-Flasche verwendet, die von Etiketten und allen Verunreinigungen befreit wird. Vor dem Befüllen mit Rohwasser muss dieses von möglichst allen Schwebestoffen befreit werden. Wasser muss »ohne sichtbare Trübung« sein, damit SODIS sicher funktionieren kann. Sonst ist es möglich, dass einzelne Erreger sich im »Schatten« vor dem UV-Licht verstecken. Dasselbe gilt für eine starke Färbung des Wassers. Alles, was über eine »leichte Färbung« hinausgeht, sollte, wenn verfügbar, durch →Kohlefiltration reduziert werden.

Das früher häufig beschriebene Einschütteln von Luft vor der SODIS (zur Erzeugung freier Radikale) kann nach Angaben der Schweizer »Eawag«* vernachlässigt werden. Für die Entkeimung ist neben dem UV-Licht eher die Erwärmung des Wassers durch die Sonne auf mindestens 50 °C entscheidend.

Während der Bestrahlung des Wassers werden praktisch alle relevanten Krankheitserreger abgetötet – sogar diejenigen, die eine verstärkte Resistenz gegen chemische Reinigung besitzen. Die Behandlungsdauer des Wassers ist von der Sonneneinstrahlung abhängig:

Sonneneinstrahlung	Behandlungsdauer
klarer Himmel, leicht bewölkt	6–10 Stunden
vollständig bedeckter Himmel	2–3 Tage
starke Bewölkung	keine sichere Entkeimung – Alternativmethoden wählen

Leider hat sich der Einsatz der SODIS in Krisengebieten und Entwicklungsländern nicht als durchschlagender Erfolg entwickelt. Zwar kann verkeimtes Rohwasser damit genießbar gemacht werden, doch ist der Ausbruch lebensgefährlicher Krankheiten kaum zurückgegangen.

**Eidgenössische Anstalt für Wasserversorgung, Abwasserreinigung und Gewässerschutz*

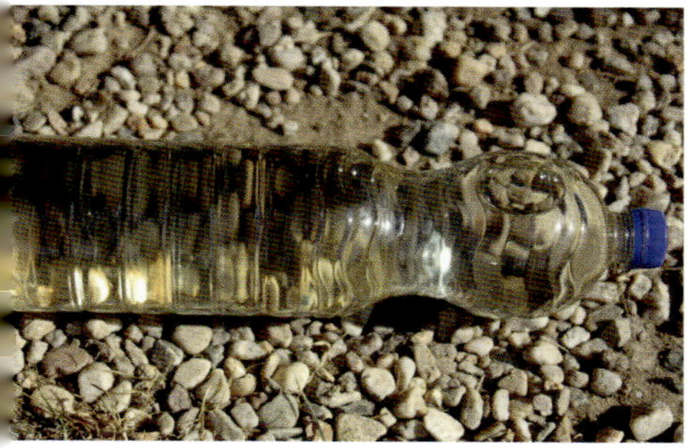

Geklärtes Wasser wird in der direkten Sonne durch das einfallende UV-Licht in wenigen Stunden trinkbar.

Allerdings wird vermutet, dass die Methode mit zerkratzten und trüben Flaschen angewandt und zudem auf zu trübes Wasser zurückgegriffen wurde. Um lebensgefährliche Krankheiten wirklich einzudämmen, ist eine generelle Verhaltensänderung notwendig: Man darf nicht in stark verunreinigtem Wasser schwimmen, keine Nahrung darin waschen und auch nicht »zwischendurch« nur ein wenig Rohwasser trinken.

Diese Evaluation der SODIS zeigt, wie wichtig es ist, die Methoden zu verstehen, um sie dann auch korrekt anwenden zu können.

In letzter Zeit kursieren beispielsweise Angaben, dass die Methode nur bis zum 35. Breitengrad funktionieren würde. Das ist nicht korrekt. Richtig ist, dass die »Eawag« betont: zwischen 35 ° Nord und 35 ° Süd liegen die meisten Entwicklungsländer, die sich deshalb besonders auf die Sonne verlassen können, da zwischen dem 15. und 35. Breitengrad die besten Voraussetzungen bestehen. In Äquatornähe (aufgrund von Wolkenbildung) sowie in den gemäßigten Regionen im Winter sinkt die Solareinstrahlung und damit die Effektivität der SODIS. Weiter schreiben die Forscher der Eawag, dass eine Gesamteinstrahlung von 500 W/m² ausreicht, um nach 6 Stunden eine vollständige Desinfektion zu ermöglichen. Selbst im Winter erreicht in Deutschland die Einstrahlung bei klarem Himmel rund 500 W/m² – im Sommer ist es das doppelte.

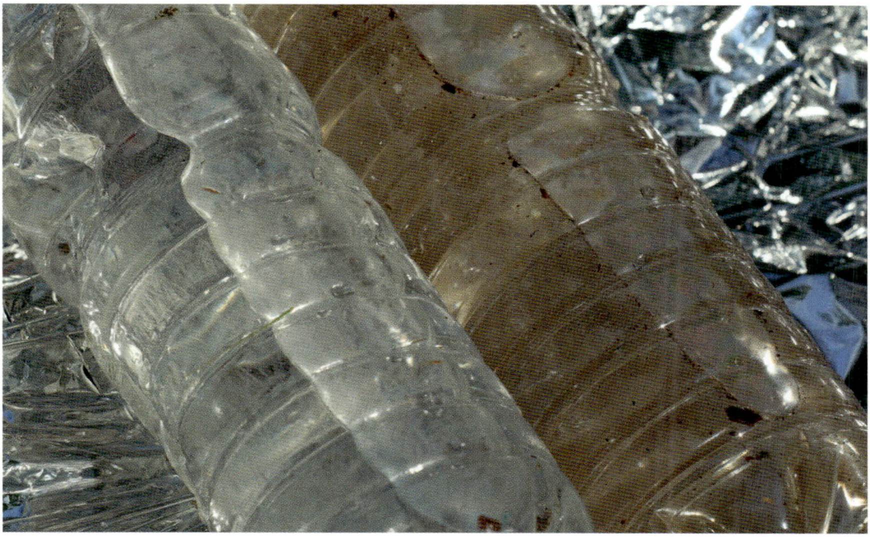

So klappt die SODIS nicht: Von Vorteil ist zwar die Benutzung eines Reflektors, allerdings ist die linke Flasche durch Alter sowie Transport milchig und zerkratzt. Das Wasser in der rechten Flasche enthält störende Trübung und Feststoffe.

»SODIS« für Filterstoffe

Ebenso wie für Keime im Wasser die UV-Strahlung tödlich ist, werden Keime auf trockener Oberfläche vernichtet. Aus diesem Grund können mit Hilfe der Sonnenstrahlung auch Filterstoffe desinfiziert werden. Das ist vor allem dann interessant, wenn verunreinigter Sand bzw. Sand aus einem Gewässer verwendet wird oder die Filtermedien nach längerer Nutzungszeit wieder gereinigt werden sollen.

Auf trockenen Oberflächen dauert es oft nur Sekundenbruchteile, bis Bakterien abgetötet sind. Das Material muss vorher allerdings in der Sonne getrocknet und danach so flach wie möglich ausgebreitet werden. Unter ständigem Wenden wird der Filterstoff möglichst mittags für eine halbe Stunde bestrahlt. Bei großen Mengen macht man das am besten in kleineren Einzelchargen. Das funktioniert allerdings nicht bei Filtermedien, die netzartig aufgebaut sind. Bei ihnen ist nicht sichergestellt, dass das Sonnenlicht alle Stellen erreicht.

Chemische Desinfektion

Es gibt auf dem Markt so viele unterschiedliche Tabletten, Tropfen und Pulver, dass es kaum möglich ist, diese hier alle zu beschreiben. Sie basieren größtenteils auf der oxidierenden und zellschädigenden Wirkung von Chloritverbindungen, Iod, Halazonen und dergleichen aggressiven Chemikalien. Generell gilt jedoch, dass die zugelassenen Mittel bei der Risikobewertung im Verhältnis zu Trinkwasserkrankheiten unschädlich sind, sofern Sie sich an die Dosierung halten. In aller Regel werden die Desinfektionsmittel und Hilfsstoffe in der Magensäure bzw. an Nahrungsproteinen deaktiviert.

Ein wichtiger Faktor ist, dass Sie die angegebenen Einwirkzeiten unbedingt einhalten sollten, insbesondere, wenn Kryptosporidien, Entamoeba oder Giardia im Wasser vermutet werden. Wenn das Wasser kalt ist, muss bei manchen Mitteln die Einwirkzeit erhöht werden. Außerdem muss stark gerbsäurehaltiges oder getrübtes Wasser vor der Behandlung mit den meisten chemischen Desinfektionsmitteln geklärt bzw. durch Kohle entfärbt werden, da es ansonsten zur Bildung reizender Chlorverbindungen kommen kann bzw. die Desinfektionswirkung eingeschränkt wird.

Während der Wasserbehandlung zerfallen die chlorhaltigen Desinfektionsmittel zu hypochloriger Säure und im weiteren Verlauf zu reaktivem Sauerstoff, die beide für die keimtötende Wirkung verantwortlich sind. Nach Kontakt mit Fremdstoffen im Wasser werden diese aggressiven Verbindungen »deaktiviert«, also in ungefährliche Stoffe

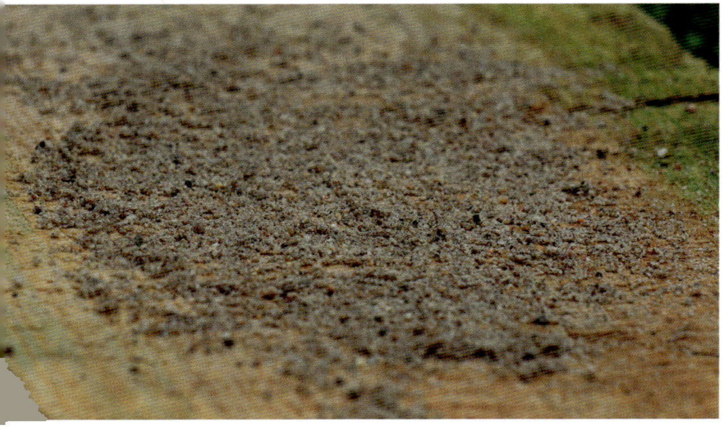

Auch Feststoffe können mit Sonnenlicht desinfiziert werden. Hierzu müssen sie aber trocken sein und in der prallen Sonne regelmäßig gewendet werden.

wie Kochsalz überführt. Bei zu hoher Konzentration des Desinfektionsmittels kann es dazu kommen, dass noch viele reaktive »Teilchen« im Trinkwasser vorhanden sind, was zu Hautreizung führen kann. Ist das Wasser jedoch trüb und mit organischen Stoffen versetzt, »reagiert sich das Aufbereitungsmittel daran ab«, ohne dass alle Keime angegriffen wurden. Entsprechend wichtig ist die korrekte Dosierung bzw. Vorbereitung des Rohwassers.

Sie sollten für die Wasserdesinfektion unbedingt auch die dafür vorgesehenen Mittel verwenden. Während beispielsweise Kombinationspräparate aus Hypochlorit und Silberionen zur Desinfektion *und* Konservierung verwendet werden können, eignen sich Monopräparate mit Silberionen *nur* zur Konservierung sauberen Wassers und zur Entkeimung von *sauberem* und *klarem* Rohwasser mit einer sehr geringen Keimbelastung *ohne* einzellige Parasiten.

Wenn Sie der ungefährliche Iod- oder Chlorgeschmack des behandelten Wassers stört, kann dieser über Kohlefiltrierung entfernt werden.

Die Entkeimung von Trinkwasser mit Hilfe »einiger Kristalle« von Kaliumpermanganat kann getrost als Anachronismus angesehen werden. Zwar ist dieser Stoff in der Lage, Wasser keimfrei zu machen, doch ist die Dosierung ungleich schwieriger und der Stoff weit gefährlicher und gesundheitsschädlicher im Umgang.

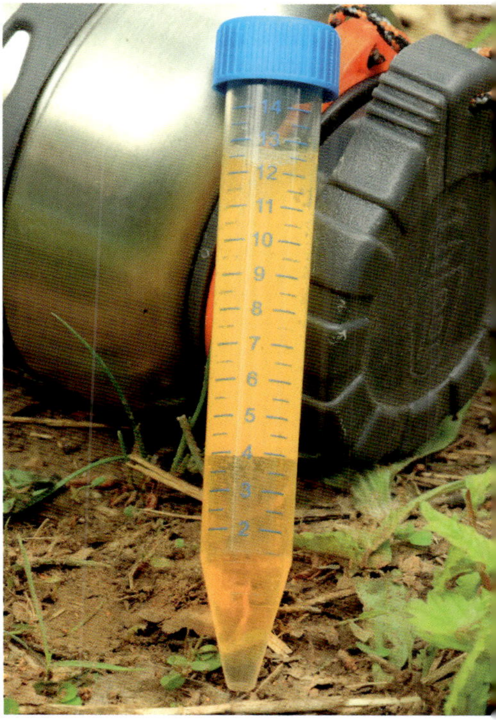

Mit wenigen Iodkristallen lässt sich Desinfektionslösung für viele hundert Liter Wasser herstellen.

Iod

Weltweit werden Iod und Iodverbindungen zur chemischen Aufbereitung von Trinkwasser verwendet. Iod in elementarer Form als Kristall oder in Form von löslichen Verbindungen hat einige Vorteile, ist aber nicht völlig unkritisch als Idealmittel zu sehen.

Der wichtigste Vorteil ist sicherlich, dass es als Kristall oder Desinfektionslösung für Wunden praktisch überall, auch in ländlichen Krisengebieten, erhältlich ist. Außerdem ist es sehr günstig, weshalb es sich zur Desinfektion von großen Wassermengen eignet. Zusätzlich ist es stabil in seiner chemischen Struktur und zerfällt nicht, wie viele Chlorverbindungen, spontan; außerdem ist es erheblich ungefährlicher als vergleichbare kristallin vorkommende Verbindungen wie das schon genannte Kaliumpermanganat.

Allerdings gibt es auch Nachteile, von denen der unangenehme Geschmack der geringste ist. Iod wird im Körper benötigt, ist aber auch ein Mangelstoff, weshalb es bei dauerhafter Desinfektion mit Iod vermehrt aufgenommen wird und so die Funktion der Schilddrüsen beeinflussen kann; Kranke, Säuglinge sowie Schwangere sollten darum kein zusätzliches Iod zu sich nehmen. Allerdings kann ein Iod-Überschuss im Wasser bei entsprechender Belastung mit radioaktiven Iodisotopen eine Aufnahme des schädlichen →Iod-131 verringern.

Die Ioddosierung ist außerdem nicht immer einfach, da es sich kaum, aber temperaturabhängig verschieden stark in Wasser löst, weshalb die Konzentration der Stammlösung temperaturabhängig unterschiedlich stark ist. Die Lösung sollte bei ca. 20 °Celsius angesetzt werden.

Die geringe Löslichkeit bedeutet aber auch, dass mit wenigen Gramm elementarem Iod Desinfektionslösung für mehrere Tausend Liter Wasser hergestellt werden kann, ohne dass sich an der Durchführung sonderlich etwas ändert. Dies ist ein weiterer Grund, warum es sich vor allem für die Aufbereitung von →Wasserlagern als Reserve oder zur →stationären Aufbereitung in Krisengebieten eignet.

Für die Lagerung sollte man allerdings wissen, dass Iod sich an der Luft über die Zeit »auflöst« (genau genommen sublimieren bzw. verdunsten die Kristalle). Darum sollte elementares Iod immer in einem dichten Gefäß mit Wasser überdeckt gelagert werden. Hierzu eignen sich sehr gut Schraubdeckelgefäße aus dem Laborbetrieb, die eine aufgedruckte Skala besitzen. Wenn darin Iodkristalle in Wasser enthalten sind, bildet sich im Überstand (bei Raumtemperatur) eine gesättigte Iodlösung mit rund 0,0003 Gramm Iod je Milliliter, egal wie viel Flüssigkeit über den Iodkristallen steht. Damit lässt sich recht genau dosieren:

Zur Desinfektion von Trinkwasser wird häufig eine Dosierung von 4 ppm (4 Millionstel-Anteile) als ausreichend beschrieben. Das bedeutet, dass auf einen Liter Wasser 0,004 Gramm Iod verwendet werden, was etwa 13 Millilitern der gesättigten Stammlösung entspricht. Entsprechend lässt sich mit 4 Gramm elementarem Iod eine Tonne Wasser desinfizieren.

Dabei sollte beachtet werden, dass Iodverbindungen zwar ähnlich, aber bei niedrigeren Temperaturen erheblich langsamer reagieren als →Chlorverbindungen. Während bei Zimmertemperatur etwa 25 Minuten ausreichen, verdoppelt sich die Einwirkzeit je 10 ° niedrigerer Wassertemperatur.

Teurer als elementares Iod sind Tabletten mit schnell löslichen Iodverbindungen, die aber auf dieselbe Weise funktionieren und einfach nach Herstellerangabe angewandt werden (allerdings sind Iodverbindungen ebenso wie das elementare Iod in vielen Regionen gesetzlich nicht zur Trinkwasserbehandlung zugelassen).

Überschüssiges Iod lässt sich aus dem Wasser durch →Kohlefilterung ebenso wie mit »Geschmacksneutralisierern« entfernen (bei kommerziellen Iodprodukten mit zwei Komponenten immer die zweite Dosis), die meist nichts anderes sind als Vitamin C. Dieses überführt das gelöste Iod in das geschmacksneutrale Iodid – allerdings ist damit auch die Reaktions-, Desinfektions- und damit Konservierungsfähigkeit verloren. Wenn mit Iod behandeltes Wasser gelagert werden soll, wird es also nur unmittelbar vor dem Trinken mit einer Prise Vitamin C aus der Apotheke versetzt.

Chlordioxid

Für die stationäre Wasseraufbereitung größerer Mengen, seltener im Trekkingbereich als Zweikomponentensystem, wird hochreaktives Chlordioxid eingesetzt. Dabei ist diese Chlorverbindung so wirksam, dass sie zu den besonders sicheren Wasserentkeimungsmitteln zählt.

Allerdings ist die Reaktionsfreude des Stoffs so hoch, dass er sich von alleine schnell zersetzt und bei falscher Dosierung oder falscher Herstellung zu erheblichen gesundheitlichen Schäden führen kann. Chlordioxid wird dabei meist durch eine Reaktion von Natriumchlorit und anderen Verbindungen und einer Säure über das sogenannte »Chlorit-Säure-Verfahren« hergestellt. Bei dieser Reaktion können sehr giftige und explosive Gase entstehen – insbesondere wenn unbekannt ist, welche anderen Stoffe im Rohwasser oder in der Stammlösung vorhanden sein können. Für den korrekten Einsatz müssen die Bedingungen sehr genau kontrolliert sein.

Der vermeintliche Vorteil der Lösungen ist der günstige Preis. Allerdings sind großtechnische Chloritlösungen oft mit größeren Mengen von Chloraten vermengt, was zu ungewollten Reaktionsprodukten führt. Zur Wasserentkeimung durch den Endverbraucher zugelassene Chloritprodukte wie beispielsweise »Aquamira™« sind dagegen vergleichsweise teuer.

Chlordioxid lässt sich nur schwer in kleinen Mengen genau dosiert einsetzen, insbesondere wenn hochprozentige Stammlösungen aus fragwürdigen Internetapotheken stammen.

Werden falsch hergestellte oder dosierte und dadurch nicht umgesetzte Chlorite und Chlorate bzw. Chlordioxid in größeren Mengen aufgenommen, führt dies zum Absterben von Blutzellen und kann innere Organe erheblich schädigen. Ebenso sind die durch Mischung mit Säure erzeugten Produkte aufgrund ihrer Instabilität nur kurze Zeit in der errechneten Dosis nutzbar und greifen in hoher Konzentration Kunststoffe und Metalle an, was beispielsweise bei der Desinfektion von Wasserfiltern beachtet werden sollte.

Während die großtechnische Wasseraufbereitung mit dem stark giftigen Stoff gut umgehen kann, ist er für den Endverbraucher aufgrund seiner Gefährlichkeit wenig geeignet, insbesondere da es diverse Verbindungen wie relativ stabile Hypochlorite gibt, die genau dosiert eingesetzt werden können, sich direkt bei der Verwendung umsetzen und erheblich weniger Risikopotential besitzen.

Hypochlorite

Hypochloritlösungen sind eine in der Praxis bewährte Lösung zur Desinfektion von Wasser. Zwar ist hochkonzentriertes Hypochlorit ebenso gefährlich wie Chlordioxid, jedoch gibt es genau dosierte, lange haltbare Mittel, die tropfenweise verwendet werden können. Da beispielsweise Tabletten oder Natriumhypochlorit in 2-prozentiger Lösung angeboten werden, gibt es leicht nachvollziehbare Dosierungsrichtlinien wie beispielsweise eine Tablette je Liter/je 10 Liter oder 3 Tropfen Lösung je Liter. Wie weiter oben beschrieben, gibt es diese Mittel als Kombipräparate, wobei zur Konservierung für das Einrichten von →Reservelagern die →Wiederverkeimung durch beigefügte Silberverbindungen um ca. ein halbes Jahr verzögert wird.

Die Mittel können sparsam eingesetzt werden und sind verhältnismäßig günstig, wobei sich die Anzahl der Anbieter in den letzte Jahren reduziert hat. Micropur™ Forte ist das heute gebräuchlichste.

Wer für große Mengen von Trinkwasser, beispielsweise für →Speicherzisternen oder für die stationäre Trinkwasseraufbereitung,

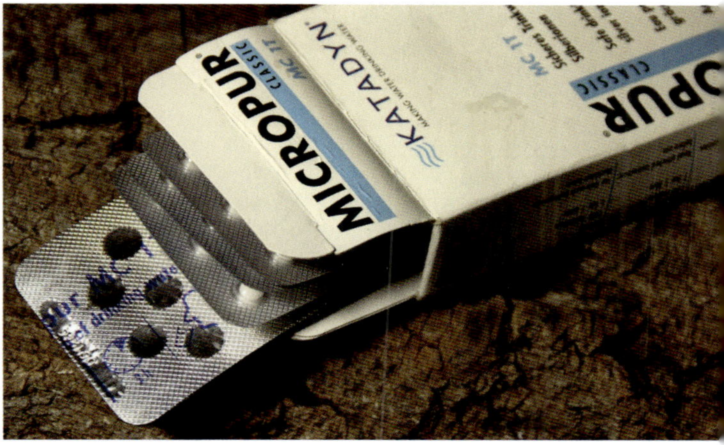

Präparate mit Silberionen ohne Hypochloritanteil sind nur zur →Konservierung und →Desinfektion von gering verkeimtem Wasser geeignet. Ist das Wasser stark verschmutzt, benötigen Sie gegebenenfalls die »Forte«-Präparate.

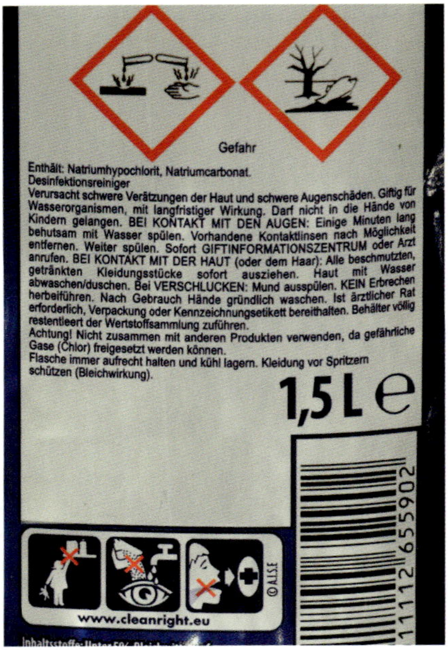

Nur für den Notfall: In vielen Ländern gibt es in jedem Eckladen stabile Chlorbleiche ohne weitere Zusatzstoffe. Sie lässt sich verwenden, wenn die Wasserversorgung vollständig zusammenbricht.

Hypochloritlösung benötigt, kann auch kontrolliert hergestellte Lösungen verwenden, die sonst als Reinigungsmittel (meist ca. 2–4-prozentige stabilisierte Lösung) oder für die Tank- und Pooldesinfektion (meist 13–15-prozentige Lösung) eingesetzt werden. Die Mittel sollten gemäß Sicherheitsdatenblatt neben Natriumhypochlorit und Natriumcarbonat keine weiteren Zusatzstoffe wie Tenside oder Parfum enthalten und möglichst auch für die Desinfektion von Lebensmitteln oder Küchenutensilien zugelassen sein.

Die Dosierung der 2–4-prozentigen Lösung erfolgt ähnlich wie bei den Wasserentkeimungstropfen mit 1–2 Tropfen je Liter Wasser – höher konzentrierte Mittel müssen sehr vorsichtig gehandhabt werden und eignen sich nur zur Desinfektion großer Mengen von Wasser. Hier werden beispielsweise 1–3 Tropfen je 10 Liter verwendet bzw. die Dosierung langsam erhöht, bis nach 30 Minuten im aufbereiteten Wasser leichter Chlorgeruch wahrzunehmen ist.

Diese Mittel sind gesetzlich meist nicht zur Herstellung von Trinkwasser zugelassen, in einem Notfall aber erheblich ungefährlicher, als wenn Sie mit selbstgemixter, instabiler, hochprozentiger Chlordioxidlösung experimentieren.

Aus der Erfahrung mit gechlorten (hier wird meist mit Ozon oder Hypochlorit gearbeitet) Schwimmbädern und Swimming-Pools ist bekannt, dass verschlucktes Wasser gesundheitlich keine Probleme bereitet, sofern korrekt dosiert wurde.

Wer in entsprechenden Risikogebieten höher konzentrierte Hypochloritlösungen nutzen muss und bei der Dosierung sichergehen möchte, besorgt sich neben der Desinfektionslösung Chlor-Teststäbchen.

Richtig konzentriert, hat das aufbereitete Wasser nach einer halben Stunde noch einen relativ geringen Überrest von aktivem Chlor.

MIOX

Ein für Notfälle auf Reisen und in Zivilisationsnähe sehr interessantes Prinzip ist die Herstellung von MIOX (mixed oxidants). Durch eine Elektrolyse von in Wasser gelöstem Kochsalz werden desinfizierende Stoffe gebildet. Speziell für diesen Zweck gibt es MIOX-Generatoren, die seit einigen Jahren auch sehr erfolgreich von den amerikanischen Streitkräften im Einsatz verwendet werden. Vorteil der gemischten Oxidationsmittel ist ihre sehr aggressive Desinfektion bei geringer Dosierung. Nachteil ist, dass sie immer eine Stromquelle (in Form von Netzteilen, Autobatterien oder Lithiumzellen) benötigen.

MIOX-Generatoren besitzen eine kleine Kammer, in der Kochsalz in Wasser gelöst wird (effektiv wird eine gesättigte Lösung hergestellt). Diese Saline wird mit Stromfluss durch zwei Elektroden unter Spannung gesetzt. Während dieser »Chloralkali-Elektrolyse« bilden sich Wasserstoff, Natronlauge und verschiedene Chlorverbindungen. In den kommerziell vertriebenen MIOX-Geräten werden spezielle Elektroden verwendet. Nutzt man einfache Kupferelektroden aus gewöhnlichen Kabeln, löst sich ein Teil des Kupfers im Wasser, und größtenteils entstehen nicht die gewünschten Chlorverbindungen, sondern Knallgas.

Bei Versuchen mit einem Schnapsglas voll konzentrierter Salzlauge, einem Mobiltelefon-Akku und Titanbesteck bzw. Bleistiftminen als Elektroden ließen sich jedoch für eine Entkeimung ausreichende Mengen MIOX herstellen. Sie sollten aber beachten, dass bei dieser improvisierten Chloralkali-Elektrolyse auch gesundheitsschädliche Stoffe entstehen können und die Stromquelle beschädigt werden kann. Sitzen Sie in einem Krisengebiet für längere Zeit fest und sind dem großen Risiko einer bakteriellen Infektion ausgesetzt, bergen diese unbekannten Nebenprodukte jedoch im Vergleich meist ein geringeres Gefahrenpotential. Wenn Sie im Notfall mit verschiedenen Materialien experimentieren, sollten Sie auf den typischen Geruch von Chlor achten. Die Reaktion sollte so lange stattfinden, bis entweder die Lösung *stark* nach Chlor riecht, oder bis keine Bläschen mehr an den Elektroden entstehen (manche Elektroden oxidieren und müssen immer wieder freigekratzt werden). Dabei sollte sich das Wasser nicht stark →einfärben. Sollte das der Fall sein, müssen Sie die Elektrodenmaterialien wechseln. Während der Elektrolyse darf keine Funken- oder Feuerquelle in der Nähe sein, da sich das entstandene Knallgas entzünden kann.

In das Rohwasser geben Sie ein paar Tropfen der Lösung, schütteln und testen den Geruch. Wenn das Wasser *leicht* nach Chlor riecht, lassen Sie die Lösung eine Stunde wirken. Ist das nicht der Fall, geben Sie weitere Lösung hinzu. Das Wasser sollte danach noch etwas nach »Schwimmbad« schmecken.

Diese improvisierte Form der Wasserentkeimung kann Rohwasser tatsächlich vollständig desinfizieren. Aufgrund der potentiell gesundheitsschädlichen Stoffe sollte sie aber nur im Notfall angewandt werden.

Entsalzung

Umkehrosmose

Stellen Sie sich vor, Sie legen eine Erdbeere* in Zucker. Was geschieht? Es tritt Flüssigkeit aus der Frucht aus, sie entwässert. Grund hierfür ist die Osmose.

Sie haben in diesem Buch ja schon die Begriffe »Osmose« und »osmotischer Druck« gelesen. Um die Umkehrosmose zu verstehen, müssen wir uns nun etwas detaillierter mit der Osmose beschäftigen:

Jede Zelle ist durch eine Membran in sich geschlossen. Diese Trennwände haben eine besondere Eigenschaft. Sie sind »semipermeabel«, also »teilweise durchlässig«. Kleine Partikel gelangen hindurch, größere bleiben daran hängen. Das wichtigste kleine Molekül, das durch die Zellmembranen hindurchschlüpfen kann, ist Wasser. Nicht durch die Membran gelangen dagegen gelöste Mineralien, Zellbestandteile und Proteine.

Neben der Eigenschaft der Semipermeabilität ist das Osmotische Potential von Bedeutung. Osmotisch aktive Teilchen (beispielsweise Kochsalz in Meerwasser) »ziehen« Wasser an. Wird Wasser also mit Salz in Berührung gebracht, findet eine Molekülwanderung in der Lösung statt, die erst endet, wenn alle gelösten Salzteilchen gleichmäßig verteilt sind.

Wird ein kleines Becken mit Hilfe einer semipermeablen Membran in der Mitte in zwei gleich große Fächer geteilt und das eine Fach mit Salzwasser, das andere mit Süßwasser gefüllt, »möchten« sich beide Lösungen miteinander vermischen, bis sie beide dieselbe Salzkonzentration haben. Da jedoch nur Wasser durch die Membran gelangen kann, das Kochsalz aber nicht, müssen sich die Volumenverhältnisse anpassen, damit es einen »Osmotischen Ausgleich« gibt.

Tatsächlich wandert so lange Wasser durch die Membran in das Fach mit der höheren Salzkonzentration, bis die sich immer stärker aufstauenden Mineralien

** Ich bin mir sicher, dass Sie dieses Beispiel mittlerweile schon ein paarmal gelesen haben.*

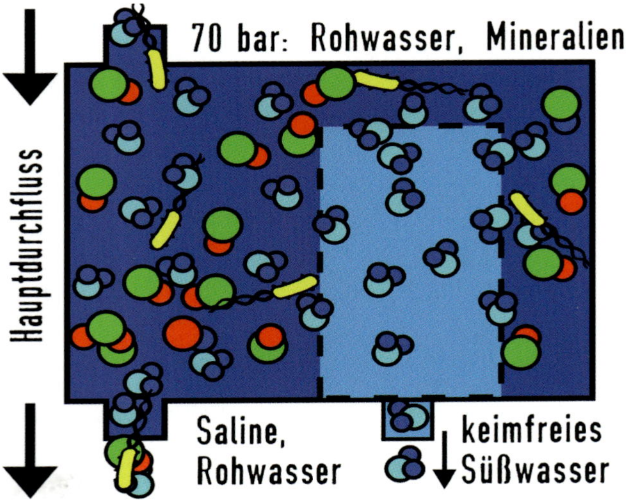

Prinzip der Umkehrosmose: Rohwasser wird mit hohem Druck an einer Wickelmembran vorbeigepresst. Nur die kleinen Wassermoleküle können die Membran passieren, während gelöste Mineralien, chemische Verbindungen und Krankheitserreger »gefiltert« werden. Damit die Membran nicht verstopft oder durch den enormen Druck zerstört wird, gibt es einen Abfluss für die konzentrierte Saline.

im Süßwasser dieselbe Osmolarität haben wie das immer stärker verdünnte Salzwasser. Dabei verändert sich der Wasserspiegel merklich.

Nach diesem Prinzip funktioniert die Entsalzung durch Umkehrosmose. Wird ein mit einer semipermeablen Membran verschlossener Zylinder mit Meerwasser befüllt, sickert das Wasser aus dem Zylinder, während das Salz zurückgehalten wird. Sie benötigen hierzu jedoch ungeheuren Druck. Je höher der Salzgehalt ist, desto größer muss der Druck des Wassers auf die Membran sein, wenn Sie reines Süßwasser erhalten möchten. Für Meerwasser werden rund 70 Bar benötigt (der Druck in etwa 700 Metern Wassertiefe; ein Autoreifen wird mit gerade mal 3 Bar Pressluft befüllt).

Einen solchen Druck werden Sie auch mit Hilfe einer mit aller Hingabe aus Haselnussholz geschnitzten Hochdruckpumpe nicht erzeugen können, zumal Sie neben dem Druck auch eine passende Membran benötigen. Seit einigen Jahren gibt es Umkehrosmosepumpen für den Notfall- und Trekkingeinsatz. Dabei ist zu beachten, dass die günstigen »Umkehrosmosegeräte« für die Erzeugung von Reinwasser in Aquarien lediglich dafür geeignet sind, geringe Mineralienrückstände aus *Süßwasser* zu entfernen (die Pumpen erzeugen gerade mal 2–5 Bar).

Die aufgrund des bei der Meerwasserentsalzung nötigen Hochdrucks recht schweren Geräte sind relativ teuer. Der Schweizer Filterhersteller Katadyn bietet brauchbare Modelle von etwa 800,– € (Survivor 06) bis 1900,– € (Survivor 35) für den Notfall- und Reisegebrauch an. Sie erzeugen bei Handbetrieb in der Stunde je nach Modell zwischen einem halben und 4 Liter trinkbares Wasser – vermeintlich wenig, im Notfall jedoch völlig ausreichend, um seinen Tagesbedarf bei normaler Leistung vollständig zu decken.

Vor allem auf Expeditionen und Reisen in Regionen mit weitläufigen Brackwasserzonen (Flussdeltas, Meeresränder) sowie bei Schiffs- und Kajaktouren im Salzwasser kann eine mobile Umkehrosmosepumpe eine notwendige Überlebensversicherung sein.

Aufgrund des Preises scheinen die Geräte eher etwas für die »Profis« unter den Extremreisenden zu sein. Wenn man jedoch

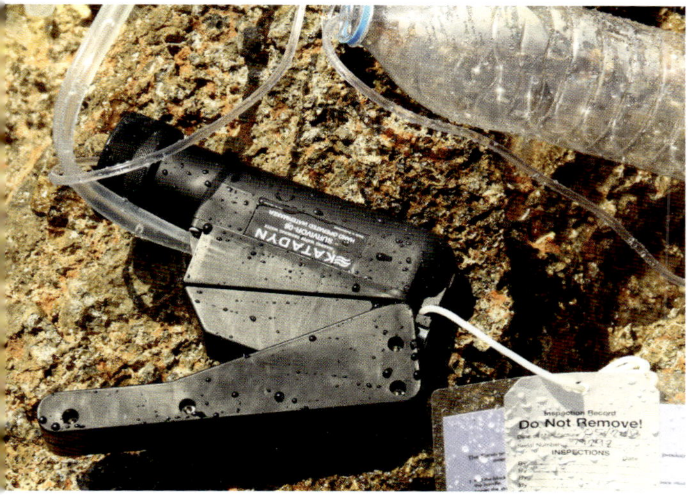

Mit einer Umkehrosmosepumpe kann man am Salzwasser autark unterwegs sein. Besonders lange Trekkingtouren am Meer entlang werden so erst möglich.

darüber nachdenkt, wie viel Geld bereitwillig für ein in Fernost gefertigtes Mobiltelefon aus dem »Obsthandel« ausgegeben wird und wie wenig überlebenswichtig jenes im Vergleich zu Trinkwasser ist, relativieren sich die Kosten schnell.

Funktion

Der Einsatz der Umkehrosmosepumpen ist relativ intuitiv, dennoch sollten folgende Punkte beachtet werden:

Die verwendete Membran ist sehr empfindlich. Sie darf nie austrocknen und, einmal in Verwendung, muss sie täglich mindestens 10 Minuten in Gebrauch sein oder mit einem Konservierungsmittel behandelt werden. Auch der Pumpaufwand ist teilweise beträchtlich, vor allem wenn es sich um Salzwasser mit hoher →Salinität handelt.

Von der Membran abgesehen, sind diese Notfallgeräte erfreulich robust. Beim Ersteinsatz muss die Membran einige Minuten durch Pumpen mit anschließendem Verwerfen des erzeugten Süßwassers gespült werden, um Reste des Konservierungsmittels zu entfernen.

Beim Umkehrosmosevorgang entsteht eine konzentrierte Salzlauge, die aus dem Gerät über einen Schlauch wieder herausgeleitet wird. Dies kann problematisch sein, wenn Sie Salzwasser direkt aus einem Wassertank herauspumpen. Die Konzentration des Wassers wird mit jedem Pumpstoß etwas höher, bis der Pumpdruck deutlich ansteigt. Wird Wasser aus einem geschlossenen Gefäß genommen, muss also darauf geachtet werden, dass die Lauge seitlich abgeführt wird und nicht mehr in das Rohwasser zurückfließt.

Auch sollte bedacht werden, dass der *allergrößte* Teil des eingesaugten Wassers das Gerät als konzentrierte Lauge wieder verlässt. *Sie benötigen also für einen Liter Trinkwasser das 10- bis 15-Fache an salzigem Rohwasser.* Das ist vor allem dann relevant, wenn gesammeltes Salzwasser als Rohwasser mitgeführt wird. Um einen Tagesbedarf zu erzeugen, müssten Sie also mindestens 50 Liter Salzwasser dabeihaben. Lieber sollte Salzwasser direkt vor Ort entsalzt und nach Möglichkeit →konserviert werden.

Bei Touren auf dem Meer kann vom Boot aus der Ansaug- und Laugenschlauch einfach über den Bootsrand ins Wasser abgelassen werden.

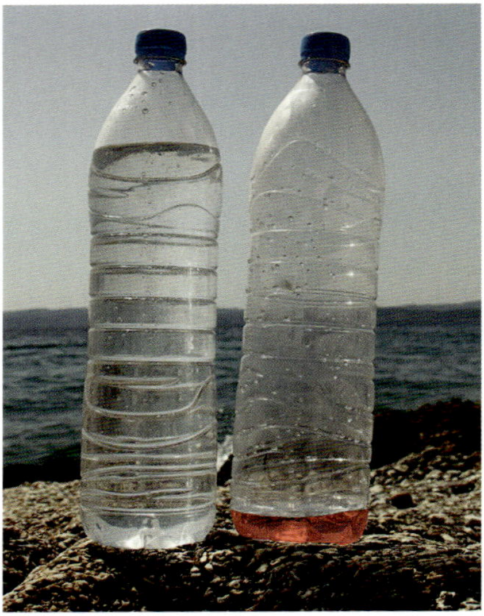

Aus 1,5 Litern Seewasser aus dem Mittelmeer entstehen in rund 3 Minuten mit dem »Survivor 06« ca. 1,45 Liter ungenießbare Saline (links) und 0,05 Liter Trinkwasser (rechts, rot eingefärbt).

Die Umkehrosmose ist so effizient, dass sie neben den winzigen gelösten Salzmolekülen die allermeisten gelösten Stoffe wie Schwermetalle und Mineralien sowie *alle* partikulären Bestandteile, also Bakterien, Viren sowie Proteine, zurückhält und ableitet. Durch die geringe »Maschenweite« kann sich die Membran bei stark getrübtem Wasser jedoch auch zusetzen und ist unterwegs *nicht mehr zu reaktivieren!* Deshalb muss Wasser mit »leichter Trübung« unbedingt →vorgefiltert oder →hitzegefällt werden.

Mit Umkehrosmose lässt sich beispielsweise auch →aufkonzentrierter Harn und Brack- bzw. stark verschmutztes Süßwasser sicher aufbereiten, auch wenn das nicht der hauptsächliche Einsatzzweck ist.

Passive Osmose

Kostengünstiger als eine Umkehrosmosepumpe ist die sogenannte passive Osmose. Hierfür wird der Umstand ausgenutzt, dass mit Hilfe von genügend Zucker in einer Membran ein osmotisches Gegenpotential erzeugt werden kann, das Wasser anzieht. Zucker wird vom Körper

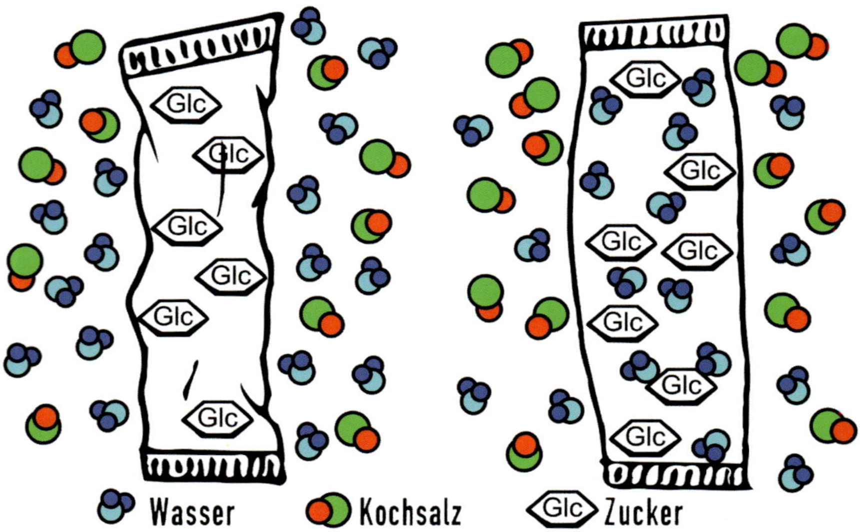

Prinzip der passiven Osmose: Durch das osmotische Potential des Zuckers wandern Wassermoleküle durch die Membran. Sinvoller ist das Mitführen von →Trinkwasserkonserven.

im Gegensatz zu Kochsalz schnell umgewandelt und verbrannt oder eingelagert, ohne dass der Wasserhaushalt nennenswert belastet wird. Verwendung findet ein Membranbeutel, genauer ein »Dialyseschlauch«, der mit einer zuckerbasierten Trockenmischung gefüllt wird. Jener wird in Salzwasser gelegt, wo die Wasserteilchen durch die Membran in das Beutelinnere gesaugt werden. Das Kochsalz verbleibt dabei außerhalb der Membran. Über etwa 5 Stunden wird das Wasser in den Beutel gesaugt, bis das osmotische Potential ausgeglichen ist.

Um brauchbare Mengen von Wasser zu erzielen, eignet sich dieses System kaum. Die Menge, die innerhalb von 5 Stunden erzeugt werden kann, liegt bei »bis zu« 500 ml. Typische Kapazitäten liegen bei insgesamt etwa 4 Litern. Dies reicht jedoch im Notfall aus, um einige Tage zu überbrücken. Da allerdings mehrere hundert Gramm Zuckergranulat (der Hersteller nennt das »sports drink«) für wenige Liter Trinklösung mitgeführt werden müssen, ist es eher sinnvoll, eine Umkehrosmosepumpe oder eingeschweißte →Trinkwasserrationen mitzunehmen bzw. im Notfallgepäck oder im Rettungsboot zu lagern.

Destillation

Während die vorher besprochenen Aufbereitungsmethoden größtenteils auf mechanischem Wege gefährliche Verunreinigungen abtrennen oder durch Chemikalien zerstören und deaktivieren, ist die Destillation neben der Umkehrosmose die einzige Möglichkeit, *absolut* reines Wasser herzustellen. Hierzu wird das Stoffgemisch »Wasser« in seine Bestandteile mit unterschiedlicher Siedetemperatur getrennt.

Das Destillieren von Trinkwasser ist deutlich einfacher als das Brennen von Schnaps. Während die einzelnen Komponenten der Maische (Fuselöle, Methanol, Ethanol, Wasser) alle eine Siedetemperatur zwischen 70 und 100 °C haben, weshalb die Temperatur während des Brennvorgangs genau beobachtet werden muss, ist das bei der reinen Wasserdestillation anders: Wasser verdampft bei etwa 100 °C, die während des Kochvorgangs kristallisierten oder ausgefallenen Mineralien verdampfen größtenteils bei deutlich *über 1000 °C*.

Sie können also davon ausgehen, dass bei der Destillation von Meerwasser keinerlei Mineralien oder Salze verdampfen. Wie sieht es jedoch mit Giftstoffen aus, die mög-

Eine improvisierte, aber effiziente Destillationsanlage: In einem drucksicher verschlossenen Campingtopf wird Salzwasser verdampft, das über eine hitzefeste PTFE-Leitung in eine Kühlschlange aus Kunststoff geführt wird.

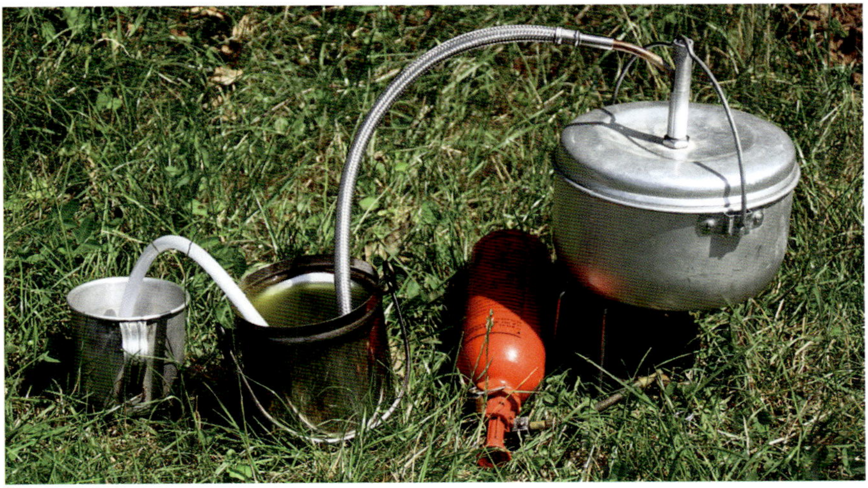

licherweise in stark verunreinigten Salz- oder Süßwasserquellen vorhanden sind?

Manche teils giftigen Kohlenwasserstoffe, die durch Benzin- oder Öleinleitung in das Wasser geraten sind, können nach der Destillation theoretisch im Trinkwasser vorliegen. Zuallererst gilt es also abzuschätzen, welche Verunreinigung zu erwarten ist. In Krisengebieten, nach Überschwemmungen, Stürmen etc. ist mit einer solchen Verschmutzung zu rechnen, ebenso wenn der Geruch Hinweise auf Öl, Benzin oder andere Stoffe im Wasser gibt.

Während eines Projekts in Australien waren beispielsweise einige (fest als Wasserentnahmestellen eingeplante) natürliche Quellen durch hohe Konzentrationen des hochgiftigen Schwefelwasserstoffs ungenießbar.

Bei Schwefelwasserstoff oder Benzin im Rohwasser würde eine einfache Destillation große Teile der Giftstoffe in das Destillat überführen. Die einzige Möglichkeit, dies zu verhindern, besteht darin, die Lösung vor dem Destillieren längere Zeit etwas unter der Siedetemperatur von Wasser zu halten. Dabei verflüchtigen sich die leichter löslichen Inhaltsstoffe, ohne dass große Mengen von Energie und Wasser verloren gehen.

Ein weiteres Problem besteht darin, dass sich beim Erhitzen von Wasser die in fast allen natürlichen Quellen vorkommende Kohlensäure verflüchtigt und sich →Kesselstein im Topf niederschlägt. Im Kesselstein können sich manche giftigen und in der Lösung vorhandenen Stoffe ablagern.

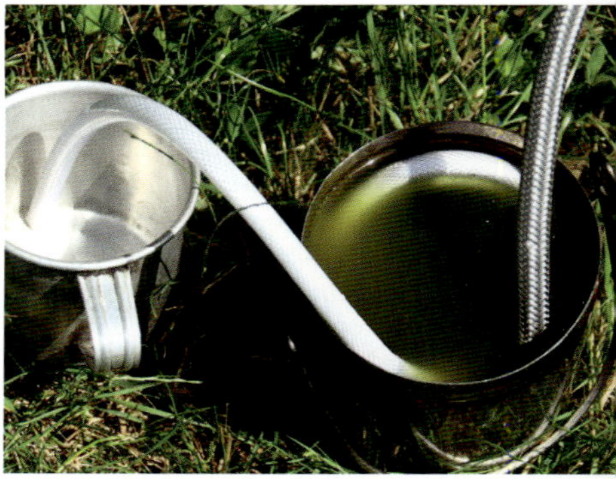

Das Wasser in der Kühleinheit muss ständig ausgetauscht werden. Sie können hierfür Schmutz- bzw. Salzwasser verwenden.

Verdampft das Wasser beim Destillationsvorgang auf dem Feuer *vollständig*, können in dieser Schicht durchaus Temperaturen weit über 500 °C entstehen – genug, um manche der schwer flüchtigen Stoffe zu verdampfen. Aus diesem Grund sollte bei stark verunreinigtem Wasser die Destillation unterbrochen werden, solange noch Wasser im Topf ist. Vor dem nächsten Destillationsgang sollte dieser gespült, möglichst sogar ausgekratzt werden, weil die wachsende Kalkschicht den Energieübergang vom Kocher zum Wasser verhindert und bei Aluminiumtöpfen und -flaschen das »Durchbrennen« begünstigt.

Die besondere Herausforderung bei der Destillation ist, dass Wasser *sehr* viel Energie zum Verdampfen benötigt, die wiederum

Energiebedarf zum Destillieren

Heizart	Heizwert des Kraftstoffs	mindestens benötigter Kraftstoff
Benzinkocher	40.000 kJoule/kg	240 g
Gaskocher	45.000 kJoule/kg	200 g
Spirituskocher	26.000 kJoule/kg	360 g
Brennholz	10.000 kJoule/kg	1000 g

Kraftstoffbedarf zum Verdampfen von 1 kg Wasser bei angenommener (idealer) Heizeffizienz von 25 %.

aus dem Dampf abgeführt werden muss, um ihn in die flüssige Form zu überführen.

Ist kein Material zum Bau einer Destille mit Kühleinheit vorhanden, kann Schmutz- oder Salzwasser in einem Topf auf einem Kocher erhitzt und dieser beim Beginn des Siedens unter eine Plastikplane oder ins geschlossene Zelt gestellt werden (Im geschlossenen Zelt darf natürlich nicht gekocht werden – es droht eine Kohlenmonoxidvergiftung!).

Durch die große Oberfläche kann Energie gut abgeführt werden, der Wasserdampf schlägt sich nieder. Das Kondensat kann wie →Tau mit einem Tuch abgesammelt werden. Ist genügend Brennmaterial und Rohwasser vorhanden, kann das Wasser über einem Feuer gekocht werden, während der Topf mit einem Gewebestück abgedeckt wird. Mit der Zeit sammeln sich darin Wassertropfen, die ausgewrungen werden können.

Brennstoffbedarf

Um ein Kilogramm Wasser auf Meeresniveau mit einer Temperatur von 25 °C zu verdampfen, benötigt man die Energie, um das Wasser zum Kochen zu bringen, sowie jene zum Verdampfen. Das Erhitzen von 1 Liter Wasser um 1 °C verbraucht dabei 4200 Joule oder 1000 Kalorien. Das Erhitzen von 25 °C auf 100 °C verbraucht also 4200 Joule * 75 →Kelvin, was ca. 315 kJoule oder 75kcal entspricht.

Um dieses eine Kilogramm Wasser jedoch noch vollständig zu verdampfen, werden zusätzlich 2088 kJ (500 kcal) benötigt. Diese große Energiemenge wird benötigt, um die inneren Kräfte zwischen den einzelnen Wassermolekülen im flüssigen Zustand aufzubrechen. Sie würde ausreichen, um mehr als 6,5 Liter Wasser von 25 °C zum Siedepunkt zu erhitzen (diesen Wert benötigen wir gleich nochmal).

Die eingesetzte Gesamtenergie zum Verdampfen von einem Liter Wasser beträgt also 315 kJoule + 2088 kJoule = ca. 2400 kJoule oder 573 kcal.

Für eine ausreichende und regelmäßige Wasserversorgung bzw. für den vollen Tagesbedarf sind diese Techniken meist zu zeitraubend und ineffizient. Hier kann es notwendig sein, einen Umbau des Kochgeschirrs vorzunehmen. Beispielsweise kann der Wasserdampf durch eine Schlauch- oder Metallrohrspirale geleitet werden, die in regelmäßig ausgetauschtem Rohwasser liegt oder ständig mit Rohwasser benetzt wird. Die Methode der Destillation mit aktiver Kühlung ist deutlich effizienter und wird hauptsächlich von der vorhandenen Brennstoffmenge (Holzfeuer, Benzin bzw. Gaskocher) eingeschränkt.

Beim Destillieren ist generell zu beachten, dass das Schlauchende nicht im Wasser des Auffangbehältnisses hängen sollte. Kühlt das Destillationsgefäß ab, weil beispielsweise das Feuer heruntergebrannt ist oder weil beim Abkühlen der Kühlschlange der Kochtopf benetzt wurde, verringert sich der Luftdruck im Gefäß schlagartig, und das Destillat wird in Sekundenbruchteilen durch den Schlauch zurück in das Rohwasser gezogen. Durch den Wasserwiderstand im Schlauch kann es dazu kommen, dass die gesamte Destille implodiert. Durch das heiße Wasser herrscht dabei große Verletzungsgefahr.

Besonders bei ineffizienten Heizmethoden wie zu hohen Spiritusflammen oder dezentralen Feuerstellen kann der Brennstoffbedarf auf ein Vielfaches der hier angegebenen Mengen ansteigen.

Da zum Abkühlen von einem Kilogramm verdampftem Wasser wiederum 2088 kJ abgegeben werden, muss die Kühleinrichtung während des Destillationsvorgangs mit mindestens 6,5 Litern kaltem Wasser gekühlt werden, damit die Temperaturen im Kühler unter 100 °C bleiben und der Dampf überhaupt kondensiert. In der Praxis muss das Kühlwasser also ständig ausgetauscht werden.

Durch das Erhitzen und Wiederabkühlen des Wassers unterscheidet sich die Destillation als Aufbereitungsmethode von der →Sandgrubendestillation, bei der die Kondensation durch eine Übersättigung der Luft mit Wasserdampf erfolgt.

Improvisierte Destillationsmethoden

Weniger effizient sind Destillationsmethoden, die auf eine aktive ständige Kühlung verzichten oder die zum Verdampfen notwendige Energie aus alternativen Quellen wie Sonnenlicht beziehen.

Die Mengen des auf diese Weise aufbereiteten Trinkwassers und die Dauer der Destillation sind bei diesen Methoden nur sehr schwer vorherzusagen, da sie im Gegensatz zur aktiven Kühlung sehr stark von äußeren Umständen wie vorhandener Sonne, Luftfeuchte und Schattentemperatur abhängig sind. Die hier angegebenen Werte mögen deshalb als *vage* Anhaltspunkte angesehen werden.

Dennoch besteht mit diesen Methoden die Möglichkeit, überlebensnotwendiges Wasser zu erzeugen – auch wenn auf diese Weise sicherlich keine großen Wasservorräte angelegt werden können.

Passiv gekühlte Destillation

Zu den improvisierten Methoden mit geringer Ausbeute muss die rein passiv gekühlte Destille gezählt werden, die von manchen Autoren auch als »Urinator« (zum telegenen Harnrecycling) bezeichnet wird. Hier wird in einer Trinkwasserflasche aus Aluminium oder in einem vergleichbaren Gefäß das Rohwasser erhitzt und über einen Schlauch durch den Schatten geleitet.

Eigentlich macht es kaum Sinn, den Schlauch *nicht* aktiv zu kühlen, sofern Flüssigkeit vorhanden ist (wer Eigenurin in der Wüste destilliert, hat diese Möglichkeit natürlich nicht). Ist das Gefäß sauber verschlossen und der Schlauch dicht, muss er nicht in eine bestimmte Richtung geleitet werden. Sie können ihn also gerollt durch eine Lache Rohwasser führen und danach das Schlauchende aufsteigend in das Auffanggefäß führen. Durch das Aufkochen des Wassers entsteht ausreichender Druck, um das Destillat nach dem Kondensieren aus dem Schlauch zu treiben.

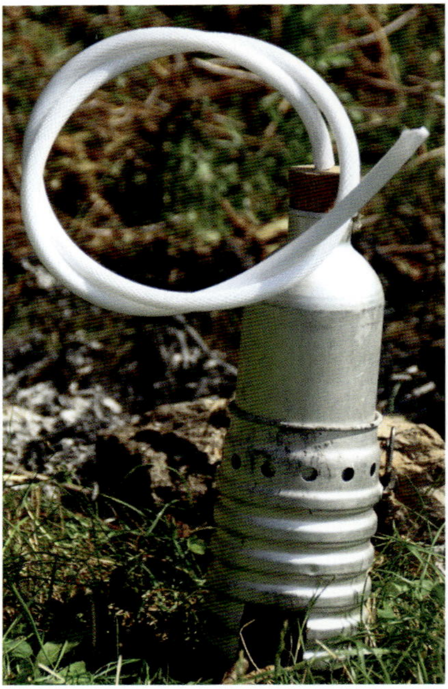

Aus einer Schweizer Bordeflasche gebaute Destillieranlage. Der Schlauch sollte nicht nur passiv an der Luft, sondern zumindest mit Schlamm oder nassen Tüchern gekühlt werden.

Was Sie beherzigen sollten: Wenn Sie schon einen Schlauch zur Destillation mitführen, dann nehmen Sie bitte keinen aus dem Aquarienhandel. Diese PVC-Schläuche enthalten große Mengen giftiger Weichmacher, die durch das Erwärmen gelöst werden. Außerdem hat der Ausgangsstoff eine Gebrauchstemperatur um die 50–60 °C – die Temperaturen bei der Destillation liegen deutlich darüber. Versuche mit verschiedenen Aquarienschläuchen führten nicht nur zu absonderlich schmeckendem Destillat, sondern auch zur Zersetzung des Schlauchs in der Nähe des Destillationsgefäßes und zu schleimigen Schlauchresten im Destillat. Einen geeigneten Schlauch aus hitzeresistentem und unbedenklichem Silikon oder PTFE (Teflon) erhalten Sie für wenige Euro mehr im Labor- oder Installationsfachhandel.

Schilf-/Bambusdestille

In vielen klimatisch unterschiedlichen Regionen gehören Schilfrohr und Bambus zum vorherrschenden Uferbewuchs von Süß-, Brack-, aber auch Meeresstränden. Während in gemäßigten Regionen oft diejenigen Unterarten mit kleinem Röhrendurchmesser wachsen, gibt es in subtropischen Gegenden Schilf mit gut 3–4 cm Bodendurchmesser. In den Tropen ist zudem oft Bambus verfügbar.

Die Destillationsapparatur lässt sich praktisch mit allen verfügbaren hohlen Pflanzen bauen – sofern sie als nicht giftig bekannt sind.

Großlumige Röhren lassen sich einfach in kurze Abschnitte zerteilen, die dicht mit Holzstopfen verschlossen werden können. Etwas unterhalb des oberen Stopfens wird ein möglichst kreisrundes Loch geschnitten, in das ein langes und dünnes Röhrchen eingesetzt wird. Vor dem Einsetzen müssen die eventuell vorhandenen Zwischenwände durchstoßen werden, was mit einem noch glühenden Holzstab einfach geht.

In das große Gefäß kann nun etwas Salzwasser eingefüllt werden sowie unbedingt *einige kleine Steinchen oder etwas Sand*. Wird die Apparatur über das Feuer gehängt, verdampft das Wasser und wird durch das dünne Röhrchen gepresst; dabei kondensiert *ein Teil* und tropft wieder als trinkbare Flüssigkeit heraus. Die Steine im Röhrchen verhindern den sogenannten Siedeverzug – dabei beginnt ein Teil des Wassers plötzlich zu kochen und presst das Wasser explosionsartig aus dem Gefäß, wodurch es nicht nur zur Verunreinigung des schon destillierten Wassers kommt, sondern was auch Verbrühungen verursachen kann.

Wenn das dünne Röhrchen zusätzlich gekühlt wird, kann die Effizienz gesteigert werden. Je Destillationsvorgang werden jedoch meist nur ein paar Schnapsgläser Trinkwasser gewonnen.

Es muss beachtet werden, dass frische und grüne Röhrchen durch das Austrocknen (etwa während des Transports über mehrere Tage) die Form verlieren und ein angepasster Stopfen dann nicht mehr dicht verschließt.

Bei kleinlumigem Schilf wird etwas anders verfahren. Eine Batterie aus mehreren hundert Schilfsegmenten (oben jeweils of-

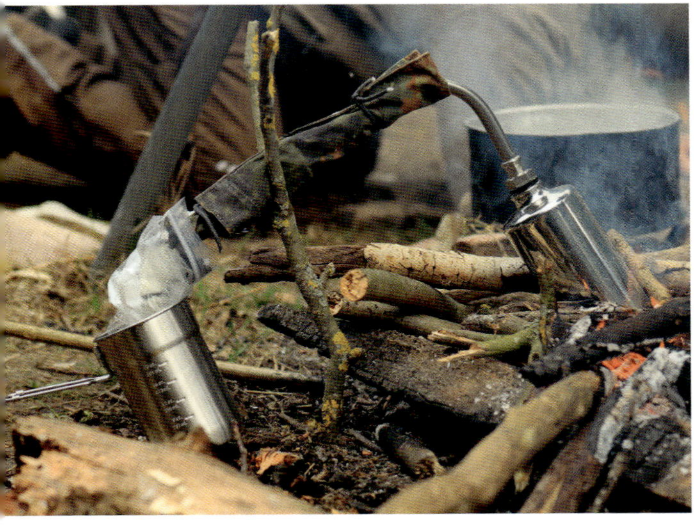

Destillation am Feuer: Das mit Rohwasser befeuchtete Gewebe kühlt den Dampf, muss aber ständig benetzt werden. Die Plastiktüte über dem Auffanggefäß verhindert eine Verunreinigung des Destillats durch Kühlwasser.

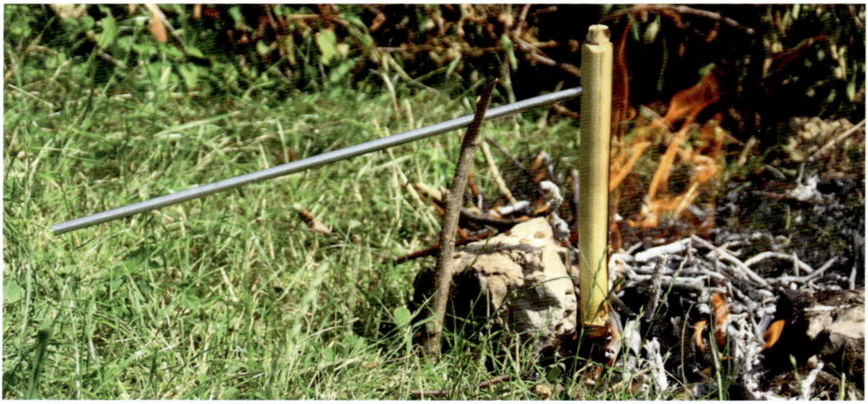

Mit großlumigen Pflanzenabschnitten können Sie eine einfache Destille bauen. Zur Kühlung wird der Dampf durch dünne Holzröhrchen oder wie hier durch eine Zeltstange geleitet.

fen, unten durch eine Zwischenwand verschlossen) wird zusammengebunden und in Salzwasser getaucht. Nun wird mit der Handfläche mehrmals über die Oberseite gestrichen und die Luftblasen von den Öffnungen entfernt.

Dabei füllen sich die dünnen Stäbchen langsam mit Wasser. Auch hier ist es wichtig, dass etwas Sand in die Öffnungen gestreut wird (*S. 123*).

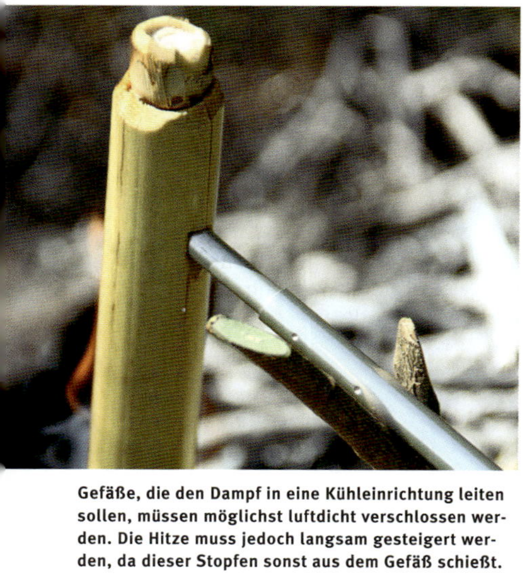

Gefäße, die den Dampf in eine Kühleinrichtung leiten sollen, müssen möglichst luftdicht verschlossen werden. Die Hitze muss jedoch langsam gesteigert werden, da dieser Stopfen sonst aus dem Gefäß schießt.

Wird das Bündel *langsam* erhitzt, verdampft das Wasser in und zwischen den Stäbchen. Kondensat kann mit einem Gewebestück aufgenommen werden, das über die Röhrchen gelegt wird.

Erst wenn eine gewisse Grundfeuchte im Gewebe vorhanden ist, kondensieren größere Mengen von Wasser darin. Deshalb benötigt diese Methode einige Minuten Vorlaufzeit, gegebenenfalls eine zweite Rohwasserfüllung.

Nach dem Auswringen wird das Gewebe für einige Momente abgekühlt, bevor es wieder auf das Schilfbündel gelegt wird.

Es ist übrigens völlig normal, dass das mit dieser Methode gewonnene Destillat *etwas* salzig schmeckt, da es durch den Kontakt und das Überkochen einiger Röhrchen zu Salzwasserkontamination kommen kann.

Deshalb eignet sich diese Form der Destillation auch nicht als sichere Aufbereitungsmethode für stark verunreinigte (Industrie-) Abwässer, wohl aber zum Entsalzen von Meerwasser.

Die bei der Schilfdestille hergestellten Gefäße können in dieser Form auch zum Wassertransport eingesetzt werden.

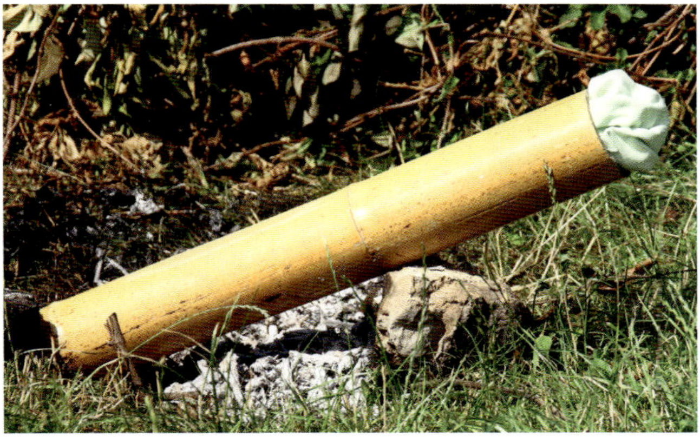

Ist keine Kühleinrichtung verfügbar oder lässt sich an dem Gefäß keine solche anschließen, kann ein Tuch über der Öffnung den Wasserdampf abfangen.

Flaschenkaskade

Wie ich schon 2006 in meinem ersten Buch »Tierische Notnahrung« bemerkt hatte, stellen PET-Flaschen weltweit eine regelrechte natürliche Ressource dar. Seither hat sich dieses Postulat tatsächlich nicht nur bestätigt, die »Entsorgungs«-Situation hat sich vielmehr noch verschärft. Während in einigen Ländern Pfand für das Einmalleergut verlangt wird, um den Konsumenten zum sachgerechten Entsorgen zu ermutigen, ist die PET-Flasche in vielen anderen Ländern der Erde für ein zweites Leben in Straßengräben, Flüssen und – Jahrzehnte später – als feine Partikel im Meer prädestiniert.

Es war mir (weltweit) bis jetzt *immer* möglich, unterwegs mit wenig Aufwand einer solchen Flasche habhaft zu werden – selbst auf menschenleeren Andengipfeln, im Australischen Outback und im tropischen Dschungel. Deshalb verwenden wir sie auch als Rohstoff zur Trinkwasseraufbereitung (siehe auch →SODIS, →abkochen).

PET ist lebensmittelecht und kann einigermaßen bedenkenlos auch zur Destillation verwendet werden. (Hier ist zu beachten, dass beim Erhitzen je nach Herstellungsort einige möglicherweise gesundheitsschädliche Stoffe wie Acetaldehyd an das Wasser abgegeben werden, deren Gefährlichkeit im Notfall jedoch hinter dem Verdurstungsrisiko steht.)

PET-Flaschen werden aus einem PET-Rohling hergestellt, der erhitzt und in eine Form geblasen wird. Das bedeutet, dass eine Flasche beim Erhitzen wieder in ihre Urform zurückschrumpft, weshalb sie nicht für den dauerhaften Gebrauch auf dem Feuer geeignet ist. Sie können diese Flaschen aber ebenso wie mit Wasser gefüllte Kondome, Plastiktüten und dergleichen zum Erhitzen, Kochen und Destillieren einiger Liter Wasser verwenden.

Neben dem klassischen Destillieren mit Schlauch oder Kühlschlange lässt sich aus genügend Flaschen auch eine passiv gekühlte und dennoch recht effiziente Flaschenkaskade aufbauen. Dazu werden Flaschen übereinandergesteckt, wobei die Öffnung einer Flasche jeweils rund 10 cm vom Flaschenboden entfernt in die Wand der nächsten Flasche geführt wird. Wird nun Wasser in der untersten Flasche (behutsam) erhitzt, kondensiert das Wasser an der jeweils nächsten Flasche, bis der Luftraum darin zu warm geworden ist, während die Kondensation an der nächs-

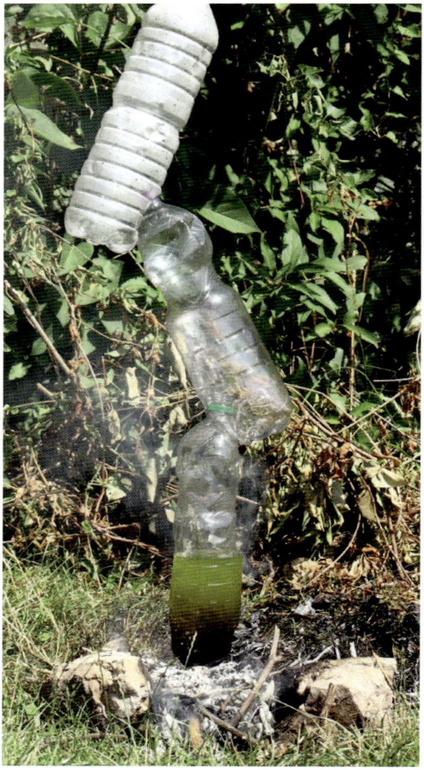

Fast schon ein modernes Kunstwerk: Möglichst viele Flaschen werden unverschlossen über kleine Löcher in der Seite ineinandergesteckt. Die unterste wird mit Salz- oder Schmutzwasser gefüllt und maßvoll erhitzt. Je höher die Konstruktion ist, desto effizienter wird sie.

ten beginnt. Hat sich in den Flaschenböden eine ausreichende Menge von Wasser gesammelt, wird zum Absammeln die Apparatur vorsichtig vom Feuer genommen, abgekühlt und die Rohwasserflasche demontiert. Die Flaschenkaskade kann auf den Kopf gestellt und ausgeleert werden.

Zwar liegt der Schmelzpunkt von PET bei rund 250 °C, durch den heißen Wasserdampf entstehen bei dieser Destillation dennoch spannend geformte Gebilde mit weißen Flecken. Jene sind jedoch nicht gefährlich oder ein Zeichen dafür, dass sich das PET an dieser Stelle aufzulösen beginnt. Vielmehr geht der Kunststoff bei etwa 140 °C vom sogenannten amorphen (ungerichtet, wie Glas) in den kristallinen (regelmäßig, wie Eiskristalle) Zustand über, wodurch er trüb wird.

Sandgrubendestillation

Praktisch ein Klassiker der Entsalzung bzw. Reinigung von Trinkwasser ist die Sandgrubendestillation. Tatsächlich handelt es sich dabei weniger um eine echte Destillation, bei der Wasser durch Kochen verdampft und später durch Kühlung kondensiert wird. Die Technik ist eine Chimäre zwischen →Wasserbeschaffung und Wasseraufbereitung, da mit ihr auch Kondensat aus scheinbar trockenem Sandboden gewonnen werden kann.

Das Prinzip ist eigentlich sehr einfach. Es wird eine runde und möglichst weite Grube in den Boden gegraben. In die Mitte wird ein Gefäß gestellt, wenn vorhanden, mit einem Schlauch zum Absaugen des Trinkwassers. Alles wird dicht mit einer Folie abgedeckt. Die Plane, die idealerweise transparent ist, wird an den Rändern eingeschlagen und eingegraben, so dass sie den Luftraum in der Grube dicht einschließt. In die Mitte der Folie direkt über dem Gefäß wird ein Stein gelegt.

Durch Sonneneinstrahlung und Treibhauseffekt (nicht den globalen, sondern den »echten«, der durch die Folie entsteht) wird es innerhalb der Grube ordentlich warm. Dabei muss die Temperatur nicht mal den Siedepunkt von Wasser erreichen. Die durch Wärme begünstigte Verdunstung löst Moleküle aus dem Wasser, wodurch sich die Luft unter der Folie langsam, aber sicher sättigt. Wie Sie über den →Taupunkt wissen, ist die Temperaturdifferenz zwischen der Lufttemperatur und einer Oberfläche zur Kondensation desto geringer, je näher die relative Luftfeuchte an 100 % liegt. Außerdem kann bei höheren Lufttemperaturen auch mehr Wasser in der Luft gespeichert werden, bis sie gesättigt ist.

Temperaturen innerhalb der Grube erreichen schnell 80–100 °C, während die

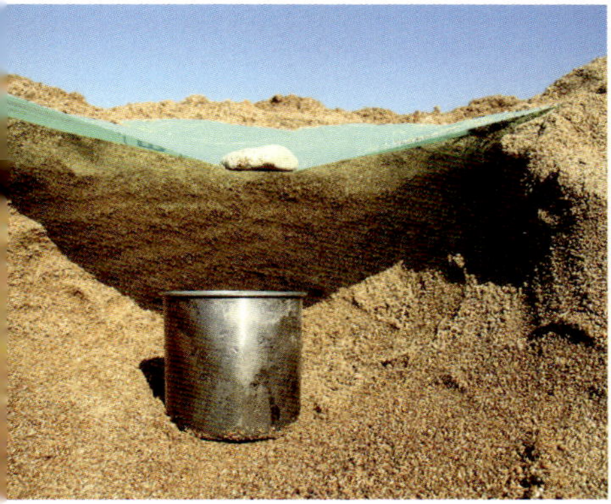

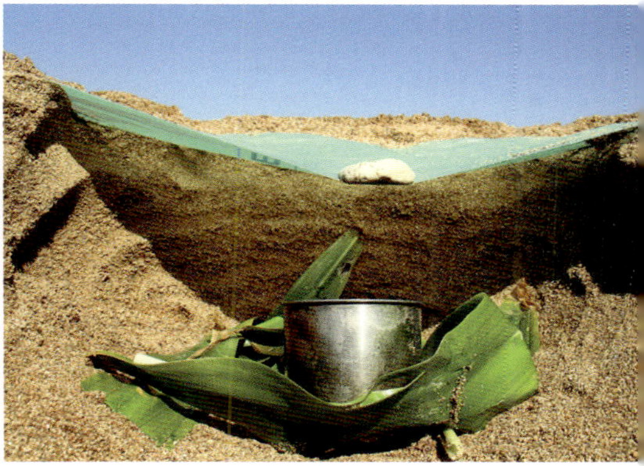

Mit der Sandgrubendestillation kann die im Sand gespeicherte Restfeuchtigkeit gewonnen werden. Ist Rohwasser vorhanden, kann es in die Grube bzw. um sie herum geschüttet werden. Selbst kleingeschnittene Wüstenpflanzen verlieren in der hohen Temperatur ihre Flüssigkeit. Damit ist die Sandgrubendestillation eine Wassergewinnungs- und -aufbereitungsmethode.

Außentemperatur in aller Regel auch im Sommer nicht über 35 °C liegt. Diese Temperaturunterschiede reichen aus, um im Verhältnis zu einem so kleinen Raum relativ viel Wasser an der Folie kondensieren zu lassen. Die einzelnen Tropfen sammeln sich an der Unterseite der Folie und rinnen an die durch den aufgelegten Stein tiefste Stelle der Folie, wo sie in das Gefäß tropfen. Da es sich bei dem Effekt innerhalb der Folie größtenteils nicht um ein →Verdampfen, sondern ein →Verdunsten handelt, verbleibt das gesammelte Wasser im Gefäß.

Wenn Salz- oder Schmutzwasser zur Verfügung steht (auch hier gilt jedoch der Hinweis auf flüchtige Giftstoffe), wird dieses um die Grube herum in den Boden gekippt oder bei geringen verfügbaren Mengen vor dem Verschließen in die Grube geschüttet. Ist keinerlei Flüssigkeit vorhanden, können Pflanzenteile in die Grube gelegt werden.

Dies ist vor allem effizienter als →pflanzliche Transpiration, wenn in heißen Gebieten eine →xeromorphe Anpassung der Pflanze angenommen werden muss. In diesem Fall werden die grünen Bestandteile vor dem Einbringen in die Grube mehrfach geknickt oder gebrochen oder kleingeschnitten, um das Austreten von Flüssigkeit zu erleichtern.

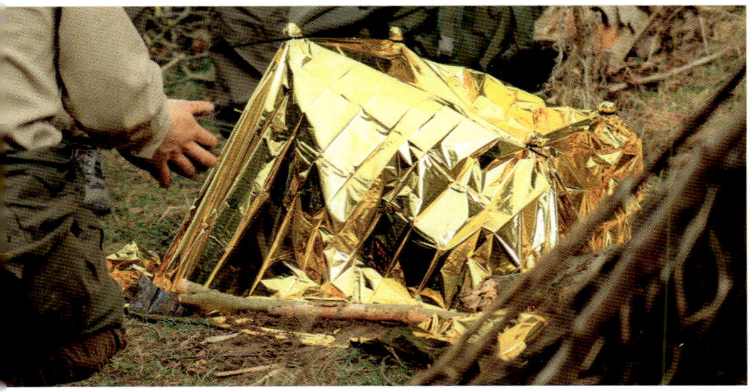

Eine Alternative zur Sandgrube: An einer Folie über einem Gestell kondensiert Wasserdampf, der mit heißen Steinen erzeugt wird. Das Destillat sammelt sich im eingeschlagenen Folienrand.

Da enorm viel Energie benötigt wird, um Wasser zu verdampfen bzw. zu verdunsten, ist die Effizienz der Sandgrubendestillation hauptsächlich durch die einfallende Sonnenenergie begrenzt. Dabei ist nicht das Volumen der Grube ausschlaggebend, sondern die von der Folie abgedeckte Fläche. Je nach Sonnenwinkel, Außentemperatur und Bodenfeuchte variiert die Menge des Destillats stark. Unter Realbedingungen in Südeuropa getestet, erzeugt eine mit Schmutzwasser beschickte Sandgrube von etwa 2 m² Fläche runde 100 ml Trinkwasser in der Stunde.

Kleinstwasserwerke

Bei geplanten Reisen in größeren Gruppen, für Gartenhütten, auf Zeltlagern, aber auch für Notsituationen sowie Wohnorte in abgelegenen Regionen lohnt es, sich mit dem Bau von Kleinst- oder Hauswasserwerken vertraut zu machen. Anders als viele improvisierte Aufbereitungsanlagen oder Trekkingfilter sind diese für mehrere hundert Liter Trinkwasserproduktion je Tag ausgelegt.

Wenn autarke Inselanlagen wie →Notfallspeicher angeschlossen werden sollen, ist das Zusammenstellen einer zwei- bis dreistufigen Niederdruckanlage auf Basis von Kerzenfiltern sinnvoll, die je nach möglicher Fallhöhe für etwa 10–15 Personen ausreicht. Wird die Filteranlage in abgelegenen Dörfern oder in Katastrophengebieten eingesetzt und muss das Filtersystem für große Gruppen reichen, können improvisierte Stationäranlagen aus PVC-Rohren verwendet werden.

Hauswasseranlagen

Es gibt eine ganze Reihe von kommerziellen Filteranlagen als sogenannte »Hauswasserfilter«. Damit sind nicht die winzigen Kerzenfilter mit Frauennamen gemeint, mit denen Teewasser besser schmecken soll (das sind keine Filter, sondern meist reine Ionentauscher), sondern Filtersysteme, mit denen Pump- oder Regenwasser zu Trinkwasser aufbereitet werden kann.

Krux der Geschichte ist allerdings, dass diese Filter auf einen relativ hohen Anschlussdruck ausgelegt und Verbrauchsfilter sind, die absättigen und verstopfen und dann ausgetauscht werden müssen. Das ideale Rohwasser für diese Filter sollte also schon klar oder über einen →Rückspülfilter oder auswaschbaren Sedimentfilter vorgeklärt worden sein.

Je dichter die Maschenweite des Filters ist, desto höher ist der notwendige Druck – und desto schneller setzt er sich zu. Bei veralgtem Lagerwasser kann möglicherweise schon nach tausend Litern nur noch ein Rinnsal aus der Trinkwasserseite kommen – wenngleich auch ein sauberes.

Um ein funktionierendes System ohne zusätzlichen Energieverbrauch zu erstellen, benötigt man also einen erhöht gelagerten Wasserspeicher, der mit einen Schlauch an Filtergehäuse angeschlossen werden kann. Je höher die Fallhöhe, desto größer ist der Druck. Für eine dreistufige Anlage sind zwei Meter gerade noch ausreichend, vier bis fünf Meter erzeugen schon so einen Druck, dass je Minute ca. drei bis fünf Liter

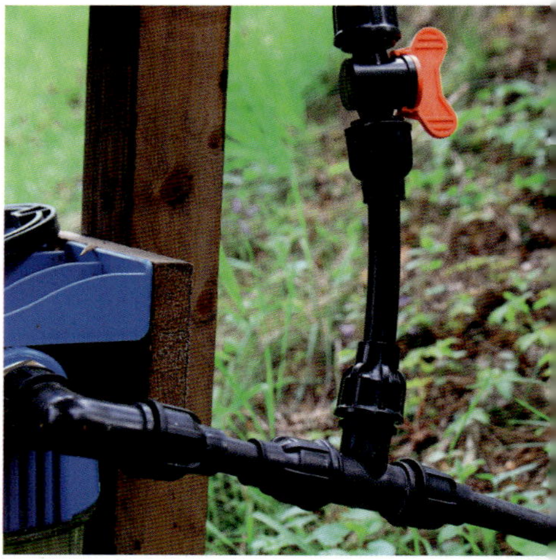

Muffen, Abzweigungen und Verschlüsse für landwirtschaftliche Bewässerungssysteme können für Niederdruckanlagen eingesetzt werden. Sie sind günstig und weit verbreitet.

Wasser gefiltert werden können. Prinzipiell können einfache Gartenschläuche zum Bau verwendet werden – sie sind allerdings schwer und empfindlich.

Muss das System transportabel sein, haben sich Plastikschläuche aus der Landwirtschaft als ideal erwiesen. Am Wasserspeicher sollte ein Absperrhahn vorhanden sein, um das System während Frostperioden, zur Reinigung oder zum Wechseln der Filter trockenlegen zu können.

Filtergehäuse

Da das Filtern mit Gefälledruck je 10 Meter Fallhöhe ein Bar Wasserdruck ausmacht, ist es nur selten möglich, den vorgesehenen Normdruck im Filter aufzubauen. Je größer die Filteroberfläche ist, desto mehr Wasser kommt hindurch. Aus diesem Grund sind große Filtergehäuse für 10-Zoll-Filter besser geeignet als kleine Filtergehäuse.

Natürlich ist die Wahl auch vom vorhandenen Platz bzw. Transportvolumen abhängig. Ausreichend sind zwei Filtergehäuse hintereinander, besser sind drei Stufen.

Filterstufen

Aus dem Wasserspeicher kommend, wird das Rohwasser durch einen Sediment- bzw. Wickelfilter mit etwa 50–100 µm Porenbreite geleitet. In den Lagen des Filters werden grobe Feststoffe, Amöben und Algen abgefangen, wo sie absterben und sich mit der Zeit zersetzen. Danach wird das Wasser in eine Filterkerze mit möglichst feiner Maschenweite geleitet.

Für diese Art von Filteranlagen liegen die kleinsten Porendurchmesser bei ca. 10 bis 0,2 µm. Dabei sollte ausgetestet werden, ob das Durchflussvolumen bei dem vorhandenen Wasserdruck in der geringsten Porenbreite noch ausreichend ist. Selbst 5 µm Porenbreite halten viele Krankheitserreger auf – handelt es sich bei dem Wasser um lange gelagertes Regenwasser aus geschlossenen Zisternen oder Tanks, sind sogar gröbere Filter ausreichend, die Amöben und vergleichbare Einzeller ausfiltern, da eine erhebliche Verkeimung durch Fäkalien bzw. bakterielle Erreger unwahrscheinlich sein sollte.

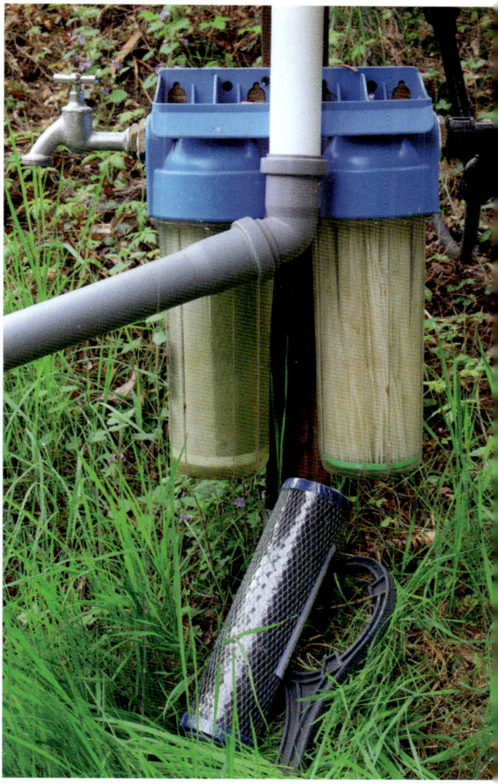

Für kleinere Gruppen und zum Reinigen von Regen- oder Flusswasser reichen kommerziell verfügbare Filter für Hauswasseranlagen aus. Sie sind verhältnismäßig schwer und groß, können aber im Gegenzug Wasser zuverlässig und – wenn der Filter regelmäßig verwendet wird – ohne viel Wartung betrieben werden.

Sollten doch vereinzelt Bakterien darin enthalten sein, können diese im darauf folgenden Aktivkohlefilter aufgehalten bzw. reduziert werden. Dieser entfernt außerdem Abbauprodukte von zersetzten Mikroorganismen aus den vorher geschalteten Filterstufen sowie Reste chemischer Konservierungs- und Entkeimungsmittel aus dem Tank bzw. Schadstoffe aus dem Rohwasser.

Die Filter sollten entsprechend den Herstellervorgaben gewechselt und bei einer Standzeit von einigen Tagen mit einem ge-

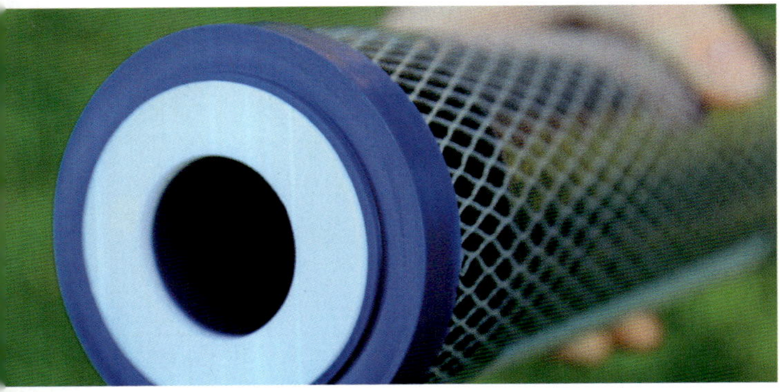

Kerzenfilter werden von außen mit Rohwasser umspült. Das Wasser wird nach innen in einen Kanal gepresst und nach oben abgeleitet. Es ist darauf zu achten, dass nicht durch falschen Einbau an den Dichtungen ein Bypass entsteht.

eigneten Mittel →chemisch desinfiziert und ebenso wie die Filtergehäuse geleert und trocken gelagert oder mit einem →Konservierungsmittel behandelt werden.

Drucksystem

Um bei fehlendem Druck eine Filtration mit ausreichender Durchflussrate zu erzeugen, kann es notwendig sein, ein einfaches Pumpsystem zwischen den Wasserspeicher und das Filtersystem zu schalten. Interessant sind dabei vor allem Systeme, die keine Elektrizität erfordern.

Hier gibt es einige Pumpanlagen aus dem Campingbereich, die allerdings nicht immer mit dem teilweise hohen Gegendruck zurechtkommen. Als besonders brauchbar für die Filtration haben sich Bohrmaschinenpumpen hervorgetan, die nach dem Prinzip einer Zahnradpumpe funktionieren und recht hohe Drücke erzeugen.

Um sie von Hand zu betreiben, muss die Pumpe mit einer Kurbel versehen werden. Hiermit lassen sich je nach Modell und Funktionsweise etwa 0,5 bis 5 Liter je Minute durch das Filtergehäuse pressen. Durch einen Filter saugen sollte man das Wasser mit einer Pumpe nicht, da bei Undichtigkeiten improvisiert angelegter Leitungen Lufträume entstehen, wodurch der Unterdruck verlorengeht und sehr schnell und lange leer gekurbelt werden muss, was sich nicht positiv auf die Lebensdauer der Pumpe auswirkt.

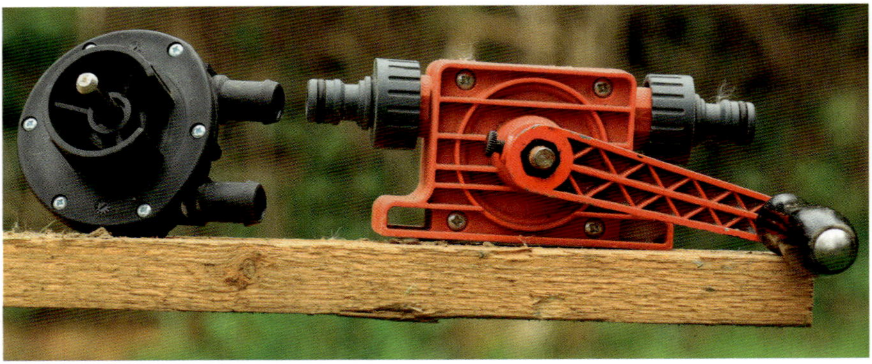

Sogenannte Bohrmaschinenpumpen mit Kurbel sind eine kleine und leichte Lösung, wenn Druck benötigt wird oder der Filter rückgespült werden muss.

Abwasserrohre, verschiedene Muffen, Winkel, Abzweigungen, Kappen und Reduktionsstücke sowie einfache Pumpen und Kunststoffschläuche sind mobile Grundlage für stationäre Anlagen, die weit transportiert und erst vor Ort befüllt werden.

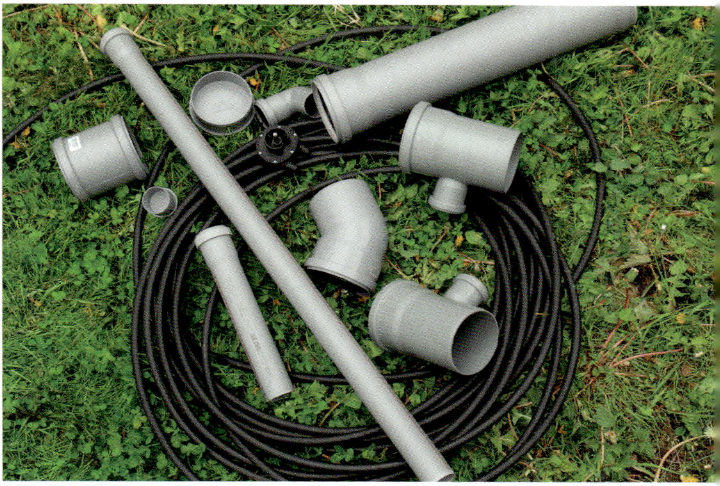

Stationäranlagen

Voraussetzung für eine sinnvolle Installation von Stationäranlagen mit hohen Durchflussraten ist, dass sie leicht und flexibel einsetzbar sind, vor Ort zusammengesetzt und befüllt werden können und dauerhaft funktionieren, ohne dass sie nach wenigen hundert Litern gewartet werden oder ein Filter getauscht werden muss. Die Anwendungsszenarien und Arten von improvisierbaren Filtergruppen sind vielfältig. Voraussetzung ist, dass die Qualität des →Rohwassers richtig eingeschätzt wurde.

Als Filtergehäuse verwendet werden Abwasserrohre aus PVC (die offiziell nicht für die Lebensmittelaufbereitung zugelassen, aber weltweit verfügbar – und auch für die Trinkwasserversorgung im Einsatz – sind) sowie Verbindungsmuffen, Abzweigungen, Bögen, Siphons und so weiter. Sie sind leicht und haltbar – können also an verschiedenen Orten aufgestellt und zur Wasseraufbereitung kombiniert werden. Mit verschiedenen Aufbereitungsmethoden wie zum Beispiel →Sauerstofffällung, →Sedimentieren und →Dekantieren können Verrieselungsvorrichtungen (schmaler Einfülltrichter in ein oben durchsiebtes 32-mm-Rohr) mit Ruhebecken (Durchmessererhöhung auf 160 mm), gefüllt mit feinem Kies und einer seitlichen Abzweigung als Siphon eingerichtet werden.

Ebenso kann in Gebieten mit entsprechend hoher Belastung eine vorbereitende chemische Behandlung mit Iod vorgenommen werden, welches nach der Keimreduktion in einer angehängten Säule mit →Kohle entfernt wird, oder chemische Belastungen werden mit Ionentauschergranulat reduziert.

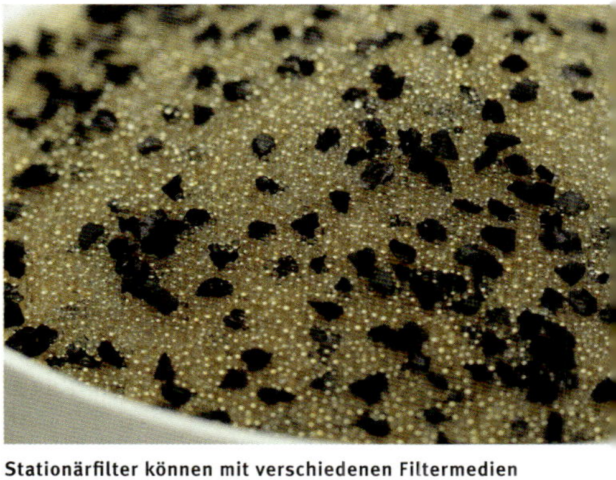

Stationärfilter können mit verschiedenen Filtermedien wie Ionenaustauschgranulat gefüllt werden.

Beispiele verschiedener Systeme für Stationärfilter

Belüfter:
a1) Sammeltrichter, a2) mehrfach durchbohrtes Fallrohr zur Belüftung, a3) Erweiterung als Ruhe- bzw. Sedimentbecken, a4) mit Kies oder Schwammtüchern befüllte Trennstufe, a5) Abzweigung, darunter Sumpf für Sedimentreste, a6) erhöhte Wasserentnahme reduziert Durchflussgeschwindigkeit.

Zwischenspeicher:
b1) Einfluss zum Sammeln des Wassers, b2) Doppelabzweigungen zum Luftabfluss, b3) parallele Rohre mit hohem Durchmesser, b4) Abzweigungen/Doppelabzweigungen zum Wasserabfluss, b5) mit Schwammtuch verschlossene Entlüftung zur Druckentlastung b6) Abfluss.

Parallelfilterstufe:
c1) Einfluss mit langem Eingangsrohr für hohen Druck, c2) Abzweigungen für parallele Wasserversorgung der c3) Filterrohre mit Ionentauscher, Aktivkohle, Sand-Lehm etc., c4) Abfluss des gereinigten Wassers.

Siphon:
d1) Einfluss des Wassers mit Sediment durch Erweiterung, d2) Abzweigung, mit möglichst langem nach unten gerichteten Rohr als Sumpf, d3) Kappe zur Reinigung bzw. zum Ablassen des gesammelten Sediments, d4) Abfluss des sedimentierten Wassers.

Belüfter

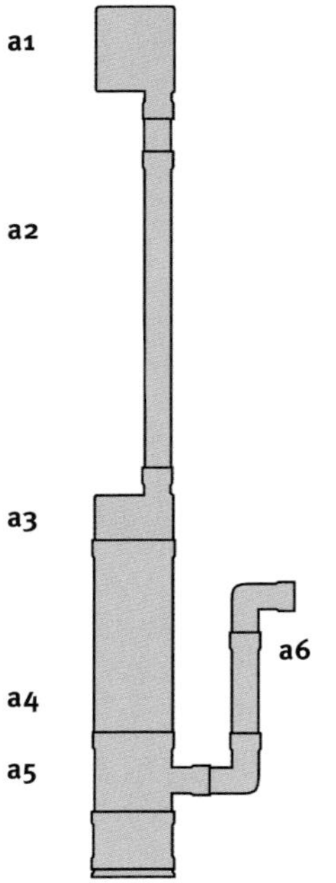

Zwischenspeicher

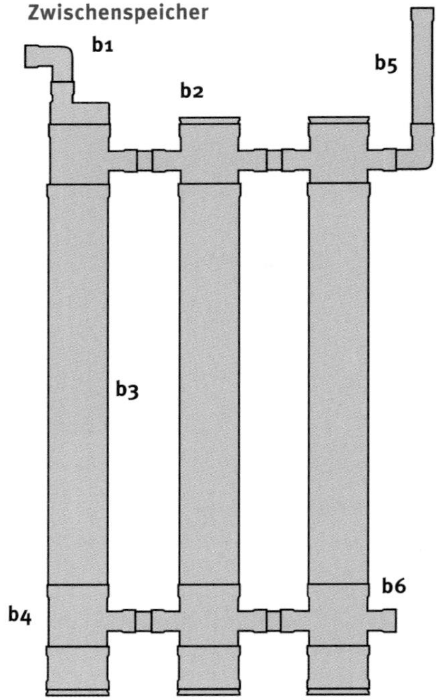

Parallelfilterstufe für dichte Medien

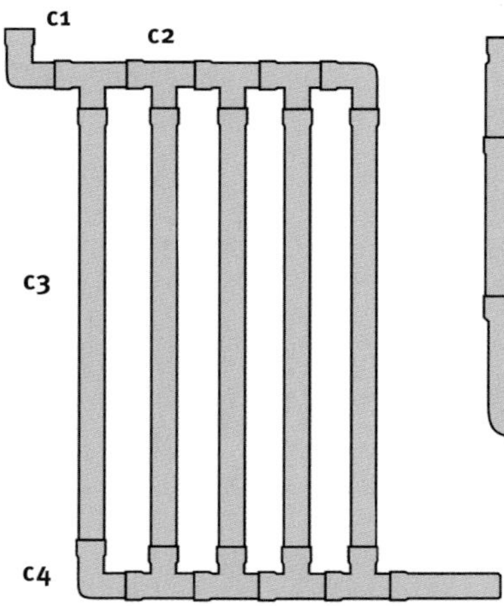

Siphon zur Sedimentierung und Schlammentnahme

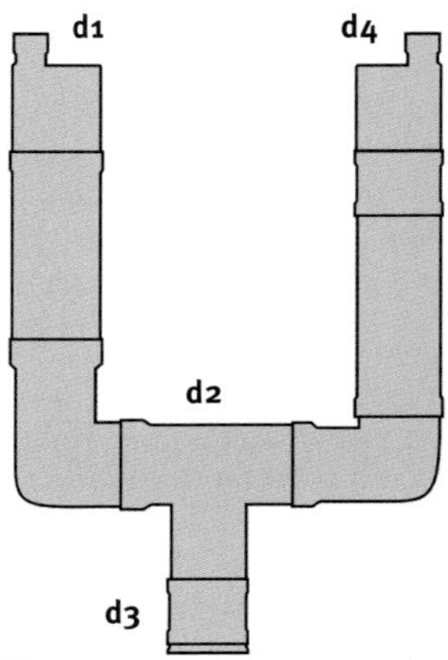

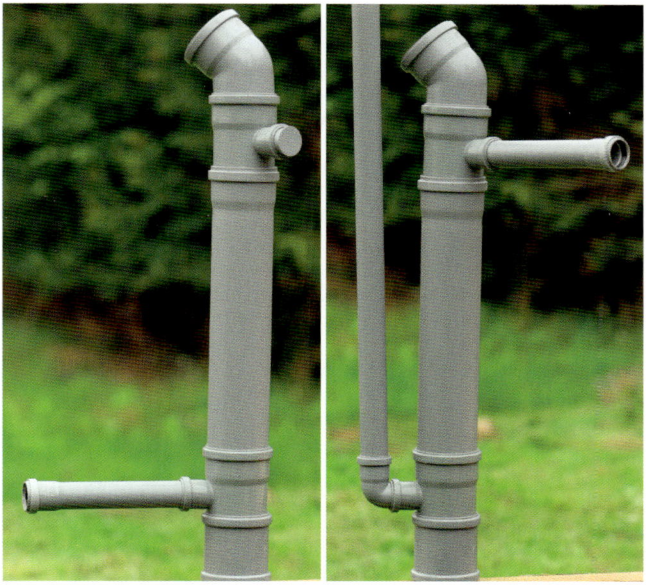

Handhabung der Reinigung einer Keimreduktionsstufe. Nutzung *(links)*: Rohwasser wird oben eingeleitet und sickert durch eine hohe sowie breite Kies-/Sandsäule und fließt unten ab. Reinigung durch Rückspülung *(rechts)*: In ein möglichst hohes und dünnes Rohr wird Wasser gegeben, das von unten nach oben gepresst wird und durch eine geöffnete Abzweigung oben seitlich abfließt.

Sehr hilfreich ist es, Trenneinlagen in verschiedenen Durchmessern herzustellen, die einfach aus haushaltsüblichen Schwammtüchern geschnitten werden können. Halteschellen oder Zaundraht ermöglichen es außerdem, die Anlage an Hauswänden oder Baumstämmen stabil zu platzieren.

Die Filteranlage kann vorher geplant, kombiniert und testweise zusammengebaut werden, um sie dann leer transportiert am gewünschten Ort zu errichten.

Da die Einzelfilterstufen von der Qualität bzw. Belastung des Wassers abhängig sind, konzentrieren wir uns an dieser Stelle auf die Keimreduktionsstufe als »Herzstück« aller Stationäranlagen.

Diese wird aus einer möglichst hohen Säule (beispielsweise aus zwei Segmenten von je einem Meter Länge) mit hohem Durchmesser zusammengesetzt. Der unten liegende Abfluss besteht aus einer kleineren Seitenabzweigung, die vor dem Zusammenbau mit mehreren Trenneinlagen verstopft wird. Diese Abzweigung sollte relativ einfach abnehmbar sein, um den Filter durch Rückspülung zu reinigen. Der unterste halbe Meter wird mit einem feinen Sand-Lehm-Gemenge (ca. 50:1) befüllt. Darüber wird eine Trenneinlage und etwa ein Meter feiner Sand geschüttet und darauf abgetrennt nochmal 20 cm Kies und einige größere Steine gegen das Aufschwimmen der Lagen. Auch unter das obere Einfüllende kommt eine Abzweigung, die vorerst verschlossen wird.

Zur Inbetriebnahme lässt man durch die Filterstufe ca. ein halbe Stunde lang Wasser laufen. Wenn oben testweise etwas suspendierte Erde mit eingefüllt wird, sollte nun auf der unteren Seite absolut klares Wasser erscheinen. Der Filter kann nun mit entsprechenden Vorfilter- und Nachbereitungsstufen versehen werden und bleibt so lange im Einsatz (Medien in anderen Filterstufen wie Kohle oder Ionentauscher sollten nach Bedarf auch schon vorher gewechselt werden), bis der Durchfluss nicht mehr befriedigend ist.

In diesem Fall werden die obere und untere Abzweigung geöffnet. Mit einem entsprechenden Bogen wird nun ein dünneres Rohr senkrecht neben dem Sandfilter eingesteckt, das mindestens einen Meter höher liegen muss als die obere Abzweigung. In dieses Rohr wird nun so lange möglichst sauberes Wasser eingefüllt, bis das Rückspülwasser aus der oberen Abzweigung nicht mehr trüb ist. Danach wird der Filter wieder wie oben beschrieben in Betrieb genommen und kann weiter verwendet werden.

Wird der Filter mehrere Tage nicht gebraucht, sollte er mit einer stärkeren →Desinfektionslösung befüllt werden.

HINWEIS:

Mit einem richtig aufgebauten und kombinierten Stationärfilter kann genügend Wasser für ein kleines Dorf hergestellt werden. Dabei ist allerdings unbedingt die Eingangsqualität des Wassers einzuschätzen, um notwendige Reinigungsstufen einzusetzen.

Außerdem müssen Filtermedien, die absättigen können, regelmäßig gewechselt werden.

Stationäre UV-Bestrahlung

Gibt es elektrische Versorgung vor Ort, kann die Anlage zusätzlich mit einer kleinen UVC-Stufe ausgerüstet werden. Es gibt solche, die mit einer speziellen Leuchtstofflampe ausgerüstet sind und deshalb auch sehr einfach mit kleinen Umspannern über 12-Volt-Batterien betrieben werden können. Diese sogenannten »UV-Klärer« sind mit minimal etwa 10 Watt Leistung erhältlich, was problemlos ausreicht, um vorgeklärtes Wasser mit einem Durchfluss von mehreren Litern je Minute zu entkeimen. Idealerweise wird ein solches Gerät mit einem Verschluss hinter das »Kleinstwasserwerk« geschaltet und mit dem Hahn so eingestellt, dass das Wasser nicht zu schnell hindurchfließt. Auf diese Weise kombiniert, können Sie aus verschiedenartigstem Rohwasser auch für große Personengruppen Wasser in Trinkwasserqualität (bezogen auf Mitteleuropa) herstellen.

Zu beachten ist allerdings, dass Wasser ein Lichtleiter ist und »hartes« UVC-Licht zu Schäden an Haut und Augen führen kann. Deshalb sollten Sie das Wasser aus dem Hahn nicht auf die Haut oder in das Gesicht fließen lassen sowie nicht in den Strahl blicken – in ein Gefäß abgefüllt, ist das »fliehende« Licht vernachlässigbar.

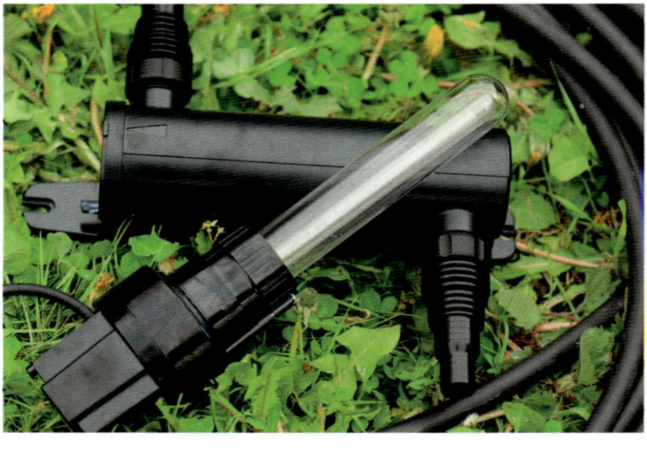

Solche UV-Leuchten zur Teichklärung haben eine hohe Leistung und können mehrere Liter Wasser in der Minute desinfizieren – diese Stufe nach einem stationären Filter geschaltet macht das Wasser auch für sehr alte und kranke Personen sicher genießbar.

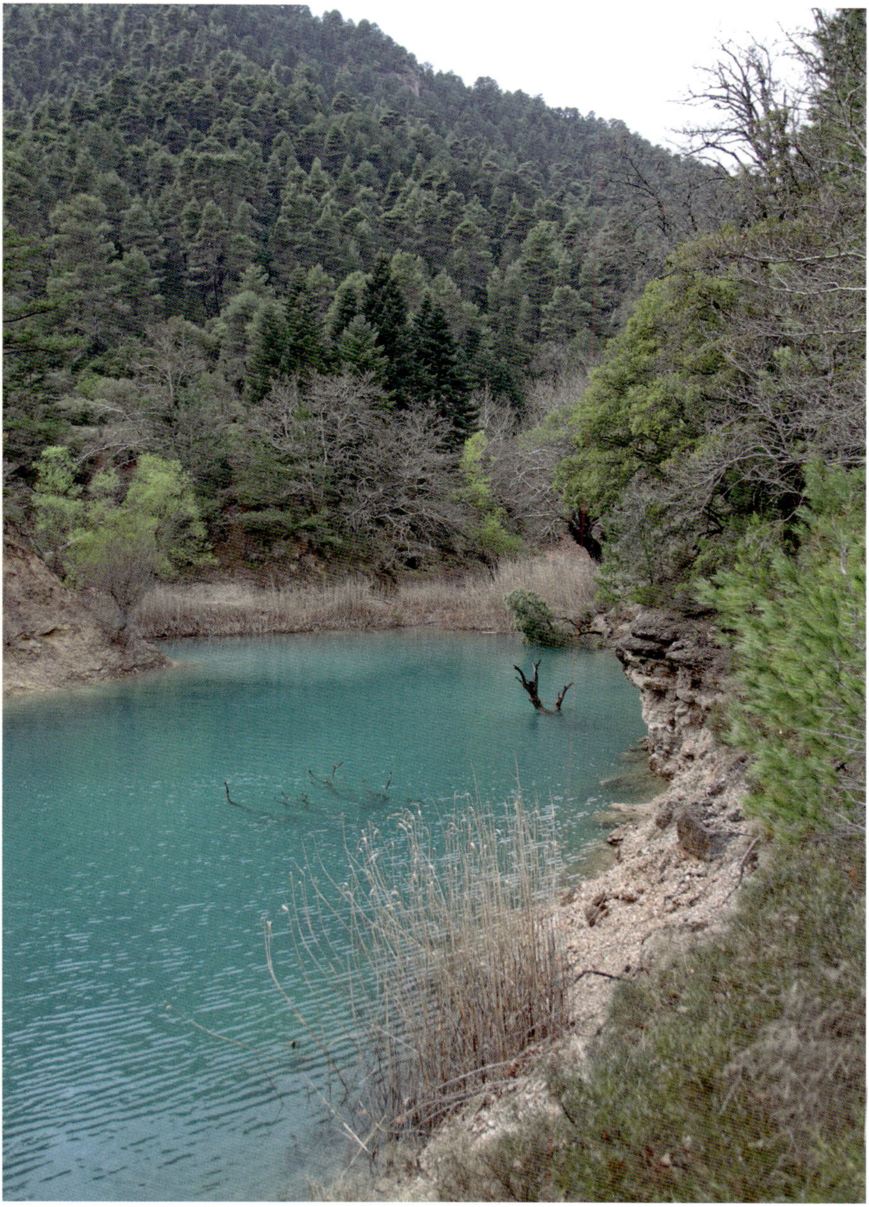

Wer Wasser aus solch einem klaren Bergesee filtert, kocht oder chemisch behandelt, verringert die Wasserqualität. Obwohl der See unzweifelhaft ein stehendes Gewässer ist, zeigen alle Indikatoren an, dass es unbehandelt genießbar ist. In diesem Fall sollten Sie es auch nicht aufbereiten. Es wäre Zeit- und Ressourcenverschwendung. Wasser sollte also nur so viel wie notwendig aufbereitet werden.

6 Wasser konservieren und lagern

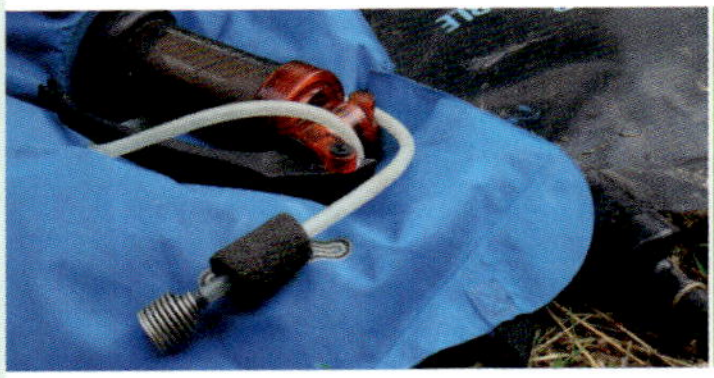

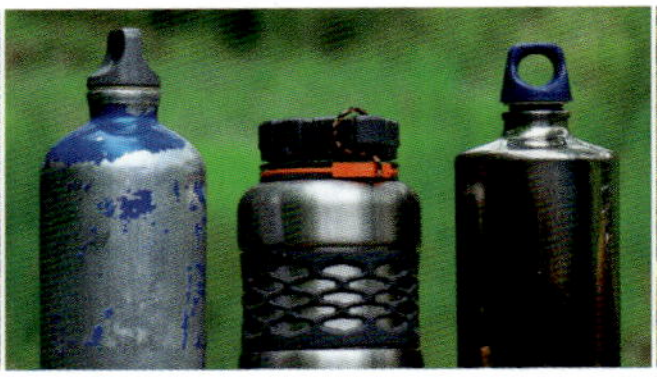

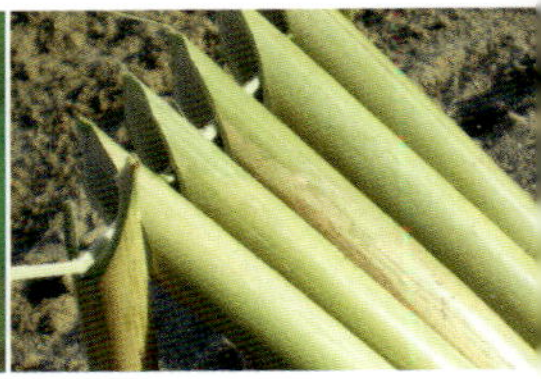

Sie haben in den letzten Kapiteln verschiedene Techniken der Wasseraufbereitung kennen gelernt und sollten nun den Unterschied zwischen *Desinfektion* und *Sterilisation* kennen. Hier werden uns die beiden Begriffe noch einmal beschäftigen.

Trinkwasser wird aus Rohwasser hergestellt, indem möglichst viele der *schädlichen* Bestandteile entweder abgetötet oder abgetrennt werden. Das Ergebnis ist bei keiner der hier behandelten Methoden (nicht einmal bei den kommerziell verfügbaren) steriles, also keimfreies Wasser ohne jede entwicklungsfähige Einheit (Spore, Oozyste, Kapsel, Ei). Selbst wenn wir steriles Wasser herstellen *könnten*, würde es beim Umfüllen schnell durch in der Luft vereinzelt herumfliegende und eingetrocknete Algen, Einzeller oder Sporen kontaminiert werden.

Die Desinfektionswirkung der beschriebenen Techniken erzielt *meistens* eine Aufreinigung bzw. Keimreduktion des Rohwassers, die für den *schadfreien* Genuss *ausreicht*. Bei improvisierten Methoden ist die Keimreduktion von 1:100 bis 1:10.000 realistisch. Und selbst eine labortechnisch vorgenommene Sterilisation führt selten zu hundertprozentiger Entkeimung, sondern erreicht selbst unter Idealbedingungen meist maximal eine Keimreduktion um den Faktor 1:1.000.000.

In den Beschreibungen der Trinkwasseraufbereitung auf Reisen und im Notfall habe ich mich schnell von den Vorgaben der Trinkwasserverordnung abgewendet, die besagt, dass *kein* →pathogener Keim vorhanden sein darf. Wir möchten den realistisch erreichbaren Wert erzielen, dass die Anzahl der Pathogene *nicht so hoch ist, dass es zu einer Krankheit kommt,* bzw. dass Infektionen *subklinisch, also ohne ausgeprägtes Krankheitsbild,* verlaufen.

Wiederverkeimung

Die Trinkbarkeit des selbst aufbereiteten Wassers ist, wie Sie gelernt haben, keine feste Eigenschaft, sondern von den individuellen Eigenschaften des Trinkenden abhängig und außerdem ein denkbar transienter Zustand. Sofort nach Beendigung der Keimreduktion bzw. der Desinfektion vermehren sich die noch vorhandenen Keime wieder. Unter optimalen Wachstumsbedingungen vervielfältigen sich die noch lebenden Keime alle 30–50 Minuten exponentiell durch Zellteilung. Wenn also pro Milliliter noch 1000 voll teilungsfähige Keime vorhanden sind, werden es eine halbe Stunde später 2000 sein, weitere 30 Minuten danach sind es 4000, dann 8000, 16000, 32000 usw.

Dennoch müssen Sie aufbereitetes Wasser nicht sofort trinken oder nach wenigen Stunden wegkippen. Wie weiter oben beschrieben, gehören praktisch alle für uns im Darmtrakt gefährlichen Keime zu den »Mesophilen«, die je nach Art ihr Wachstumsoptimum bei 20 bis maximal 45 °C haben. Nur einige wenige potentiell pathogene Wasser-

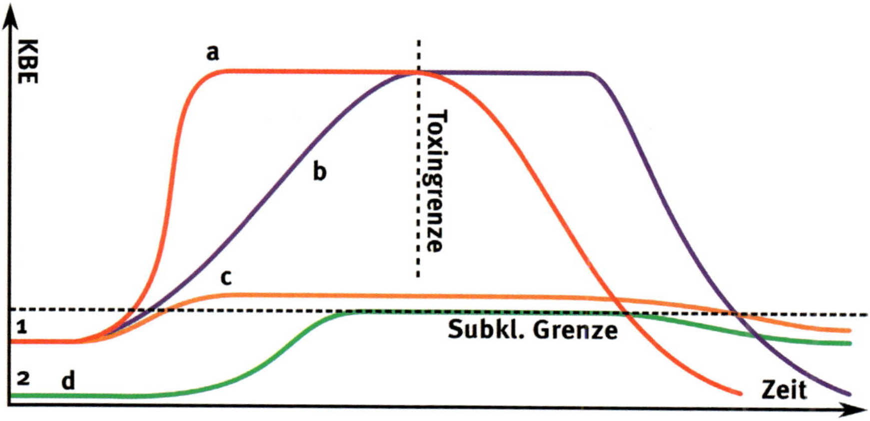

Wachstumsverhalten mesophiler Pathogene und deren Auswirkung auf die Genießbarkeit bei hoher (1) und niedriger (2) Anfangsverkeimung. Bei einer hohen Anzahl »Kolonien bildender Einheiten« (KBE) steigt die Keimkonzentration sehr viel schneller über die subklinische Grenze (d.h., eine Krankheit kann ausbrechen) als bei geringer Anfangskeimzahl. Nach dem Erreichen der durch den vorhandenen Nährstoff reglementierten Maximalkeimzahl sammeln sich zudem Toxine der Keime in der Lösung an – die Keime sterben nach und nach ab. Ab einer bestimmten Grenze besteht die Gefahr einer Lebensmittelvergiftung. Sowohl die »Toxingrenze« als auch die »subklinische Grenze« werden durch individuelle Gewöhnung und Resistenz bestimmt. (a) Wasser mit hoher Nährstoffmenge und bei (für das Keimwachstum) idealen Temperaturen ist binnen kürzester Zeit stark verkeimt (Saft, Nährlösung). (b) Ist die Temperatur nicht ideal, dauert es deutlich länger, bis die maximale Keimzahl erreicht wird. (c) Bei geringer Nährstoffdichte und hoher Temperatur vermehren sich Keime schnell, erreichen aber nur eine geringe Konzentration. Es entsteht kaum eine gefährliche Toxinkonzentration. (d) Bei kleiner Anfangskeimzahl, sehr geringer Nährstoffdichte und nicht idealer Temperatur (beispielsweise Kühlung) steigt die Keimkonzentration trotz langer Lagerung oft nicht einmal über eine subklinische Grenze. Diese Parameter sind für die Wasserspeicherung am besten.

keime gehören zu den Psychrophilen, die sich auch in kälterer Umgebung schnell vermehren können.

Neben einer geeigneten Wachstumstemperatur benötigen die Keime zur schnellen Vermehrung auch bestimmte Nährstoffe. Vor allem die coliformen Bakterien, die gefährliche Trinkwasserkrankheiten auslösen können, benötigen eine hohe Nährstoffdichte, damit sie sich exponentiell und damit schnell vervielfältigen können. Sie sind an den Nahrungsüberschuss in einem Säugetierdarm angepasst. Bei zu wenig Nahrung übersteigt ihr Wachstum eine bestimmte Grenze nicht – es kommt schnell zur sogenannten »stationären Phase«, bei der die maximale Keimzahl erreicht ist. Es geht also bei der Konservierung nicht darum, die Wiederverkeimung von außen zu verhindern, sondern die *noch vorhandenen lebensfähigen Keime* an der Vermehrung zu hindern.

Wenn das aufbereitete Wasser gut geklärt, also frei von Schwebestoffen, nach Möglichkeit kohlegefiltert ist (um auch gelöste Nahrung zu entfernen) und kühl bzw. im Schatten gelagert wird, ist es meist mehrere Wochen trinkbar bzw. erreicht keine schädliche Keimkonzentration mehr.

Ein Restrisiko erzeugen Bakterien, die bei »normalen« Temperaturen wachsen können und einen eher geringen Nährstoffanspruch besitzen. Gefürchtet sind hier Legionellen, die zu schweren Infektionskrankheiten führen können. Für eine Infektion ausreichende Mengen wachsen jedoch nicht innerhalb weniger Tage, insbesondere wenn das Nährstoffangebot begrenzt ist. Außerdem gilt die Aufnahme von Legionellen in den Magen als ungefährlich. Problematisch ist dagegen das Einatmen der Keime, wenn sie aus kontaminierten Klimaanlagen, Zentrallüftungen oder Handtrockengeräten ausgeschleudert werden.

Zur mittelfristigen Konservierung von Trinkwasser haben sich folgende Techniken als einfach durchführbar und funktionell erwiesen:

Tyndallisieren

Die im Labor zur Keimreduktion von empfindlichen Lösungen durchgeführte Technik ist das wiederholte Abkochen und mehrstündige Halten bei 37 °C (Inkubieren). Durch das Abkochen werden alle relevanten lebenden Keime abgetötet, aber keine Nährstoffe aus dem Wasser entfernt. Durch die Hitze werden inaktive Sporen dazu gebracht, nach dem Wiederabkühlen zu »keimen«. Sie entwickeln sich von der resistenten Dauerform in die empfindlichere »lebende« Form und werden durch das abermalige Abkochen getötet. Dieser Vorgang wird mehrfach wiederholt. Wir wenden diese Methode ein wenig abgeändert an, da die im Labor verwendeten Lösungen oft Nährbouillons und Vitaminlösungen zur Bakterienzucht sind, bei denen die Gefahr einer schnellen Wiederverkeimung viel höher ist als bei relativ nährstoffarmem Trinkwasser.

Wasser, das bis zum Sieden erhitzt wurde, ist sofort genießbar *(siehe Seite 119)*, verkeimt aber schnell wieder, da durch das Kochen Nährstoffe aus abgetöteten Zellen freigegeben werden. Wird es jedoch in den folgenden zwei oder drei Tagen nochmals jeweils einmal kurz erhitzt, ist die Menge der inaktiven und hitzestabilen Stadien verschwindend gering. Nach dem Tyndallisieren ist das gespeicherte Wasser mehrere Wochen ungekühlt genießbar.

Wiederholte SODIS

Nach korrekt und ausreichend lange durchgeführter →SODIS ist das Trinkwasser mehrere Tage frei von lebenden bzw. gefährlichen Keimen. UV ist auch in der Lage, die stabilen Sporen und Oozysten von Kryptosporidien oder Giardia zu töten. Dennoch kann es vor allem bei vorhandener Trübung sein, dass sich ein Reservoir von Keimen in der Flasche (beispielsweise im Deckel) gehalten hat, welches zu einer Wiedervermehrung von Bakterien führt.

Wird das gespeicherte Wasser während der Mittagspause in geeigneten Gefäßen für ein oder zwei Stunden in die Sonne gelegt, werden jedes Mal weitere ggf. noch vorhandene Keime oder Sporen vernichtet. Nach zwei bis drei Anwendungen kann Wasser je nach Nährstoffgehalt mehrere Tage bis Wochen ungekühlt transportiert werden. Besonders bei geplanten Wüstenreisen können Sie diesen Effekt nutzen, indem Reservoirwasser in klare PET-Flaschen abgefüllt und diese einzeln in der direkten Sonne gelagert werden. Da das Flaschenmaterial durch die UV-Strahlung altert und brüchig wird, sollten solche Lager nicht länger als ein Jahr liegen. Das darin enthaltene Wasser bleibt jedoch dauerhaft genießbar.

Kühlen und Schattieren

Vor allem wenn Rohwasser mit einer »unsicheren« Keimreduktionsmethode aufbereitet wurde, sind wahrscheinlich noch Algen im Trinkwasser verblieben, die mit Sonnenlicht und gelösten Nährstoffen und Gasen neue Biomasse aufbauen und damit zu einer »Düngung« des Wassers führen können. Dieses Wasser hat innerhalb weniger Tage einen typischen dumpfen Fäulnisgeschmack. Es entsteht eine schleimige Schicht (ein sogenannter »Biofilm«) an der Gefäßinnenwand, die unangenehm riecht und schmeckt. Solches Wasser ist nicht per se ungenießbar, es kann jedoch über kurz oder lang als Wachstumsgrundlage für noch entwicklungsfähige infektiöse Keime dienen. Dieses Problem besteht größtenteils erst bei Temperaturen über 15 °C.

In einem solchen Fall ist es notwendig, dem Algenwachstum und der dadurch ermöglichten Vermehrung von Bakterien entgegenzuwirken, indem das Wasser lichtdicht verpackt und kühl gelagert wird. Beispielsweise wird hierzu das Gefäß mit feuchtem Sand bedeckt, der durch Verdunstung kühlt, oder in Rettungsfolie gepackt in kaltes Rohwasser gelegt.

Je nach Vorverkeimung liegt die mögliche Lagerzeit nach »unsicherer« Keimreduktion bei etwa 2–3 Tagen.

Silberionen und andere chemische Stoffe

Es gibt für die Konservierung von Trinkwasser ähnlich wie für die Desinfektion eine ganze Reihe von kommerziell erhältlichen Mitteln. Hier ist dasselbe zu beachten wie bei der Desinfektion. Es gilt, wie schon weiter oben beschrieben, dass Mittel zur reinen Konservierung nicht sicher desinfizieren. Desinfektionsmittel mit oxidierenden Stoffen wie MIOX oder Hypochlorit zerstören und töten dagegen Keime, am Wachstum hindern können sie eventuell Überlebende auf Dauer jedoch nicht: die reaktiven Eigenschaften oxidierender Stoffe führen dazu, dass sie, einmal »aktiviert«, nicht lange stabil sind.

Aus diesem Grund sind Kombipräparate verfügbar, die neben dem Desinfektionsmittel auch einen Konservierungsstoff enthalten. Oft sind es Silberionen, die im Wasser gelöst viele Keimarten am Wachstum hindern.

Es sei ausdrücklich darauf hingewiesen, dass diese Konservierungsmittel gemäß ihrer vorgeschriebenen Anwendung und Konzentration eingesetzt werden müssen. Wer stark verkeimtes Wasser mit einer Überdosis eines silberhaltigen Konservierungsstoffs oder mit »kolloidalem Silber« desinfizieren möchte, riskiert neben einer Infektion (bei stark verkeimtem Wasser ist die Desinfektionswirkung von Silberionen nicht ausreichend) bei längerem Genuss eine Vergiftung mit dem Schwermetall »Silber« sowie die »Schlumpfkrankheit« Argyrie, eine irreversible Blau-Grau-Färbung der Haut.

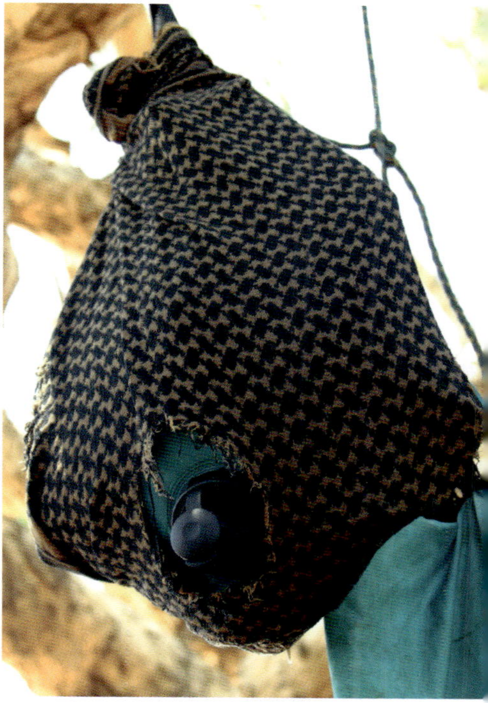

Nach der Keimreduktion sollte das Wasser gekühlt und dunkel gelagert werden, um dem Keimwachstum vorzubeugen.

Wasserkonserven

Da man heute praktisch alles abgepackt, etikettiert und verschweißt kaufen kann, gibt es natürlich auch kommerziell verfügbare Wasserkonserven. Meist sind dies kleine Plastikbeutel, die mit 100 ml Trinkwasser gefüllt und verhältnismäßig teuer sind. Ein Liter Trinkwasser kostet schon mal zwischen 5 und 10 Euro. Geworben wird mit einer langen Haltbarkeit der Konserve. Wenn Sie sich Wasserspeicher im Auto oder Boot anlegen möchten, können Sie natürlich auf diese Päckchen zurückgreifen. Sinnvoller, stabiler, genauso lange haltbar und dennoch deutlich preiswerter sind schlicht kleine Wasserflaschen (beispielsweise 0,33 oder 0,5 l), die Sie weltweit in

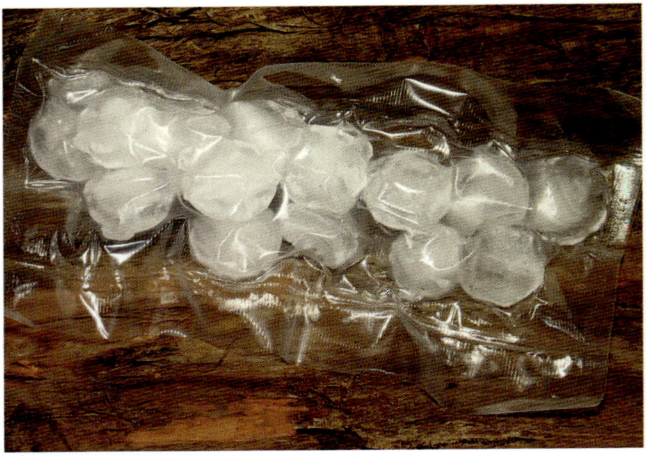

Bei Wasserkonserven handelt es sich um in Plastikbeuteln eingeschweißtes Leitungswasser. Sie können solche auch selbst herstellen, wenn Sie mit einem guten Vakuumschweißgerät Wassereis in Beutel einschließen, es auftauen lassen und die Päckchen im Dampfkochtopf für eine halbe Stunde »autoklavieren«.

jedem Supermarkt kaufen können. Solches abgepackte Wasser ist tatsächlich praktisch steril. Allein die Langzeitlagerung erfordert die Sterilität des Wassers. Das möglicherweise aufgedruckte Haltbarkeitsdatum können Sie übrigens getrost vergessen. Wasser, das einige Monate haltbar ist, kann auch über Jahrzehnte aufbewahrt werden. Bloß der Geschmack kann durch die Kunststoffumverpackung auf Dauer beeinträchtigt werden, und die Wassermenge nimmt durch Diffusion langsam ab.

Nicht dauerhaft haltbar sind dagegen alle »normalen« aromatisierten oder gezuckerten Getränke. Hier tritt über lange Zeit ein Zersetzungsprozess auf, der den Inhalt ungenießbar machen kann. Wasser, dem Kohlensäure zugesetzt wurde, verliert diese, da die Flaschen nicht gasdicht sind – bis auf einen veränderten Geschmack ist in diesem Fall jedoch keine Qualitätsminderung zu erwarten.

Wenn Sie für den Notfall gezuckerte Flüssigkeit verfügbar haben möchten, lagern Sie in einem luftdicht verschlossenen Marmeladenglas oder auch in Beuteln eingeschweißtes Eisteepulver oder Fruchtgranulat und setzen es bei Bedarf dem reinen Wasser zu.

Transport- und Speichergefäße

In Extremsituationen ist oftmals das Speichern größerer Mengen von Trinkwasser notwendig. Meist ist Trinkwasser bzw. Rohwasser zwar ein »Durchgangsposten«, aber bestimmte Situationen machen es notwendig, entsprechende Vorräte anzulegen. In den letzten Kapiteln wurden schon verschiedene Konzepte angesprochen bzw. im Zusammenhang mit Sammel- und Entkeimungsmethoden genannt.

Neben den einfachen Flaschen und Trinksystemen, die schon zu Genüge besprochen wurden, wollen wir abschließend nochmals einen kurzen Blick auf Systeme werfen, die es ermöglichen, Wasser zu lagern und/oder sicher zu transportieren.

HINWEIS:

Es ist nur schwer möglich, eine genaue Menge notwendigen Wassers für mehrere Tage oder Wochen zu errechnen. Deshalb kann es notwendig sein, unterwegs die Wassermenge aufzustocken oder zu reduzieren.

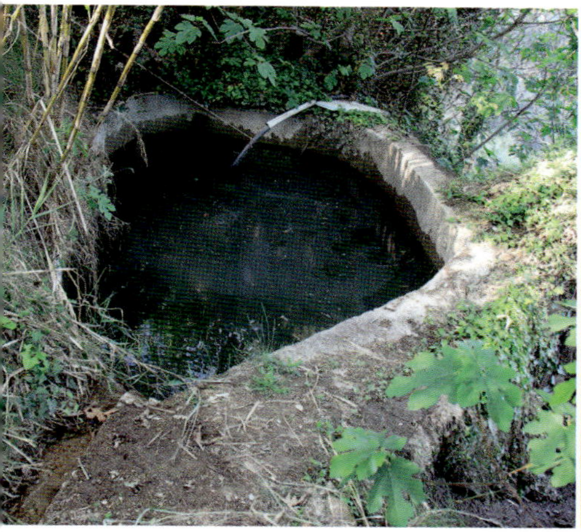

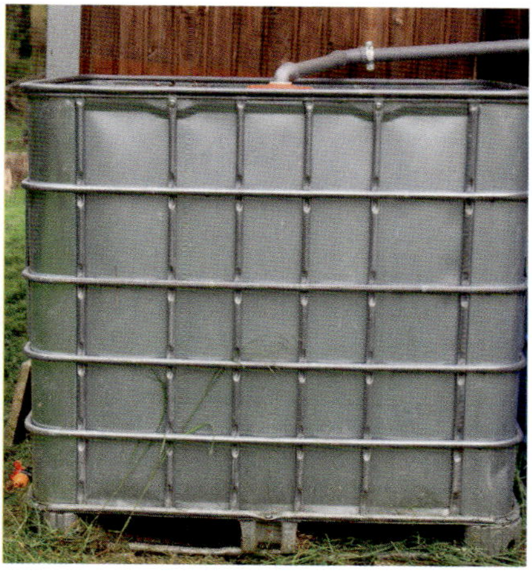

Links: **Zisternen oder Teiche sollten nach Möglichkeit abgedeckt werden. Vorteil ist, dass viele Kubikmeter Wasser gespeichert werden können. Der Nachteil: Selbst wenn das Wasser vorher sauber war, ist es als verkeimtes Rohwasser zu behandeln.** *Rechts:* **Vor allem für Inselanlagen sind ICB-Container die richtige Wahl. Sie lassen sich stapeln und gut verschließen.**

Stationäre Speichergefäße

Ähnlich wie stationäre Aufbereitungsanlagen sind stationäre Speichergefäße vor allem als Inselanlage an abgelegenen Camps, in Krisengebieten und an Gebäuden ohne Wasseranschluss interessant. Da diese Großspeicher in aller Regel nur temporär genutzt werden müssen, aber dauerhaft gestellt werden können, ist ein sukzessives Füllen über eine Regensammelanlage sinnvoll. Durch die lange Standzeit sind die Großspeicher als Rohwasser zu behandeln und nicht als frisches Regenwasser. So kann über mehrere Monate oder Jahre eine größere Menge Wasser vorgehalten werden.

Während noch vor einigen Jahrzehnten vor allem in landwirtschaftlichen Gebieten und in abgelegenen Regionen ohne Wasseranschluss Zisternenspeicher eingesetzt wurden, werden heute eher Kunststoffbehälter verwendet. Beide Konzepte haben Vor-, aber auch Nachteile. Eine Stein- bzw. Betonzisterne zu bauen und abzudichten, ist nicht unproblematisch.

Da eine solche aber meist unterirdisch angelegt wird, ist sie weniger frostgefähr-

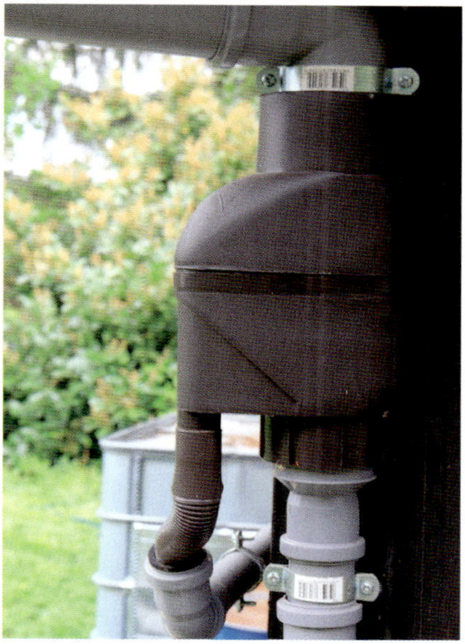

Ein guter Fallrohrfilter kann Wasser beim Sammeln (beispielsweise aus einem Fluss strömend oder von einem Regendach) von Insekten, Laub und Moos befreien.

det als Großkanister wie beispielsweise sogenannte ICB-Container, die günstig angeboten werden und meist ein Volumen von etwa einem Kubikmeter haben. Letztere sind auf einer Kunststoffpalette und in einem Metallkäfig eingelassen mobil und stapelbar – sie können aber bei strengen Temperaturen durchfrieren und bersten.
Eine etwas kleinere Zwischenlösung sind dickwandige Kunststofftanks, die in frostfester Tiefe eingelassen werden können und sich selbst beim Durchfrieren zwar dehnen, aber kaum platzen. Gefüllt werden können die Tanks entweder an einem kleinen Nebengebäude oder durch das Aufstellen eines simplen Wellblechdachs mit angebrachter Regenrinne (große Dächer sind kaum sauber zu halten bzw. auf verendete Tiere zu kontrollieren), die mit Hilfe eines feinmaschigen sogenannten »Wasserdiebs« grobe Verunreinigungen durch Insekten, Laub oder Moos abtrennt.

Solche Kanister können der Einfachheit halber dauerhaft überfüllt werden, wodurch sich das Wasser nach und nach austauscht. Wird ein solches Gefäß beispielsweise auf einem Flachdach eines Hochhauses aufgestellt und aus dem Leitungsnetz für etwaige Ausfälle gespeist, kann ein Überfüllen mit Hilfe eines Schwimmerventils verhindert werden (vergleichbar mit dem Mechanismus in Toilettenspülkästen). Bei solchen exponierten Systemen ist allerdings unbedingt auf Frostschutz zu achten, und bei niedrigen Temperaturen sollten alle Leitungen geleert werden.

Mittelvolumige Mobilspeicher

Mobilspeicher – oder wie es normale Menschen ausdrücken würden: »Kanister« – mit Fassungsvermögen von 5 bis etwa 25 Litern sind die meistverwendeten Speichersysteme, wenn man mit Hilfe eines →Sulky oder Fahrzeuges in aride Gegenden reist. Zusätzlich sind solche Volumina auch dazu geeignet, vor Ort in wasserarmen Gegenden gesammeltes oder in flüssige Form überführtes Wasser zu speichern.

Für den Transport gibt es im Prinzip zwei brauchbare Systeme: festwandige Kunststoff- oder Metallcontainer oder Wassersäcke. Die vor allem im Campingbereich beliebten Faltcontainer, deren dünne Wand wie eine Ziehharmonika gestreckt werden kann, sollten dagegen nicht genutzt werden. Häufig brechen die Knickstellen durch die wechselnde Belastung, so dass von sicherem Transport keine Rede mehr sein kann.

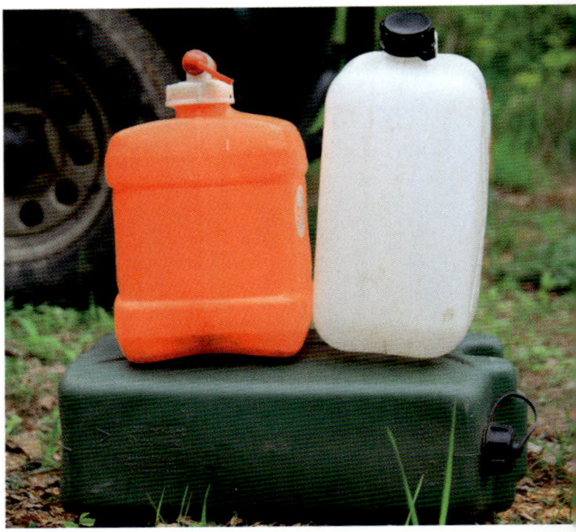

Kanister sind stabil und lassen sich gut transportieren. Allerdings verringert sich ihr Volumen nicht, wenn sie geleert werden.

Feste Wasserkanister haben den Vorteil, dass sie stapelbar und relativ robust sind. Allerdings gibt es hier oft eine entscheidende Schwachstelle: Viele besitzen einen eingelassenen Wasserhahn, der sich leicht öffnen oder abbrechen kann. Deswegen bevorzugen manche Leute Kanister in der Form, wie sie auch als Treibstoffkanister verwendet werden – natürlich dürfen vormals genutzte Benzinkanister nicht als Wasserspeicher verwendet werden! Lebensmittelechte Kanister aus transparentem Material sind in jedem Baumarkt zu haben, wobei vor allem auf die Qualität der Deckeldichtungen geachtet werden sollte.

Plastikgefäße haben beim Transport den Nachteil, dass sie durch den Kunststoff Geschmack und Geruch von danebenstehenden

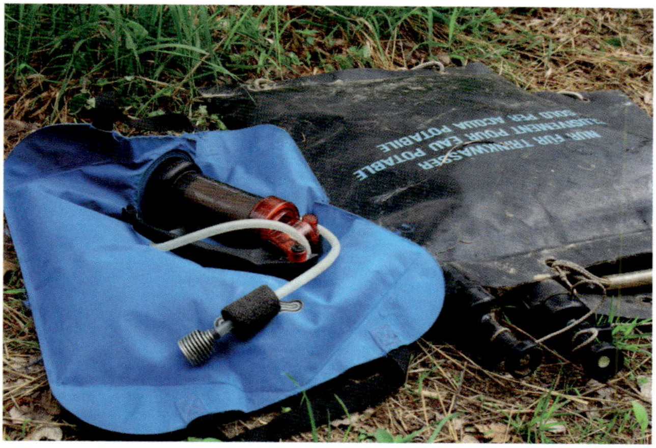

Ein leichter Wassersack mit Weithalsverschluss (*links*), auf den manche Wasserfilter passen. Leider sind diese Wassersäcke unzuverlässig und empfindlich. Besser ist der berüchtigte Schweizer Wassersack (*rechts*). Er kann zwar aus mehreren Metern herunterfallen, ohne dass er platzt, das Wasser schmeckt aber nach kurzer Zeit intensiv nach Gummi. Für mich dennoch die Wahl bei Wüstenexpeditionen.

Kanistern aufnehmen können. Neben einer unverwechselbaren Markierung (Treibstoff/Rohwasser/Trinkwasser) ist es also wichtig, dass Wassergefäße nicht neben Treib- oder Schmierstoffgefäßen gelagert werden.

Wassersäcke sind empfindlicher als Kanister, haben aber den großen Vorteil, dass sie nur so viel Volumen benötigen, wie darin Wasser transportiert wird. Sind sie leer, können sie zusammengerollt transportiert werden. Auf dem Markt gibt es zwei gängige Konzepte: den Schweizer Wassersack mit 20 Litern Volumen aus festem Gummigewebe und mit stabilem Ausgussventil sowie deutlich dünnere Wassersäcke mit großer Einfüllöffnung in verschiedenen Größen.

Die Schweizer Modelle sind sehr günstig, haben aber stark negativen Einfluss auf die sensorische Güte des darin gelagerten Inhalts. Durch die schwarze Oberfläche heizt sich außerdem das Wasser in heißen Gegenden stark auf. Die Kunststoffmodelle beispielsweise der Firma Ortlieb geben nur wenig Geschmack an das Wasser ab und sind erheblich leichter, aber auch teurer und empfindlicher. Vor allem beim Transport im Rucksack ist zu beachten, dass das vergleichsweise weiche Weithalsgewinde nicht gestaucht werden darf, da es dadurch undicht wird. Vorteilhaft ist, dass manche Wasserfilter einen Auslaufanschluss haben, der direkt auf dieses Gewinde passt. Dies vermeidet eine Kontamination des Trinkwassers durch einen →Bypass.

Flaschen und Trinkgefäße

Über Flaschen wurde schon das ein oder andere geschrieben. Konzeptionell sind sie aufgeteilt in Kunststoffflaschen, Weithalsflaschen, Trinkblasen sowie Metallflaschen. Glasflaschen spielen bei Lagerung und Transport kaum eine Rolle und haben im Vergleich zu den anderen Modellen praktisch nur Nachteile.

Als Sammel- und Trinkgefäße eignen sich transparente Flaschen aus PET oder PC.

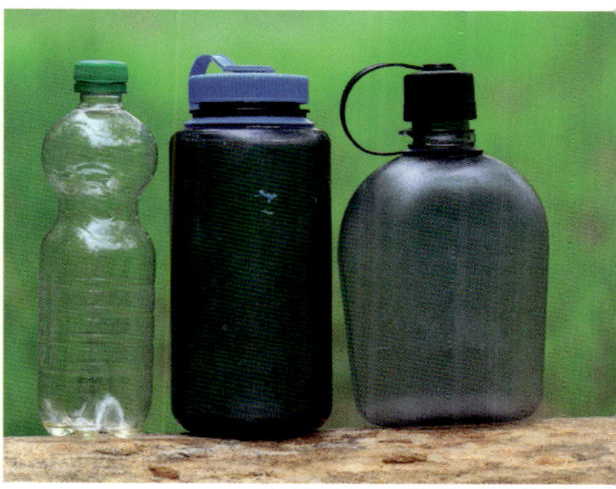

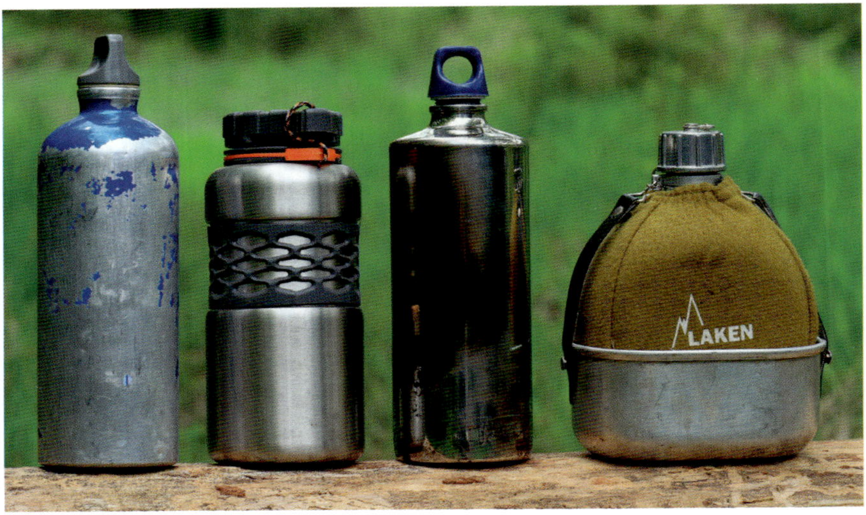

Metallflaschen bieten zwar keinen guten Überblick über die getrunkene Wassermenge, können aber im Feuer erhitzt werden. Manche Feldflaschen gibt es auch mit Kochsystem, oder sie lassen sich über ein Gewinde als Destillationsgefäß verwenden.

Als einfache Trink- und Wasserspeicher sind meines Erachtens transparente PET-Kunststoffflaschen unschlagbar im Bezug auf Materialgewicht, Preis und Robustheit. Außerdem geben sie keine gesundheitsschädlichen Stoffe an das Wasser ab, sind für die →SODIS geeignet und lassen sich einfach recyceln. Nachteil ist allerdings, dass sie hitzeempfindlich sind, so dass Wasser darin nicht gut erhitzt werden kann; auch kann kein kochendes Wasser eingefüllt werden, ohne dass die Flasche die Form verändert.

Letzteres Problem lässt sich jedoch mit Weithalsflaschen aus Polycarbonat umgehen, deren bekanntester Vertreter die »Nalgene«-Flasche ist. Ebenso lassen sich Trinkblasen aus mehrschichtigem Polyurethan heiß befüllen und so eine schnelle →Wiederverkeimung verhindern.

Um ernsthaft physikalische Trenn- und Aufbereitungsmethoden durchzuführen, ist eine Metallflasche allerdings immer von Vorteil. Neben beschichteten und unbeschichteten »Schweizer Wanderflaschen« gibt es die militärische »Bordeflasche« aus demselben Alpenland mit Kochsystem und Becher – aber unzuverlässigem Korkverschluss. Daneben sind diverse andere militärische und zivile Feldflaschen erhältlich, mit denen Wasser abgekocht, destilliert und sonstwie physikalisch behandelt werden kann.

HINWEIS:

Ob Sie Metall- oder Kunststoffflaschen verwenden, ist nur von Ihrer persönlichen Vorliebe abhängig. Kunststoff- oder Metallrückstände, die in das Wasser übergehen, erzeugen auch bei regelmäßigem Einsatz nach heutigem Wissen keine erheblichen Gesundheitsrisiken.

Die Wahl der richtigen Flasche ist also vor allem von der Verfügbarkeit von Wasser (in Mangelgebieten nur transparente Flaschen, keine Trinksysteme) und der voraussichtlichen Behandlung (am Meer Metallflaschen mit Kondensationssystem) abhängig.

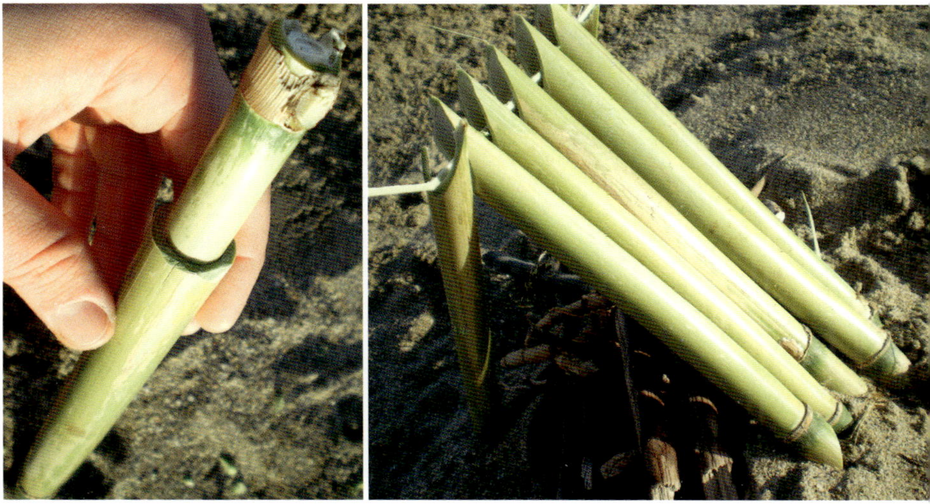

Aus natürlichen Materialien improvisierte Gefäße sind oft vergleichsweise schnell hergestellt. Sie lassen sich mit ein wenig Geschick auch mit Deckel versehen oder – bei sehr kleinen Einzelvolumina – zu transportablen Batterien zusammenbinden und sogar zum Kochen verwenden.

Improvisierte Transport- und Lagermethoden

Demjenigen, der nur mit einem Rucksack oder noch weniger Gepäck, also beschränkten Aufbewahrungs- und Transportmöglichkeiten, unterwegs ist, könnten Wassersäcke helfen, in Notfällen genügend Rohwasser zu sammeln oder Trinkwasser zu transportieren. Vor allem wenn unerwartet ein Regenguss die Möglichkeit bringt, große Mengen für wasserarme Zeiten zu lagern, wird es schwierig. Für den bushcrafterfahrenen Outdoorer sollte es kein großes Problem darstellen, aus Rinde, Schilf bzw. Bambus oder Holz Gefäße zu improvisieren. Was hierbei allerdings zu beachten ist: Natürliche Materialien quellen und reißen, wenn sie trocknen oder lange Zeit mit Wasser in Berührung stehen. Hier sind auf Extrem- und Fernreisen leichte und dünne Folien sehr hilfreich, um auch längerfristig und beim Marsch Wasser sicher zu halten.

Speicherteiche

Tatsächlich ist es denkbar, mit Hilfe einer Rettungsdecke oder einer vergleichbaren Folie einfach einen kleinen »Teich« zu bauen. Hierzu wird eine eher flache Kuhle in den Boden gescharrt. Dabei sollte darauf geachtet werden, dass alle spitzen Steine und Äste daraus entfernt werden. Der später auf der Folie lastende Wasserdruck ist nämlich ziemlich hoch.

Breite und Tiefe sind so bemessen, dass die Ränder der Folie gut überstehen können. Nachdem die Grube vorbereitet wurde, muss der Untergrund gut verdichtet werden, damit beim Befüllen das Erdreich nicht nachrutscht und den Folienrand herunterzieht. Auf diese Weise lassen sich 50 bis 100 Liter Wasser lagern.

Notfallcontainer

Ein improvisierter Speicherteich ist natürlich eher etwas für ein temporäres Lager und weniger geeignet, um Wasser mitzunehmen. Wer im Gepäck nicht den Platz für einen leichten Wassersack hat, kann sich für wenige Cent Weinschläuche besorgen, die aus sehr dünnem Kunststoff gefertigt, also empfindlich sind und normalerweise mit Wein gefüllt in Kartons transportiert werden. Ebenso lassen sich große Gefriertüten oder Kondome zum Wassertransport einsetzen, die oft Bestandteil der Notfallausrüstung sind.

Allerdings reicht das Herunterfallen aus wenigen Zentimetern Höhe – oft schon die Schwungbewegung beim Laufen – aus, um die unter Spannung stehende Pelle zu zerstören. Abhilfe schafft ein einfacher Stoffsack aus abgezippten Hosenbeinen, T-Shirts oder dergleichen.

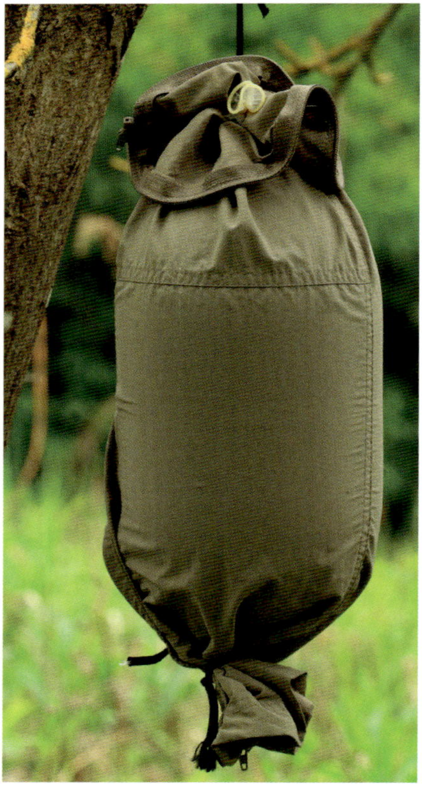

Wenn mit empfindlichen Materialien wie Latex oder Plastikfolie ein transportables Gefäß gebaut werden soll, ist eine stabilisierende Außenhülle sehr hilfreich.

Hierzu wird zuallererst das Gewebestück an einer Seite (bevorzugt am schmal auslaufenden Ende, wenn das Gewebestück nicht überall den gleichen Durchmesser hat) fest verknotet. Die wasserdichte Schicht muss zunächst hineingegeben werden – und zwar im leeren Zustand.

Sind Kondom, Plastiktüte und Co. erst einmal gefüllt, beulen sie sich im unteren Bereich so sehr aus, dass es unmöglich ist, sie unbeschädigt »einzutüten«. Der obere Rand des Gewebes wird umgeschlagen, wenn Reißverschlüsse oder Knöpfe das Innenmaterial beschädigen könnten. Nun wird ebenfalls der obere Rand der wasserdichten Innenschicht um das Gewebe geschlagen, so dass es mit zwei Händen offen gehalten werden kann. In diesem Zustand wird der improvisierte Wassersack befüllt. Dabei ist darauf zu achten, dass unten zwischen Kunststoff und Gewebe keine Leerräume bleiben.

Das Wasser drückt die Materialschichten so stark gegeneinander, dass das Eigengewicht die dünne Haut einreißen kann, wenn sich durch eine abrupte Bewegung der Boden der Wasserblase nach unten dehnen kann.

Nach dem Befüllen mit der gewünschten Menge Wasser wird das Gewebe auf dem Boden abgestellt und so nach unten gerafft dass möglichst wenig Luft über dem Wasserspiegel im Wassersack vorhanden ist, und die Innenschicht wird so verknotet oder nach dem Umschlagen mit einer Leine verschlossen, dass sie problemlos wieder geöffnet werden kann.

Nun wird das Außengewebe angehoben und mit einer Leine um die Knotenstelle der Innenschicht verschlossen. So stabilisiert, können Sie mit dem Päckchen normal gehen oder laufen, ohne dass Wasser verlorengeht. Es sollte dennoch außen am Rucksack befestigt oder in der Hand gehalten werden – wer so einen Wassersack in das Innenfach eines Rucksacks presst, wird das Wasser unbeabsichtigt zur kurzfristigen äußeren Kühlung verwenden *(Siehe Seite 54)*.

7 Anhang

Trinkwasser und Krankheiten

HINWEIS:

Thema dieses Buches ist das Finden, Einschätzen und die korrekte Aufbereitung von Wasser für den menschlichen Verzehr und nicht die möglichen Auswirkungen des Genusses von verunreinigtem Wasser. Aus diesem Grund sind die folgenden Ausführungen zu durch Wasser verursachten Infektionen kompakt gehalten.

Ausführlichere Informationen zu Infektionen, Vergiftungen und ihrer Behandlung finden Sie im Band »Outdoor- und Survivalmedizin«.

Wie schon mehrfach angesprochen, sind sämtliche Attribute des Trinkwassers von vielen unterschiedlichen Faktoren abhängig, so dass wir ohne Laborausrüstung zur Untersuchung nur mit einer gewissen Erfahrung eine individuelle Näherung der höchsten Wahrscheinlichkeit erzielen können. Und auch die selbst wahrgenommenen Erlebnisse im Bezug auf Trinkwasser und seine Bekömmlichkeit sind oft nicht mehr als anekdotische Erinnerungen und Aussagen:

- Die einen können bestimmtes Wasser ohne Aufbereitung trinken, ein anderer bekommt hiervon Durchfall.
- Wasser aus dem einen Fluss konnte ohne gesundheitliche Probleme verwendet werden, dieselbe Person bekommt vom Genuss aus einem ähnlichen Fluss Bauchschmerzen.
- Vor drei Wochen wurde das Wasser an einer Wasserstelle entnommen und ohne Konsequenzen unaufbereitet getrunken, dasselbe führte gestern zu einer Infektion.

Dabei bleibt unklar, ob die Erkrankung überhaupt kausal mit dem Trinken des Wassers zusammenhängt oder sich schon vorher entwickelt hat, ob es überhaupt eine echte »Erkrankung« war, ob Bauchschmerzen von verdorbener Nahrung verursacht wurden oder ob einer der vielen anderen Fehler gemacht wurde – beispielsweise Obst in größeren Mengen vor dem Trinken zu verzehren.

Ggf. haben Sie von älteren Personen schon mal diese Regel gehört: »Trink kein Wasser, nachdem Du Obst gegessen hast, sonst bekommst Du Bauchschmerzen.« Heute ist diese Warnung größtenteils unbegründet. Diese Bauchschmerzen werden nämlich weder vom Obst noch vom Wasser selbst erzeugt, sondern von Hefen und anderen im Wasser lebenden und ungefährlichen Mikroorganismen, die Fruchtbestandteile vergären, dabei große Mengen von Gas erzeugen und so zu bösen Bauchschmerzen führen können. Dabei entstehende organische Säuren führen zu Durchfällen – ganz ohne →Trinkwasserkrankheit.

Diese Mikroorganismen fehlen heute im Leitungswasser, weshalb die Kombination von Wassertrinken und Obstessen problemlos möglich ist. Wird Wasser allerdings aus der Natur gesammelt, mit improvisierten Techniken aufbereitet und getrunken, nachdem die benachbarte Streuobstwiese geplündert wurde, sind Bauchschmerzen praktisch vorprogrammiert. Dabei können diese *außerdem* alleine von der großen Menge an Fruktose in Verbindung mit körpereigenen Bakterien verursacht worden sein.

Ebenso ist es möglich, dass der saubere Bach, der natürlich auch in Deutschland zur Ableitung von *aufbereitetem Abwasser* genutzt wird, nach anhaltenden Regenfällen mit aus der Kläranlage überströmenden Klärprodukten kurzfristig verunreinigt wurde.

Nicht selten wird das Wasser für eine Erkrankung verantwortlich gemacht, wenn die über die warme Sommernacht vor dem Zelt gelagerten »Restspaghetti mit Hackfleisch-Sahnesoße« zum Frühstück verzehrt wurden oder der abendliche Konsum von mit Ethanol und Aromen verunreinigtem Trinkwasser im Feuerkreis die Immunabwehr geschwächt hat.

So vielfältig die Gründe für Erkrankungen sein mögen, die Handlungsanweisungen sind in aller Regel ähnlich, weshalb wir sie hier in kompakter Form betrachten wollen.

Generell gilt bei einer bakteriellen oder virösen Erkrankung, dass zu viele Keime die Magensäure-Enzym-Passage überlebt haben und deshalb an oder durch die Darmschleimhaut gelangen konnten (dies ist auch der Grund, warum die in Survivalsendungen beliebten »Einläufe« mit Schmutzwasser lebensgefährlich sind – sie umgehen die wichtigste und erste Abwehr des Körpers). Dabei kann es sein, dass Keime bzw. Parasiten die Darmschleimhaut selbst angreifen oder Giftstoffe abgeben, die in den Körper gelangen. Der Körper wehrt sich dagegen mit Durchfällen und Erbrechen. In diesem Fall gilt als erstes: Pause einlegen! Der Körper ist nicht mehr leistungsfähig. Er bekommt nämlich nicht mehr genügend Wasser, selbst wenn der Erkrankte Wasser trinkt: Es rauscht einfach durch.

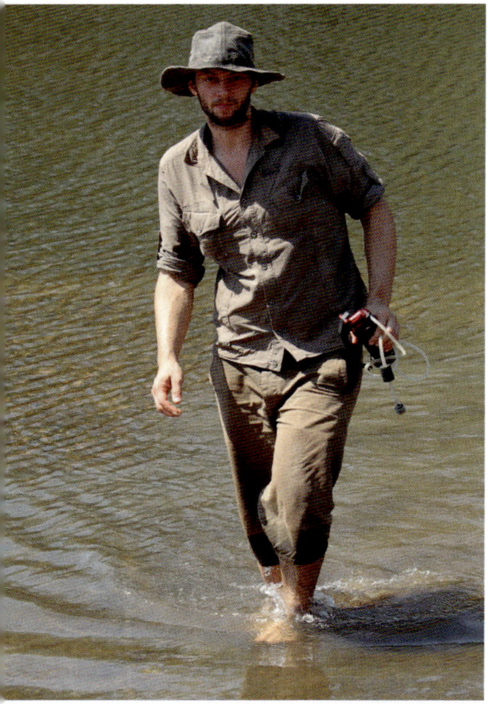

Ob aus einem Gewässer das Rohwasser getrunken werden kann oder ob es aufbereitet werden muss, ist vor allem von individuellen Faktoren abhängig.

Unterstützend kann erst einmal Holz- oder Aktivkohle gegeben werden: ca. 1 g je kg Körpergewicht. Ist diese nicht verfügbar, können kleine Mengen von suspendiertem Lehm Giftstoffe und Keime binden und aus dem Körper ausführen.

Zusätzlich sollte möglichst sauberes Wasser sowie Mineralien gegeben werden, beispielsweise etwas Salz/Asche oder, sofern vorhanden, ein Stück Brühwürfel. Mindestens die ersten anderthalb Tage sollten keine Durchfallmittel gegeben werden. Denn diese verhindern, dass der Magen-Darmtrakt »durchgespült« wird, und erhöhen so die Aufnahme von Giftstoffen und Keimen aus dem Darm in das Blut. Nach dieser Zeit wird es aber langsam problematisch, da eine →Exsikkose droht. Ist keine andere medikamentöse Behandlung oder Hilfe möglich, sollte nach frühestens zwei Tagen mit Mobilitätshemmern wie Loperamid behandelt werden.

Treten vorher blutige, schleimige oder eitrige Durchfälle auf, muss sinnvollerweise die Behandlung mit einem Breitbandantibiotikum nach entsprechender Vorschrift begonnen werden.

Ist ärztliche Versorgung erreichbar, sollte auch ohne Blut und Eiter im Stuhl nach spätestens drei Tagen Durchfall ein Arzt aufgesucht werden.

Um Erkrankung also zu vermeiden, kann man auf Basis der besprochenen Einschätzungsmethoden verschiedene Aufbereitungstechniken wählen:

Wasseraufbereitung

Exemplarische Rohwasser-Aufbereitungsmethoden aus möglichst sauberer Entnahmestelle

Dieses Schaubild soll Ihnen beispielhaft verdeutlichen, auf welche Weise Sie Wasser nach der Entnahme entsprechend der zu erwartenden Schadstoffe behandeln können. Es sollte von Ihnen je nach Situation angepasst werden.

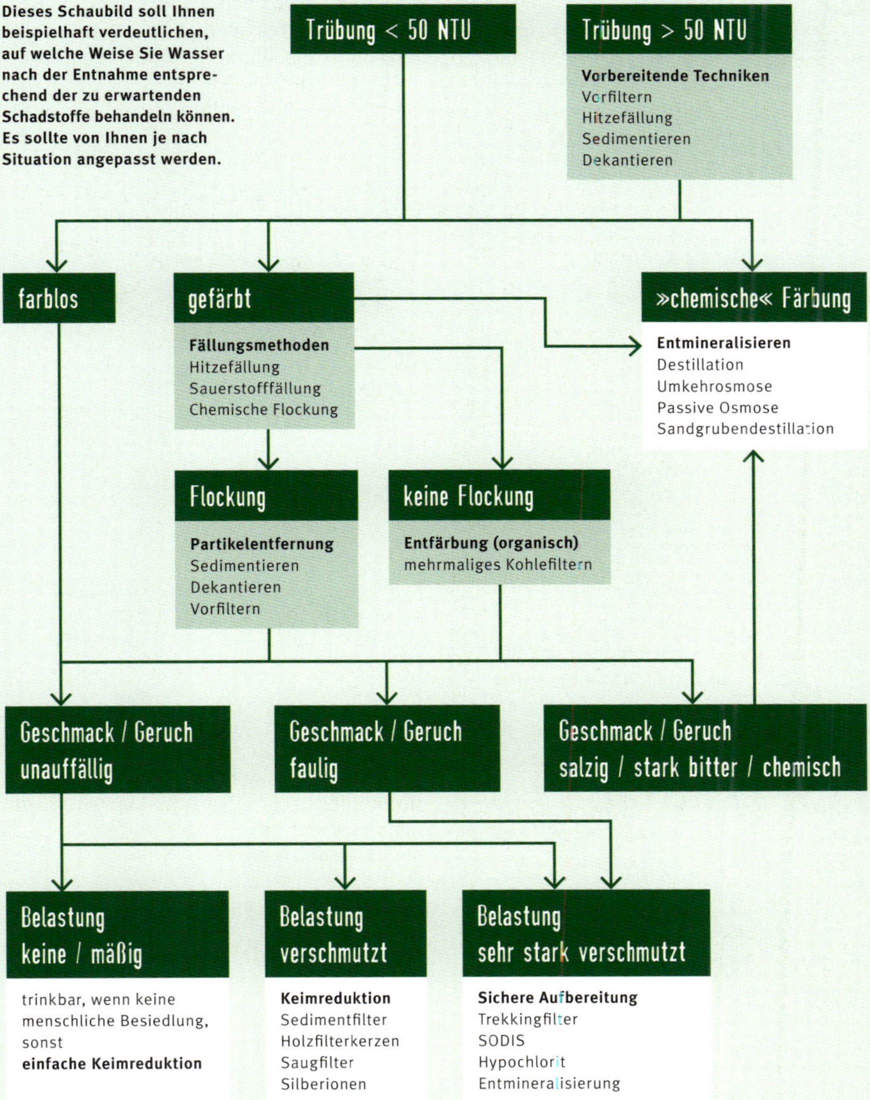

8 Epilog

Die große Schwierigkeit bei der improvisierten Trinkwasseraufbereitung ist, dass es sich dabei um eine Tätigkeit ohne sichtbare oder im Einsatz messbare Ergebnisse handelt. Krankmachende Mikroorganismen sind mit bloßem Auge nicht sichtbar, ihr Vorkommen kann allenfalls anhand bestimmter Indikatoren abgeschätzt werden. Aus diesem Grund und aufgrund des Umstands, dass in der Vergangenheit viele Techniken an Wasser angewandt wurden, das ohne jede Behandlung trinkbar gewesen wäre, haben sich im Verlaufe einiger »Survival-« und »Bushcraftgenerationen« eine Vielzahl von Techniken zur Wasseraufreinigung entwickelt, die einer Überprüfung ihrer Effektivität nicht standhalten.

Die nächste Schwierigkeit besteht darin, dass die gängigen Anforderungen an Trinkwasser draußen weder eingehalten werden können – noch müssen. Wasser wurde seit der Menschwerdung und bereits seit Bestehen des Lebens auf dieser Erde von jeder Zelle benötigt. Unsere Vorfahren vor zwanzig- oder dreißigtausend Jahren kannten weder SODIS noch Wasserfilter. Wir teilen mit diesen Menschen dieselbe Physiologie, sind jedoch nicht mehr an »Schmutz« und »Erde« gewöhnt. Außerdem hat die Besiedlungsdichte enorm zugenommen – Landwirtschaft wurde immer intensiver betrieben, und letztendlich kamen großindustrielle Abwässer dazu. Die fehlende Konditionierung sowie immer seltener vorkommende natürliche und saubere Trinkwasserreservoirs zwingen uns bei der Vorbereitung zu einem Spagat.

Improvisierte Wasseraufbereitung für den Notfall hat nicht das erklärte Ziel, eine Stadt mit Trink-, Spül- und Badewasser zu versorgen, sondern den Tod durch ernsthafte Krankheiten oder Verdursten zu verhindern. Schon die Reduktion von Keimen um zwei Größenordnungen kann den Unterschied zwischen nächtlichen Bauchschmerzen und einer lebensgefährlichen Durchfallerkrankung ausmachen.

Dabei liegt die Priorität nicht auf der Aufbereitung, sondern auf dem Finden und Erkennen von möglichst sauberem Wasser.

Auf meinen Reisen in und durch verschiedene Klimazonen musste ich oft auf mein gesammeltes Wissen zurückgreifen und bin manchmal durchaus froh, dass ich mir im Laufe einiger Jahre eine Robustheit gegenüber Krankheiten aneignen konnte, so dass ich immer wieder auch relativ unsichere Wasserquellen verwenden konnte – vor allem, wenn ich vor Reiseantritt davon ausgegangen war, dass sauberes Trinkwasser verfügbar sein würde, und deshalb keinen Wasserfilter in den schon überquellenden Rucksack gepackt hatte.

Unterwegs ist es kaum noch möglich, die Trinkwasserqualität genau einzuschätzen, auch wenn fehlende Wasseraufbereitung vor Ort manchmal auch mehr als deutlich zu erkennen ist.

Trinkwasser»qualität« in einer Oase in Ägypten – auf dieses Wasser mussten ein Freund und ich während einer einwöchigen Tour durch die Wüste zurückgreifen – ungereinigt.

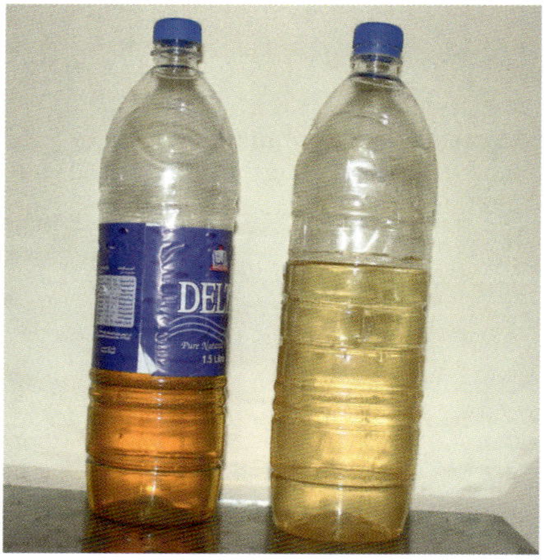

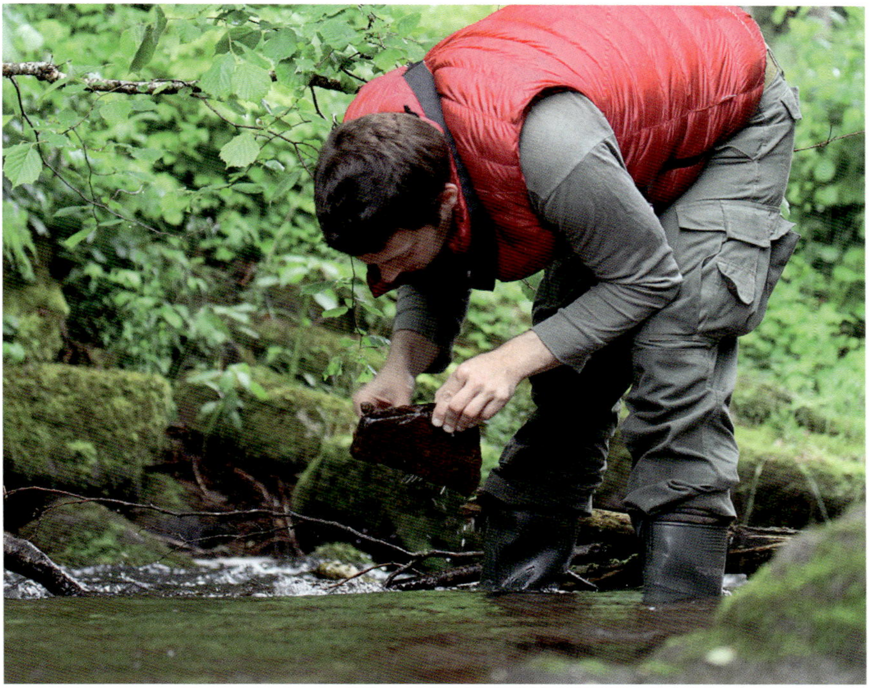

Um die Reinigungsfunktion der hier beschriebenen Techniken abschätzen zu können, konnte ich glücklicherweise auf den Rat vieler Fachleute aus verschiedenen Instituten zurückgreifen. Die endgültige Einschätzung erfolgte jedoch in meiner kurzzeitig zu einem Labor umfunktionierten Küche. Hierzu wurden verkeimte Wasserproben in verschiedenen Verdünnungsstufen vor und nach der Behandlung in Petrischalen auf »LB-GLC-Agar« verbracht und die Anzahl der noch vorhandenen Keime gezählt. Hierbei war für mich nicht die Selektivität der Methode ausschlaggebend, sondern allein die Reduktion der Gesamtkeimzahl*.

Eine Vielzahl von improvisierten Reinigungstechniken fiel bei diesem Test durch oder wurde wegen fehlender Praktikabilität oder Übertragbarkeit verworfen (nicht jeder kommt im Notfall beispielsweise an Moringasamen). Andere oft als wirkungslos beschriebene Methoden waren dagegen verblüffend effektiv. Für alle gilt jedoch, dass sie geübt und getestet werden müssen, damit sie im Notfall auch korrekt angewendet werden. Die angegebenen Messwerte für die unterschiedlichen Methoden können je nach Sorgfalt der Durchführung deutlich variieren.

**Die einzelnen Ergebnisse hierzu finden Sie auf trinkwasser.vivalranger.com*

Aus diesem Grunde möchte ich auch am Ende dieses Buchs an Sie appellieren, das Buch nicht sauber eingeschweißt im Notfallgepäck zu lagern, sondern das Finden, Einschätzen und Reinigen von Wasser als Outdooraktivität zu verstehen, die ebenso wie Feuerbohren oder Fallenbau beherrscht sein will.

Ihr Johannes Vogel

Dank

Für geduldige Beantwortung meiner vielen Fragen und die Unterstützung bei der Durchführung dieses Buchprojekts danke ich:

- **Dipl.-Ing. (FH) Uwe Halbach** vom Institut für Wasserwirtschaft Halbach für Bilder und geduldige Beantwortung meiner Fragen über den hier mittlerweile seltenen »Abwasserpilz« und die Politik der Abwasserwirtschaft.
- Meinen ehemaligen Parasitologiedozenten **Prof. Dr. Horst Taraschewski** (auch für die Hilfe bei der Wasserasselsuche) und **Dr. Trevor Petney** für die spannenden Vorlesungen und Praktika »Gewässerökologie und Limnologie« (im Hochsommer bei geschlossenem Fenster aus vor Tagen tot aufgefundenen *autolytischen* Fischen *Acanthocephala* zu präparieren, hat mir durchaus auch als Ekelüberwindungstraining gedient).
- **Steffen Fuchs** von Katadyn für zur Verfügung gestellte Testgeräte und Gebrauchsmuster sowie zugesandte Fachartikel.
- **Wassermeister Oliver Rass** von der Nordseeinsel Norderney für die reichhaltigen Informationen zur Ghyben-Herzberg-Linse und der Einschätzung der Wasserqualität abgelegener Oberflächengewässer.
- **Den Mitarbeitern der EAWAG** (Eidgenössische Anstalt für Wasserversorgung, Abwasserreinigung und Gewässerschutz), Dübendorf in der Schweiz für die aktuelle Neueinschätzung der SODIS und Tipps für die praktische Durchführung.
- **Ph.D. Adrian B. Hehl** vom Parasitologischen Institut Zürich für die zur Verfügung gestellten Fachartikel und aktuelle Informationen über die Pathogenität verschiedener Giardia- und Cryptosporidienstämme sowie die Übertragungsgefahr durch verschiedene Säugetiergruppen.

Auch wenn ich mir Mühe gegeben habe, alle Informationen in eine für den Nichthydrologen *einigermaßen* verständliche und dennoch fachlich korrekte Form zu überführen, liegt es in der Natur der Sache, dass mit unterschlagener Komplexität auch Präzision und Korrektheit in einem gewissen Bereich nach unten nivelliert werden müssen. All die Kollegen, auf deren Rat ich bei einer solchen Arbeit dringend angewiesen bin, mögen mir verzeihen, dass ich nicht im Stile der Primärliteratur zitiert habe und vieles allzu brutal vereinfachen und generalisieren musste.

Besonderen und hervorzuhebenden Dank haben diejenigen verdient, die zeitgleich an den zu Beginn sicherlich konfusen »Bleiwüsten« meines Manuskripts gearbeitet haben, um das alles in ein ansprechendes Buch zu verwandeln. **Meiner Betreuerin Susanne Fischer vom Verlag pietsch** möchte ich besonders für die Geduld an diesem scheinbar nie endenden Projekt ebenso danken wie **Patricia Braun**, die sich nicht nur um das Buchlayout gekümmert hat, sondern mich beim Fotografieren, der Themenauswahl und der Aufbereitung meiner Ideen unterstützt hat.

Supplements

Alle Bilder des Buchs in Hochauflösung, Quellen, Videos und weiterführende Literatur zu diesem Buch können Sie auf der hierzu eingerichteten Webseite **trinkwasser. vivalranger.com abrufen.**

An dieser Stelle stehen außerdem die Untersuchungsergebnisse der verschiedenen Wasseraufbereitungsmethoden sowie aktuelle Informationen zum Thema.

Kontakt

Wenn Sie an weiterführenden Informationen oder an einem der von mir veranstalteten Outdoor-Seminare interessiert sind, besuchen Sie doch einfach meine Website **(www.vivalranger.com)** oder nehmen Sie über eine E-Mail direkt mit mir Kontakt auf: **trinkwasser@vivalranger.com.**

Ich freue mich auf Sie.

Weitere Bücher zum Themenkomplex

In der Buchreihe zum Thema autarkes Leben im Survivalnotfall sind außerdem von mir erschienen:

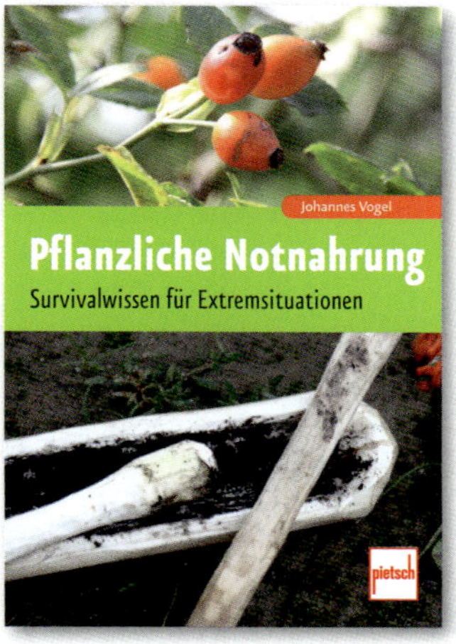

Pflanzliche Notnahrung: Survivalwissen für Extremsituationen

Nachtkerze, Rohrkolben, Brennnesselsamen, Große Klette, geröstete Löwenzahnwurzeln: Allein in Mitteleuropa gibt es mehrere Tausend essbare Wildpflanzen. Vergangene Generationen haben sich über Jahrtausende von nahrhaften Pflanzenteilen ernährt und so ihr Überleben gesichert. Viele Pflanzen sind außerdem als Heilpflanzen bekannt, die seit Langem zur Behandlung von Krankheiten eingesetzt werden. Dieser Ratgeber vermittelt dem botanischen Laien ein System, das es ihm ermöglicht, sich im Notfall ohne Bestimmungsbuch in unterschiedlichen klimatischen Zonen sicher von Pflanzen zu ernähren. Er lernt, wie man den Wert einer Pflanze als Nahrungs- und Heilpflanze erkennt und wie man giftige Gewächse meidet.

Verlag pietsch, 240 Seiten, Preis: 19,95 EUR
ISBN 978-3-613-50763-0

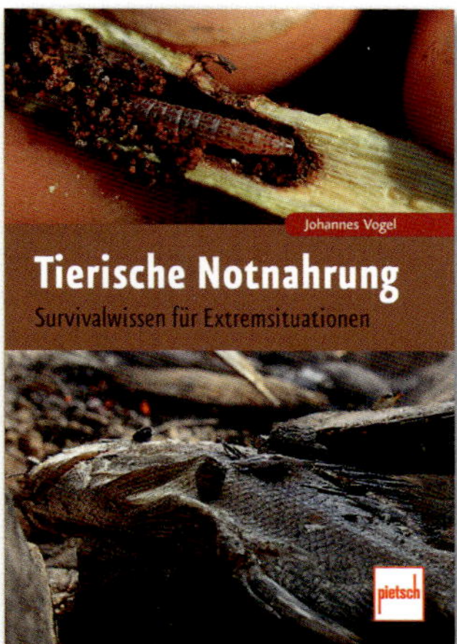

Tierische Notnahrung: Survivalwissen für Extremsituationen

Das Überleben draußen hängt in Notsituationen auch davon ab, ob man sich verträgliche Nahrung beschaffen und diese zubereiten kann. Ob Insekten, Maden, Krebse, Ratten, Schnecken oder Schildkröten – so verschieden diese Tiere sind, haben sie doch gemeinsam, dass sie nahrhaft und leicht zu fangen sind. Fast alle Tiere sind essbar, einige sind sogar Delikatessen. Entscheidend ist die richtige Zubereitung. Dieser fundierte Ratgeber zeigt, wie man in Notsituationen draußen nicht verhungert.

Verlag pietsch, 192 Seiten, Preis: 19,95 EUR
ISBN 978-3-613-50815-6

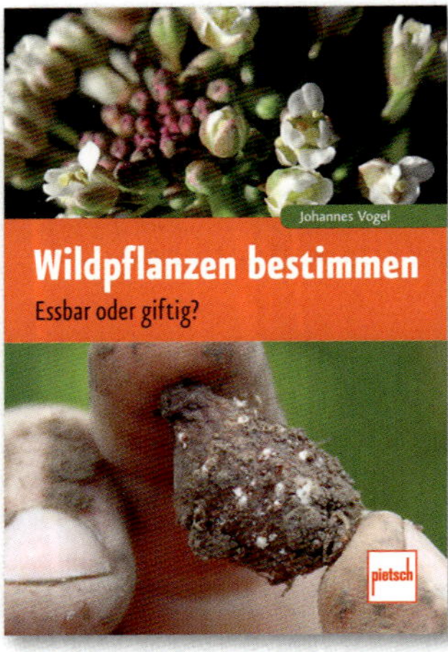

Wildpflanzen bestimmen: Essbar oder giftig?

Das Sammeln von Pflanzen und die Zubereitung wilder Kräuter sind sehr beliebt. Dabei ist das korrekte Erkennen der jeweiligen Pflanze unabdingbar. Verwechslungen führen regelmäßig zu schwerwiegenden Vergiftungen, manchmal sogar zum Tod. Wildpflanzensammler arbeiten meist mit einem »Bilderbestimmungsbuch«, bei dem Individualeigenschaften der einzelnen Pflanzen nicht berücksichtigt werden können. Das vorliegende Buch bietet eine Kombination von fotografischen Abbildungen und Skizzen bestimmter und wichtiger Einzelmerkmale sowie einen vereinfachten dichotomen Bestimmungsschlüssel. So kann man eine unbekannte Art mit Hilfe von »Ja-Nein«-Abfragen schnell und genau kategorisieren.

Verlag pietsch, 192 Seiten, Preis: 19,95 EUR
ISBN 978-3-613-50806-4

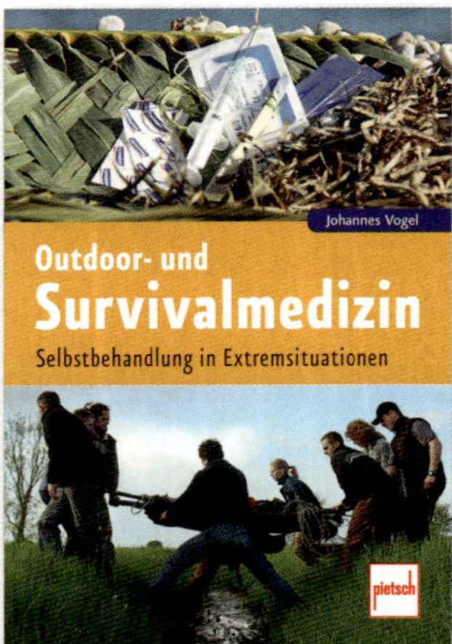

Outdoor- und Survivalmedizin: Selbstbehandlung in Extremsituationen

Wasser ist das wichtigste Lebensmittel überhaupt. Extremreisende wagen sich regelmäßig in Regionen, in denen die Trinkwasserversorgung nicht sicher gewährleistet ist. Auch Notfälle oder Umweltkatastrophen können Menschen von der Wasserversorgung abschneiden oder die Wasserqualität entscheidend vermindern. Dieser Ratgeber versetzt Trekkingreisende, Freizeitwanderer und Survivalisten in die Lage, sich aus der Natur mit trinkbarem Wasser zu versorgen. Sie lernen einzuschätzen, wo sich in der Natur flüssiges oder in Schlamm und Pflanzen gebundenes Wasser finden lässt, an welchen Merkmalen man die Genießbarkeit von Wasser erkennt und wie es sich so aufbereiten lässt, dass es gefahrlos getrunken werden kann.

Verlag pietsch, 208 Seiten, Preis: 19,95 EUR
ISBN 978-3-613-50835-4

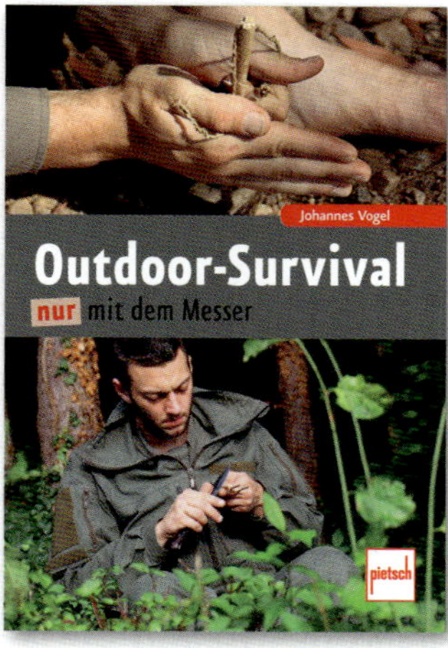

Outdoor-Survival *nur* mit dem Messer

Wo auch immer Sie sind und was auch immer das Problem ist – mit einer guten Survivalausrüstung sind Sie auf der sicheren Seite. Für Ihre Ausrüstung können Sie tief in die Tasche greifen, und Sie können einige Kilogramm an nützlichem Equipment in Ihrem Rucksack mit sich herumtragen. Oder Sie lernen, sich in einer Survivalsituation ohne Rucksack, ohne Schlafsack, ohne Feuerzeug und ohne Benzinkocher durchzuschlagen. Nur mit einem Messer. Oder sogar ohne ein solches. Dafür mit einem Maximum an Wissen, Übung und handwerklicher Technik. Sämtliche in diesem Ratgeber beschriebenen praxiserprobten Survivaltechniken und Anwendungen sind ohne spezielle, teure oder schwere Ausrüstung machbar und können mit einem einfachen Messer oder einem adäquaten Ersatz erfolgreich trainiert und durchgeführt werden.

Verlag pietsch, 192 Seiten, Preis: 19,95 EUR
ISBN 978-3-613-50816-3

JOE VOGEL'S SURVIVAL GUIDE
Das ultimative Outdoor-Handbuch: Basic Skills, Workshops, Profi-Tipps

Durch den Dschungel streifen, auf tropischen Flüssen treiben oder das Leben in einer einsamen Hütte genießen – wer hat noch nicht davon geträumt? Joe Vogel macht Lust darauf, mit dem Rucksack loszuziehen, um draußen Feuer zu machen, zu fischen und in einem selbstgebauten Lager zu übernachten. Als Outdoor- und Survival-Experte zeigt er das richtige Verhalten und die notwendige Ausrüstung, um in allen Klimazonen Unterkunft, Wasser und Nahrung organisieren zu können. Zahlreiche Schritt-für-Schritt-Anleitungen, Techniken und 50 neue Workshops erleichtern den praktischen Einstieg ins Outdoor-Survival.

Verlag pietsch, 256 Seiten, Preis: 19,95 EUR
ISBN 978-3-613-50905-4

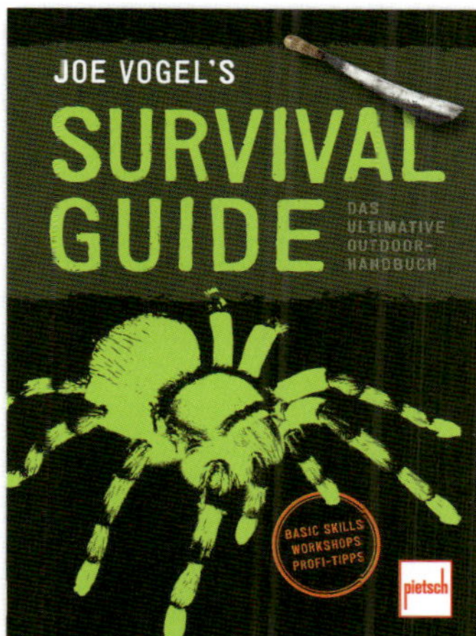

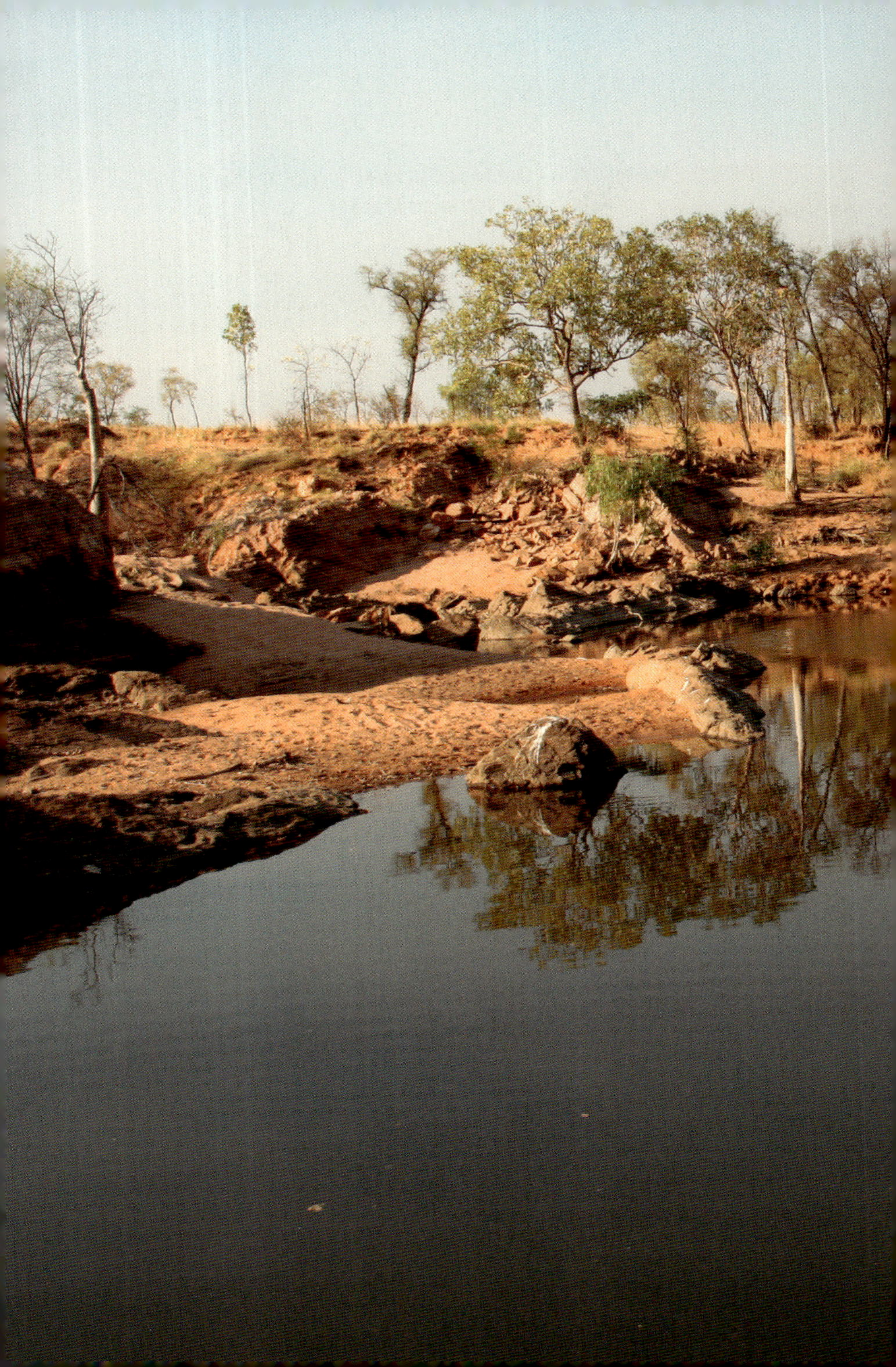

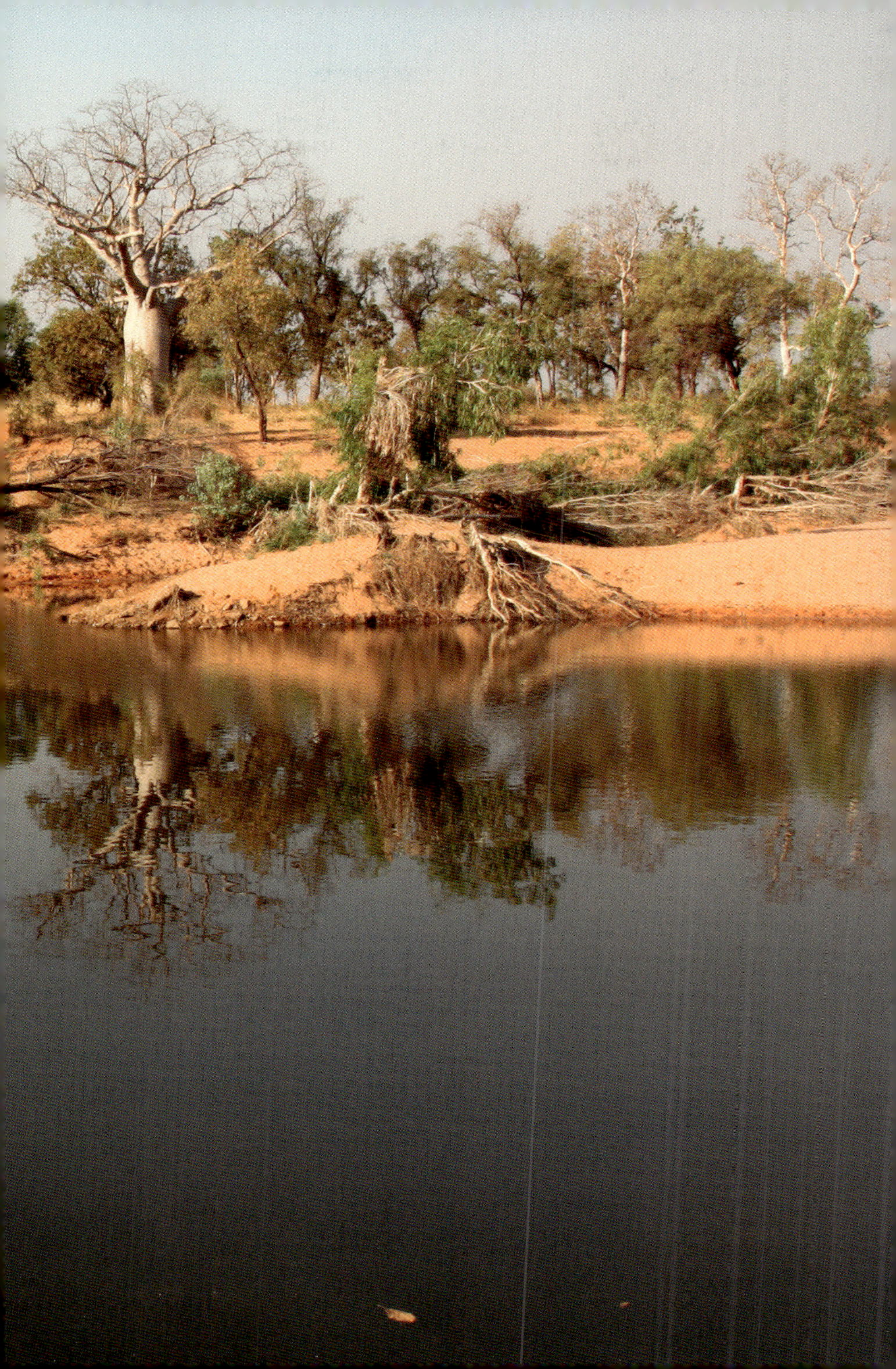

9 Glossar

- **Abdomen, akutes:** Symptom einer schweren Erkrankung im Unterbauch. *(✚ S. 145)*
- **Abkochen:** *S. 119 ff.*
- **Abwasserpilz:** Bakterienkolonie, die nur in stark belastetem Wasser lebt. *S. 99*
- **Adsorption:** Chemisches Anhaften von Stoffen an Oberflächen.
- **Aktivkohlestufe:** →Kohlefilter
- **Algen:** Einzellige oder mehrzellige bakterielle (auch pflanzliche) Lebewesen in Wasser. *S. 82*
- **Anomalie des Wassers:** Wasser hat bei 4 °Celsius seine größte →Dichte. *S. 33*
- **Anurie:** Unfähigkeit, Harn zu produzieren.
- **arides Klima**: Keine regelmäßigen Niederschläge.
- **Aufbereitung:** Reinigung des Rohwassers *S. 102 ff.*
- **Aufnahmefähigkeit:** Höchstmögliche Lösbarkeit eines Stoffs in Lösung oder Gas. *S. 51*
- **Ausscheider:** Lebewesen, die an einem Erreger nicht erkranken, diesen jedoch verbreiten.
- **Brackwasser:** Süß- und Salzwassergemisch.
- **Bypass:** Hier: Rohwasser kann am Filtermedium vorbei ins Trinkwasser fließen.
- **C3-Pflanzen:** Pflanzen ohne räumliche oder zeitliche Trennung von Atmung und Photosynthese.
- **C4-Pflanzen:** Pflanzen mit räumlicher Trennung von Atmung und Photosynthese (→xeromorphe Anpassung).
- **CAM-Pflanzen:** Pflanzen mit zeitlicher Trennung von Atmung und Photosynthese (→xeromorphe Anpassung).
- **Chemikalien:** *S.83 ff.*
- **Chlor:** Mit »Chlor« sind meist Hypochlorite oder Chloramine gemeint (chemische Desinfektionsmittel). *S. 128 ff.*
- **Cholera:** *S. 77*
- **Dehydration:** Wassermangelzustand des Körpers. *S. 18 f.*
- **Dehydrationszeichen:** *S. 18 f. (✚ S. 182)*
- **Dekantieren:** vorsichtiges »Abkippen«. *S. 105 f.*
- **Desinfektion:** *S. 120*
- **Destillation:** Trennung von Flüssigkeiten mit unterschiedlichen Siedepunkten. *S. 135 ff.*
- **Detritus:** Abgestorbenes tierisches, pflanzliches und bakterielles Material am Gewässerboden.
- **Dichte:** Masse je Volumen (t/m^3 oder kg/l) *S. 33*
- **Einfärben:** →Färbung.
- **Einschätzen:** *S. 65 ff.*
- **Eisen:** Metall, dessen Nachweis bei der →Sauerstofffällung auf andere Schwermetalle hinweisen kann.
- **Erreger, apathogen**: Keime, die bei Menschen keine Krankheiten verursachen. *(✚ S. 170)*
- **Erreger, einzellige**: Erreger, die aus einer einzelnen Zelle bestehen.
- **Erreger, fakultativ pathogene:** Erreger, die *normalerweise* keine Krankheiten auslösen. *(✚ S. 169)*
- **Erreger, humanpathogene**: Erreger, die *bei Menschen* Krankheiten auslösen. *(✚ S. 169)*
- **Euryöke Arten:** Lebewesen, die Unterschiede in ihrem Lebensraum (z.B.: Sauerstoffgehalt, Temperatur) tolerieren.
- **eutrophiert:** »Überdüngt«. Gewässer mit hohem Nährstoffgehalt.
- **Exsikkose:** Inneres Austrocknen des Körpers beim Verdursten. *S. 18 ff.*
- **Extraktion:** »Herausnehmen« oder Abtrennen eines Stoffes aus einem Stoffgemisch. *S. 62*
- **Fäkalkeime:** Darmkeime von Säugetieren. *S. 76*
- **Fällung:** Kristallisieren von Stoffen in einer Lösung.
- **Färbung:** *S. 68 f.*
- **Filter:** *S. 107–119*
- **Filterkerzen:** *S. 111 ff.*
- **Fluidität:** Fließfähigkeit – Gegenwert zu Viskosität. Wasser ist fluid, Honig viskos. *S. 33*
- **Geländestrukturen:** *S. 36 ff.*
- **Geruch:** *S. 70 f.*

- **Grundwassernichtleiter** Bodenschicht, durch die Wasser nur langsam fließen kann. *S. 35*
- **Harn:** *S. 16 f.*
- **Harn, aufkonzentrierter**: Harn mit wenig Wasser, aber hohen Konzentrationen harnpflichtiger Stoffe. *S. 19*
- **harnpflichtige Stoffe:** →Harn.
- **harntreibende Mittel:** Stoffe, die eine Aufkonzentration des Harns in der Niere reduzieren. *S. 16*
- **Hitzefällung:** *S. 104*
- **Holzkohle:** →Kohlefilter.
- **Hypochlorit:** *S. 102*
- **Indikatorarten:** *S. 100 f.*
- **Inkubationszeit:** Zeit zwischen Infektion und Ausbruch einer Krankheit.
- **Iod-131:** *S. 90*
- **Ionentausch:** Bei Ionentausch wird ein geladenes Teilchen an einem Medium gebunden, welches ein anderes gleich geladenes Teilchen dabei abgibt.
- **Keimreduktion:** →Keimzahlreduktion
- **Keimzahlreduktion:** Unsichere Methode der Wasseraufbereitung, bei der nicht alle Krankheitserreger entfernt werden.
- **Kelvin:** Physikalische Grundeinheit der Temperatur. In Rechnungen: Temperatur*unterschied*.
- **Kesselstein:** *S. 104, S. 136*
- **Kohlefilter:** *S. 117 ff.*
- **Kolloid:** Feinste Teilchen, die in einem Lösungsmittel suspendiert oder emulgiert sind.
- **Konservierung:** *S. 152 ff.*
- **Köttelbecke** Umgangssprachliche Bezeichnung für offene Abwasserkanäle/flüsse. *(siehe Abb. S. 11, S. 66)*
- **Krankheitserreger:** →Erreger, pathogene.
- **Kryptosporidien:** *S. 79 f.*
- **menschlicher Wasserhaushalt**: *S. 16 ff.*
- **Metalle:** *S. 89 f.*
- **Mineralien:** Natürliche kristalline Stoffe, die sich unter Umständen auch im Wasser lösen können.
- **Minisart-Filter:** *S. 117*
- **MIOX:** *S. 130 f.*
- **mosmol:** je Liter Einheit für die Konzentration →osmotisch aktiver Teilchen in einer Lösung.
- **Niederschlag:** *S. 56 ff.*
- **Notfallspeicher:** *S. 156*
- **Ödeme:** Wasseransammlung in Körperteilen.
- **Osmolarität:** Konzentration osmotisch aktiver Teilchen in mosmol/l. *S. 64, S. 85, S. 132*
- **Osmoregulierer:** *S. 64, S. 87*
- **Osmose:** Vorgang, bei dem sich Wasser und →osmotisch aktive Teilchen anziehen.
- **osmotisch aktiv:** In der Lage Wasser chemisch zu »ziehen«.
- **oxidierende Stoffe:** Desinfektionsmittel, die reaktiven Sauerstoff abgeben.
- **passive Osmose:** *S. 134 f.*
- **pathogen:** →Erreger, humanpathogene.
- **Peltier-Element:** thermoelektrisches Bauteil, das unter Gleichspannung auf einer Seite kalt wird, auf der anderen warm.
- **Phagen:** *S. 75*
- **Rationieren:** *S. 24 ff.*
- **Reinigung:** *S. 102 ff.*
- **Rohwasser:** Wasser nach der Entnahme aus der Quelle.
- **Rückspülfilter:** *S. 149*
- **Salinität:** Salzgehalt *S. 87 ff.*
- **Sandgrubendestillation:** *S. 142 ff.*
- **Saprobie:** *S. 93 ff.*
- **Sauerstofffällung:** *S. 104*
- **Saugbrunnen:** *S. 43*
- **Saugraum:** Feuchte Bodenschicht zwischen Grundwasserpegel und Oberfläche.
- **Schnee:** *S. 47 ff.*
- **Sedimentieren:** *S. 103*
- **sichere Aufbereitung:** Methode, die möglichst alle Krankheitserreger entfernt.
- **Sickerbrunnen:** *S. 42 f.*
- **Silikagel:** Stoff, der zum Entfeuchten verwendet wird.
- **SODIS:** *S. 124 ff.*
- **SODIS für Filterstoffe:** *S. 126*
- **Speicherzisterne:** *S. 157*

- **Stationärfilter:** *S. 147 ff.*
- **Stenöke Arten:** Lebewesen, die auf bestimmte Biotopparameter angewiesen sind.
- **Sterilisieren:** Siehe Kasten *S. 120*
- **Stickstoffverbindungen:** *S. 92 f.*
- **Stoff, gelöster**: Im Wasser in seine Moleküle zerfallener Stoff.
- **Sturzbäche:** *S. 41*
- **subaride, auch: semiaride:** →arides Klima, jedoch mit Regenperioden.
- **subklinisch:** ohne stark bemerkbare Symptome ausheilende Krankheit.
- **Sublimation:** »Verdunsten« von Eis ohne Übergang zu flüssigem Wasser (»Gefrierbrand«).
- **Sulky:** *S. 32*
- **Süßwasserlinse:** *S. 43 ff.*
- **Tagesbedarf:** *S. 14 ff.*
- **Tau:** *S. 50 ff.*
- **Taupunkt:** *S. 51*
- **Tonbrandfilter:** *S. 110 f.*
- **Transpiration, pflanzliche:** *S. 60 f.*
- **Trekkingfilter:** *S. 113 ff.*
- **Trinken:** *S. 30*
- **Trinkwasserkonserven:** *S. 155 f.*
- **Trinkwasserkrankheit:** Durch Wasser übertragbare Krankheit. *S. 6*
- **Trinkwasserrationen:** *S. 155 f.*
- **Tropffilter:** Auch: »Langsamfilter« *S. 107 f.*
- **Trophierung:** *S. 97*
- **Trübung:** *S. 67 f.*
- **Umkehrosmose:** *S. 131 ff.*
- **UV-Licht:** *S. 123*
- **Verdampfen:** Phasenübergang bei Siedetemperatur *im gesamten Wasserkörper.*
- **Verdunsten:** Phasenübergang unter Siedetemperatur *nur an der Wasseroberfläche.*
- **Verdursten:** →Exsikkose
- **Vollentsalzung:** Abtrennung aller Mineralien und gelösten nichtflüchtigen Stoffe.
- **Vorfilterung:** *S. 106 f.*
- **Wärmebewegung:** Auch: »Brown'sche Bewegung«: Teilchen »zittern« durch ihre Wärmeenergie und prallen dabei am Nachbarmolekül ab.
- **Wasseraufbereitungstabletten:** *S. 126 f.*
- **Wasserbedarf:** *S. 20 ff.*
- **Wasserbeschaffung:** *S. 33 ff.*
- **Wasserbilanz:** Negativ: weniger Körperwasser ist verfügbar (Schwitzen). Positiv: mehr Körperwasser ist verfügbar (Trinken).
- **Wasserfilter, improvisiert:** *S. 107 ff.*
- **Wasserkonserven:** *S. 155*
- **Wasserkrise:** *S. 32*
- **Wasserlager:** *S. 26 ff., S 161 f.*
- **Wasserlebewesen:** →Indikatorarten zur Einschätzung der Gewässerqualität bzw. →Wasserzeiger, die auf vorhandenes Wasser hindeuten.
- **Wassertrübung:** →Trübung.
- **Wasserzeiger:** *S. 38 ff.*
- **Wiederverkeimung:** *S. 152*
- **xeromorph:** Evolutionäre Anpassung an eine aride und heiße Umgebung.
- **Zeigerarten:** →Wasserzeiger.